AS
ORIGENS
DE
TUDO

Dados Internacionais de Catalogação na Publicação (CIP)
(Câmara Brasileira do Livro, SP, Brasil)

Kaube, Jürgen
　　As origens de tudo / Jürgen Kaube ; tradução de Neuza Faustino. – 1. ed. – Petrópolis, RJ : Vozes, 2023.

　　Título original: Die Anfänge von Allem
　　Bibliografia.
　　ISBN 978-65-5713-821-2

　　1. Civilização – História I. Título.

23-146338   CDD-909

Índices para catálogo sistemático:
1. Civilização : História   909

Aline Graziele Benitez – Bibliotecária – CRB-1/3129

JÜRGEN KAUBE

AS ORIGENS DE TUDO

Tradução de Neuza Faustino

© 2017 by Rowohlt – Berlin Verlag GmbH, Berlin.

Esta tradução do original alemão intitulado *Die Anfänge vom allem* foi publicada primeiramente em Portugal pela Editora Saída de Emergência com o apoio do Goethe-Institut.

Direitos de publicação em língua portuguesa – Brasil:
2023, Editora Vozes Ltda.
Rua Frei Luís, 100
25689-900 Petrópolis, RJ
www.vozes.com.br
Brasil

Todos os direitos reservados. Nenhuma parte desta obra poderá ser reproduzida ou transmitida por qualquer forma e/ou quaisquer meios (eletrônico ou mecânico, incluindo fotocópia e gravação) ou arquivada em qualquer sistema ou banco de dados sem permissão escrita da editora.

CONSELHO EDITORIAL

Diretor
Volney J. Berkenbrock

Editores
Aline dos Santos Carneiro
Edrian Josué Pasini
Marilac Loraine Oleniki
Welder Lancieri Marchini

Conselheiros
Elói Dionísio Piva
Francisco Morás
Gilberto Gonçalves Garcia
Ludovico Garmus
Teobaldo Heidemann

Secretário executivo
Leonardo A.R.T. dos Santos

Revisão portuguesa: Pedro Panarra
Editoração e adaptação ao português brasileiro: Leticia Meirelles
Diagramação: Sheilandre Desenv. Gráfico
Revisão gráfica: Anna Carolina Guimarães
Capa: Ygor Moretti

ISBN 978-65-5713-821-2 (Brasil)
ISBN 978-38-7134-800-6 (Alemanha)

Este livro foi composto e impresso pela Editora Vozes Ltda.

Para a Ilda, a Emma e o Henri

Um todo é aquilo que tem um princípio, um meio e um fim.
Um princípio é aquilo mesmo que não se segue
necessariamente de outra coisa, mas a partir do qual surge
ou se inicia naturalmente uma outra coisa.
Aristóteles

Quando um cão pisteiro hesita entre dois caminhos, ele
volta para junto dos Homens.
PENSA… parece querer dizer-lhe: QUE ISTO É UM
ASSUNTO TEU.
Paul Valéry

Sumário

Agradecimentos, 9

Introdução – A roda, 11

1 Autóctone, resistente, leal – As origens do caminhar ereto, 23

2 O tempo dos dentes e o tempo das festas – As origens do cozinhar, 45

3 Veados bramantes que fazem silêncio à mesa da taberna – As origens da fala, 71

4 Este jogo apenas pode ser jogado a três – As origens da língua, 85

5 A beleza dos ornamentos, do sexo e dos monstros selvagens – As origens da arte, 105

6 Sobre a morte e os animais – As origens da religião, 129

7 Baby, don't cry, you'll never walk alone – As origens da música e da dança, 153

8 O trigo, os cães e a não viagem a Jerusalém – As origens da agricultura, 173

9 Alguém teve a intenção de construir um muro – As origens da cidade, 195

10 A máfia real – As origens do Estado, 219

11 Contabilidade com consequências gravadas – As origens da escrita, 241

12 Perturbação do controle dos impulsos – As origens do direito escrito, 263

13 Da mão para a cabeça e da cabeça para a mão – As origens dos números, 289

14 A deusa tem junto ao mar o último bordel diante do além – As origens da narrativa, 305

15 Cigarros ou o resgate interminável? – As origens do dinheiro, 323

16 Nos bons e nos maus momentos – As origens da monogamia, 345

Epílogo – No fim das origens, 363

Referências, 375

Anexo, 411

AGRADECIMENTOS

Aquele que se ocupa das origens das conquistas civilizacionais é acompanhado, durante um longo período, por textos de investigadores que, fora da sua área, ninguém conhece. Trata-se de pessoas deveras extraordinárias, pela persistência no estudo, pela insistência em argumentos e fantasia cognitiva. Algum conhecimento desses estará um dia ultrapassado, mas não tão facilmente o modo como a ele chegaram. Este livro surgiu graças a esses estudiosos e aos seus escritos. Sem eles, não teria sido possível escrevê-lo. O Instituto Max-Planck de História do Direito, em Frankfurt, e o seu Diretor, Thomas Duve, abriram-me as portas da sua biblioteca. André Kieserling e Ernst Otto Walker ajudaram-me sempre que precisei. Gunnar Schmidt acompanhou-me *pari passu* com a maior das paciências.

Introdução

A roda

*Tropeça mais facilmente quem
leva a lanterna do que aquele
que a segue.*
Jean Paul

As invenções mais importantes não têm inventor. Desconhecemos quem foi a primeira pessoa a caminhar ereta ou quem pronunciou a primeira palavra; não sabemos qual foi a primeira comunidade a idolatrar um ser invisível ou a iniciar a dança. Como se chamava a primeira cidade? Quem aceitou a primeira moeda, transformando-a, então, em dinheiro? Onde viveu o primeiro casal monogâmico?

A circunstância de não sabermos a resposta a essas perguntas não se deve apenas ao nosso desconhecimento. Tampouco se deve apenas à distância temporal em relação a eles que, por falta de vestígios deixados, não nos permite perceber quem deu início esses atos, quando e onde. Nem sequer conseguimos imaginar que tenham sido inventados por indivíduos isolados.

Durante muito tempo, porém, a humanidade quis imaginá-lo assim: Prometeu trouxera o fogo, Caim ou Marduk fundaram a primeira cidade, Dédalo e Ariadne deram origem à primeira dança; atribui-se ao deus egípcio, Thot, tornado Hermes pelos gregos, a invenção da escrita, enquanto a religião evidentemente começara com Deus, quando disse: "Façamos o Homem!", sem que nunca soubéssemos, ao certo, a quem se referia esse plural do verbo.

Esse tipo de narrativa tem o seu início em um tempo em que se supunha que, no passado, se sabia muito mais do que no presente – acerca de tudo. Nesse sentido, os inícios eram tão cheios de conhecimento quanto misteriosos. Comunidades dominadas por famílias aristocratas continuam a cultivar uma preferência pelas origens antigas: quanto mais antigo, melhor. É conhecida a lógica invertida deste pensamento, parodiado por John Ball: "Quando Adão cavava e Eva tecia, onde parava a aristocracia?" Porém também essa polêmica contém em si o primado das origens: se Adão não era aristocrata, no início reinaria a igualdade, o que resulta em posteriores reivindicações dessa mesma igualdade.

Uma vez que no início existia ainda um conhecimento claro e abrangente, como traduz o pensamento teológico da criação, ele passou a ter a qualidade de influenciar tudo o que apareceu posteriormente. Adão, por exemplo, foi, para os teólogos durante um século e meio, não apenas o primeiro homem, como também o mais sábio. Era representado não só como o inventor da escrita, mas também como o autor de obras de estudo de referência, que infelizmente teriam desaparecido durante o dilúvio, juntamente com as bibliotecas que teriam existido naquele tempo. Os teólogos apenas conseguiam sobrepor à inadequação desse pensamento a existência de seres humanos pré-adâmicos, que provavelmente tiveram um conhecimento até mesmo superior ao de Adão[1].

---

1 Com muitas provas documentais, segundo Zedelmaier (2003).

Uma tradição posterior, esta filosófica, partia de nomes míticos ou de nomes em si, continuando, porém, a incidir sobre a origem. Também as suas narrativas remetiam a alegada essência das invenções sociais para o início delas: "O homem começou como homem, assim foi no princípio e no fim". Na verdade, faltavam para a determinação desse princípio os devidos testemunhos, até ao decurso do século XIX, e a credibilidade da Bíblia, que durante muito tempo havia desempenhado esse papel, passou a ser alvo de investigação científica aos seus enunciados. Dado, de acordo com Ludewig (1693), que os primeiros humanos não detinham, tal como os índios, a faculdade da escrita, concluiu-se que os relatos sobre as origens não podiam ser obra deles. Além do mais, o Livro do Gênesis não relatava quase nada sobre as circunstâncias sociais desse início.

Na Era Moderna começou-se, portanto, a construir modelos filosóficos sobre a origem de tudo, denominando-se o quadro correspondente "estado natural". Esse *status naturalis* revelava o ser humano privado de todas as conquistas civilizacionais, em um estado de necessidade, para não dizer algo pior. A tarefa da filosofia era fazer surgir, desse estado menos satisfatório, aquilo que o permitiria superar: a soberania, a divisão do trabalho, a propriedade, os contratos, os valores morais etc. Porém as narrativas a esse respeito estavam repletas de contradições e de imposturas.

Vejamos – da forma mais breve possível – a mais conhecida doutrina a respeito do estado natural, segundo Thomas Hobbes, o teórico inglês do Estado Moderno. De acordo com Hobbes, o processo de constituição do Estado tem a sua origem no estado natural, no qual existem apenas indivíduos providos de capacidade para o exercício da violência, uma "guerra de todos contra todos", da qual cada um retira apenas insegurança, miséria e morte. Assim sendo, no início, todos os membros de uma comunidade política celebram um contrato entre si, remetendo a defesa e a prossecução de cada um dos seus interesses para um soberano que, em nome da paz, monopoliza o uso da violência. Mas a celebração de um contrato inicial não pressupõe a confiança na lealdade contratual do outro, a mesma confiança que se diz não existir no estado natural? Mais tarde, a questão seria apresentada da seguinte forma: não estão disponíveis os fundamentos para a celebração de um contrato e, como tal, o contrato não pode ter sido a base inicial para uma vida em comunidade. Por outro lado, como devemos entender uma guerra de todos contra todos? Não estaria o homem primitivo sobrecarregando a si próprio ao ter todos os outros como inimigos?

Os modelos de estado natural constituíam apenas uma solução provisória, no que diz respeito à reflexão sobre o início da civilização. Segundo Luhmann (1981), seu contributo maior não foi a resposta à questão do aparecimento da ordem social. Muito mais consequente foi a inversão de valores que levavam a cabo: nesse jogo de pensamento, Adão já não figurava como sábio, mas como selvagem, o que não minimizava o interesse a seu respeito e das origens, mas lhe conferia uma outra incidência. Na origem, não teria estado a abundância, antes a indigência e muitos desafios a seres que dependiam de si próprios para se afirmarem no seio da natureza. No século XVIII, emergiu o pensamento de que os povos selvagens, cuja existência se tornou conhecida por meio da expansão europeia, constituíam a chave da origem da humanidade, a qual se teria afastado progressivamente do seu ponto de partida com os avanços tecnológicos e sociais. Esse pensamento continuava vivo no meio científico do século XX, em que os "povos primitivos" eram designados como nossos "antepassados contemporâneos"[2].

Entre esses dois séculos encontra-se, contudo, o século XIX que, a respeito da questão das origens, teve de ser designado o século de Darwin. A teoria da evolução das espécies de Charles Darwin pôs à nossa disposição uma linguagem que seria decisiva para expressar a dúvida em relação a toda a forma de especulação simples e encantatória sobre as origens. A partir de Darwin, dispomos de conceitos que nos fazem entender que aspectos civilizacionais importantes não teriam sido forjados pela mão de um inventor nem o resultado de soluções encontradas para situações problemáticas, mas que, passo a passo, paciente e muitas vezes fortuitamente, esse processo está dependente de pequenas alterações aqui e ali que, na persistência durante um período incalculável de tempo, a dada altura, levaram a uma mudança visível, a qual, a *posteriori*, será entendida como um início. Com o pensamento de Darwin, sabemos que um início pode demorar milhões de anos e que, justamente por isso, por norma, não lhe é atribuído um propósito ou um plano subjacente.

A partir de Darwin e dos geólogos do século XIX, os quais, por meio da pesquisa estratigráfica das camadas rochosas, estimaram a idade da Terra, sabemos quão extensos são os períodos de tempo nos quais tudo teria começado; quão pouco sabemos sobre os inícios que não deixaram fósseis e, como tal, quão laboriosa se torna a reconstrução da nossa Pré-História. Em algumas áreas, as incursões filosóficas sobre o que teriam sido as origens eram tão disparatadas que deixaram alguns cientistas indispostos. Afinal, havia outros objetos a explorar que não os inícios: fatos, estruturas,

---

2 Cf., por exemplo, Service (1975).

funções, evoluções. Já em 1866, a *Société de Linguistique* de Paris eliminou dos seus concursos, por despacho, a pergunta sobre as origens. Foi, portanto, no fim do século XVIII e no decorrer do século XIX que a investigação científica ganhou a noção do que seria necessário saber para se ter um discurso com sentido sobre o início da História e da civilização. Gradualmente, foram surgindo áreas de estudo, como a Paleontologia, a Arqueologia e o estudo da Pré-História, que tentavam chegar a uma fundamentação empírica sobre os tempos remotos.

Entre 1800 e 1950, foram disponibilizados cada vez mais testemunhos acerca das culturas mais antigas. Começam as primeiras escavações de Pompeia, em 1748; nas minas de Hallstatt empreendem-se pesquisas a partir de 1824; o primeiro exemplar do homem de Neandertal é encontrado em 1856; e, em 1859, surge o livro *Monumentos do Egito e da Etiópia*, de Karl Richard Lepsius. As perspectivas sobre a Antiguidade tornaram-se, portanto, mais contrastantes em todas as áreas, tal como mais plausível a existência de selvagens europeus das mais variadas e improváveis origens. Em 1836, o arqueólogo dinamarquês Christian Jürgensen Thomsen cunha os conceitos de Idade da Pedra, do Ferro e do Bronze. Houve debates intermináveis sobre o que teria estado nas origens da família; se a monogamia ou a poligamia, se o direito materno ou paterno, se o comunismo ou a propriedade privada. Em 1884, Friedrich Engels publica o seu escrito, *A origem da família, da propriedade privada e do Estado*, o qual se confronta com as pesquisas etnológicas e de História do Direito da sua época. A cidade de Uruk, que sabemos hoje ser o lugar dos primeiros vestígios da escrita, teve a sua exploração arqueológica inaugural em 1849/1850. Em 1868, um caçador espanhol deparou com as grutas de Altamira, mas demorou quase um quarto de século até que fossem reconhecidas como o lugar mais antigo de pintura rupestre da Idade da Pedra. O que hoje resta da compilação mais antiga do direito, o Código de Ur-Nammu, foi encontrado entre 1952 e 1965. Data igualmente do século XIX o reconhecimento de que foram os Lídios o primeiro povo a usar dinheiro em forma de moeda, embora o debate sobre a existência anterior do dinheiro remonte ao escrito de Bernhard Laums, *Dinheiro sagrado*, de 1924. O início da religião começou a ser debatido no fim do século XIX: residiria a sua origem no animismo, como formulava o arqueólogo britânico Edward Burnett Tylor, em 1871, ou seja, na acepção de que todas as coisas, e não só os seres humanos, tinham uma alma? Ou estaria o pré-animismo na origem da religião, como supunha o etnólogo James Frazer, em 1890, afirmando que nas primeiras religiões se acreditava em uma força impessoal que dominava todas as coisas?

Em resumo, o século de Darwin, da Ciência e da História das religiões, da História das línguas e do Direito, tal como da Arqueologia, viria a iluminar cada vez mais o passado remoto. E hoje em dia? A pesquisa sobre a Pré-História da civilização humana substituiu a especulação filosófica pela Química Orgânica, a Genética, a Filologia, a Sociologia e as Ciências dos Materiais. Os métodos do século XIX tornaram-se mais sofisticados e é enorme o desenvolvimento de possibilidades tecnológicas para a análise de achados muito antigos.

Cabe agora expor o que atualmente se sabe sobre as origens das conquistas civilizacionais. O que sabemos acerca do início do caminhar ereto do ser humano, do começo da fala, da dança, das cidades, do dinheiro, da religião, da hegemonia política ou da narrativa épica? Na busca de respostas cientificamente plausíveis, como iremos ver, não se perdem as questões filosóficas em relação às origens, tampouco se preenchem todos os espaços em branco que a distância à Antiguidade nos impõe. Tanto o interesse filosófico como o desconhecimento tomam apenas uma forma mais disputável por meio da investigação. É ela que nos ensina a refletir, porque se depara constantemente com novas possibilidades e, junto do lugar do incidente pré-histórico, qual detetive, avalia o significado da relíquia, para então se interrogar: "Não poderia ter sido ainda de outra forma?" Despertar o sentido para esse tipo de perguntas é o objetivo dos capítulos que se seguem.

Para efeitos ilustrativos, vejamos uma invenção: a roda. Ela não constitui assunto do próprio livro, que não se ocupa de debater as origens de invenções tecnológicas. A escrita, as artes, o direito ou as línguas não são técnicas no mesmo sentido em que é a roda. Podemos utilizar uma roda sem entrar no campo da comunicação ou das relações sociais. Com as invenções aqui tematizadas, tal fato não sucede. Como teremos oportunidade de verificar, até mesmo o caminhar ereto constitui uma conquista social do ser humano.

A roda é igualmente exemplar, no que diz respeito a inícios que serão aqui retratados, porque ela não existe na natureza. O martelo imita o punho cerrado e, como tal, é tido como uma projeção orgânica, como a pedra de moinho encontra o seu modelo na dentadura e a alavanca mecânica é um prolongamento do braço. Mesmo a colher, que Nikolaus von Kues descreveu como uma invenção humana original, pode ser remetida para a mão em concha, de acordo com Kapp (1877). Porém a roda, que é um construto que gira a 360° contém duas possibilidades: a rotação sobre o seu próprio eixo e sobre a direção de giro, quando toca no solo – não encontramos equivalente no corpo humano nem no ambiente natural[3]. Os nossos membros não fazem rotações completas, e nem mesmo o Sol, que apenas aos nossos olhos é redondo, parece rodar. Como tal, a roda não pode ter sido inventada por imitação da natureza. Para tornar possível que, em 1903, os irmãos Wright conseguissem vencer o último obstáculo à construção do primeiro avião, teve de se efetivar um pressuposto: que eles, habituados a reparar bicicletas, transcendessem a imagem das aves e respectivas capacidades, pois aquelas não têm hélices.

Em termos comparativos, a roda foi uma invenção tardia e, durante muito tempo, pouco utilizada. Apesar de a roda de oleiro já ser conhecida na Idade do Bronze – toda uma era é designada por Idade da Cerâmica –, os Egípcios carregaram as pedras necessárias à construção das pirâmides por meio de trenós. Outras comunidades transportavam objetos pesados, pessoas e animais por água, carregando-os em terra. Ainda em 1833, um viajante inglês anotaria não ter visto em toda a Pérsia nenhum carro com rodas. Isso é surpreendente, na medida em que as primeiras rodas teriam surgido na Mesopotâmia, de acordo com Bulliet (2016), Fansa (2004) e Piggott (1983). A anotação foi, por outro lado, pertinente, pois, são necessárias estradas ou outras infraestruturas nas quais possam rolar para ter eficácia. Uma coisa é inventar algo, outra diferente é a utilidade e a propagação do uso da invenção. É bem possível que a invenção da roda como meio de transporte apenas tenha surgido cerca de 4000 a.C., na Ucrânia, para exploração de minério de cobre. Os modelos mais antigos de carros com rodas têm todos eixos

---

3 Acrescentamos-lhe mais uma possibilidade, e já não se trata de uma roda, mas sim de um giroscópio. Para mais informações, cf. Patzelt (1979).

fixos. Nas minas, os carros de quatro rodas não necessitavam de ser conduzidos, porque se moviam sobre vias concebidas para o efeito.

Para os inícios a serem aqui explorados, é decisivo que, tal como a roda, não tenham surgido por imitação. A música, como iremos verificar, não veio ao mundo humano por imitação do canto dos pássaros. Para o falar e o caminhar ereto, não encontramos qualquer modelo na natureza, tampouco para a monogamia, na medida que exista. As primeiras cidades não obedecem àquilo que observamos em grupos do meio animal. A escrita não constitui uma tentativa de transferir de forma mimética uma dada linguagem articulada para um sistema gráfico. Todas as origens da sociedade humana documentam inovações muito construtivas que não nos revelam à primeira vista a razão pela qual surgiram. É frequente enganarmo-nos a esse respeito. Parece-nos óbvia a utilidade do caminhar ereto, das línguas e do dinheiro, contudo um estudo mais aprofundado mostra-nos que a sua utilidade, tal como a concebemos, não constitui a razão mais importante para o seu surgimento. O macaco não se endireitou a fim de poder ver mais longe; a fala não se desenvolveu para transmitir mensagens; o dinheiro não é oriundo de trocas comerciais, e as primeiras cidades não foram fundadas por nelas nos sentirmos menos incomodados pelos vizinhos e ser possível uma vida mais independente, como se o ar citadino fosse libertador.

A fim de aguçar o sentido detetivesco no trato com as questões sociais, os capítulos que se seguem pretendem ainda abrir os horizontes acerca de certos aspectos da civilização, sem o fechamento de perspectivas decorrentes dos nossos próprios hábitos. Nós não somos seres óbvios e a nossa sociedade é o resultado da conjugação dos processos mais improváveis, de interseções imprevisíveis de acontecimentos que nada tinham a ver uns com os outros, tal como soluções para problemas que há muito nos esquecemos. Nós não somos o ponto mais alto da criação; somos singulares. E, uma vez que existe apenas uma civilização, temos bons motivos para refletir sobre isso e, sobretudo, para investigarmos quão singulares somos exatamente.

1

AUTÓCTONE, RESISTENTE, LEAL

As origens do caminhar ereto

Entre todos os quadrúpedes não existe um único que não saiba nadar, se por acaso cair na água. Somente o homem se afoga, se não aprendeu devidamente a nadar. A razão prende-se com o ter-se desacostumado de andar sobre os quatro membros.
Immanuel Kant

Uma horda de macacos encontra-se em uma colina deserta ao redor de um canal de água. Ainda há dias, haviam afugentado daquele sítio um outro grupo à força de gritos e gestos de ameaça. Os animais movimentam-se em nodopedalia, ou seja, utilizando os nós dos dedos dos membros anteriores para apoiarem o peso do corpo e a locomoção nos membros posteriores. Um dos macacos procura algo entre os restos de um esqueleto de tapir, para, observa melhor os ossos, parece cismar, pega em um deles, com o qual tenta quebrar os outros ossos, primeiro titubeante, depois – acompanhado pela batida triunfal dos timbales e das fanfarras de *Assim falava Zaratustra*, de Richard Strauss –, cada vez mais decidido, para logo depois, em uma espiral de agressões, de arreganhar de dentes, despedaçar o crânio do animal morto. Dias depois, o mesmo osso é utilizado contra rivais da mesma espécie para os matar à pancada. É nesse estágio que se encontram os macacos, agora armados.

Quem caminha ereto, tem as mãos livres. Para quê? Para matar, diz-nos essa narrativa das origens. O caminhar em posição ereta permitira ao pitecantropo impor-se melhor na luta contra os seus iguais pelos recursos escassos[4]. Poderá a espécie humana ter-se desenvolvido como sugerido no filme de Stanley Kubrick, *2001: Odisseia no Espaço*, de 1968? E se levarmos em conta que, na África, berço da humanidade e dos antropoides, não existem tapires?

Primeiro, nada teria acontecido de forma tão rápida. Origens não são incidências. Estendem-se ao longo do tempo, não acontecem da noite para o dia. Surgem em pequenos passos incontáveis – a humanidade precisou de um tempo incomensurável. Assim sendo, não existem testemunhos de inícios, quando muito testemunhos de passagens de um estágio para outro. A transição do estágio de locomoção quadrúpede do antropoide para o caminhar em posição ereta do pitecantropo, por exemplo, demorou milhões de anos. Quando viveram os primeiros hominídeos, há cerca de 6 a 7 milhões de anos – de acordo com os achados ósseos que remontam aos tempos mais antigos, do *Sahelanthropus tchadensis*, do *Orrorin tugenensis* e do *Ardipithecus kadabba*, de forma controversa muito

---

4 Neste capítulo, todas as derivações do antropoide até ao homem moderno serão designadas por "pitecantropos": o *Homo habilis* e o *Homo rudolfensis*, entendidos como "homens primitivos", tal como todos os tipos mais tardios de *Homo*; cf. Schrenck (2008).

próximos do macaco, como também da espécie humana moderna – esses levariam ainda 4,5 milhões de anos até a utilização comprovada das primeiras ferramentas. Porém, ainda que nos aproximemos com maior cuidado dos fósseis à nossa disposição, são milhões os anos que separam as primeiras pegadas conhecidas de um pitecantropo ereto, as pegadas de Laetoli de 3,6 milhões de anos, de um fóssil que em todos os aspectos decisivos do aparelho locomotor se assemelha ao *Homo sapiens*. Alguns cientistas, como Brunet et al. (2002), Wolpoff et al. (2002), Begun (2004), Richmond e Jungers (2008), Foley e Gamble (2009) e Wood e Harrison (2011), atribuem apenas ao *Homo ergaster* semelhanças anatômicas às nossas, e esse teria vivido a cerca de 1,8 milhões de anos.

Porque teria demorado tanto tempo a evolução de uma parte dos macacos até a marcha em posição ereta e depois a evolução na direção do hominídeo? A tese de não ter havido qualquer passagem de quadrúpedes para bípedes, uma vez que os nossos antepassados não teriam sido os primatas quadrúpedes, mas os *Koboldmakis tarsidaes*, pois esses já se diferenciavam pelos seus membros anteriores fortes, adaptados à vida nas árvores, cujas mãos não teriam se desenvolvido, mas mantido, é a tese que preferimos. Quem não gostaria de ser oriundo de um társio em vez de um chimpanzé? Infelizmente, trata-se de uma tese insustentável[5]. Para que se desse a passagem de quadrúpede para bípede, foi necessário haver um processo de mutação e seleção genética em toda a anatomia do macaco. Por exemplo, no andar bípede há sempre uma das pernas a tomar balanço, porque o mero esticar da perna não leva à locomoção e o corpo inclinado para a frente precisa estar equilibrado. Porém a perna a balançar para a frente apenas equilibra o

---

5 Sobre essa tese, cf. Jones (1923).

movimento se o respectivo pé não se voltar a erguer de imediato do solo. O ser humano, ao andar depressa, incorre, portanto, no risco de cair para a frente. O seu grande músculo das nádegas, que apenas na nossa espécie, não no macaco, merece a denominação de *gluteus maximus*, evita a queda. Da mesma forma, o encurtamento do torso do pitecantropo viria a trazer maior estabilidade, graças a um osso ilíaco muito encurtado como parte da bacia e, em geral, pela descida dela. Contrariamente aos quadrúpedes, os bípedes movimentam-se não por uma grande força interventiva da bacia; os músculos nessa área têm uma função preferencial de apoio, assim como de reequilíbrio da instabilidade momentaneamente criada pelo erguer da perna. Houve, igualmente, alterações nos joelhos, a parte mais sensível da estrutura ereta, e ainda nos pés, que passaram a funcionar como alavancas e não como garras[6].

A constituição da bacia não é apenas decisiva para o movimento, mas, tratando-se de bípedes femininos, também para o processo de nascimento. É verdade que o parto é igualmente doloroso para as fêmeas dos antropoides, mas no caso de chimpanzés, gorilas, orangotangos, pelo menos, devido ao tamanho corporal e à anatomia da bacia, é rápido; a forma continuamente oval do canal de nascimento não traz demais complicações. Na mulher é diferente. Apenas sofrendo dores que acompanham os movimentos de contração e expulsão consegue dar à luz. O recém-nascido humano torce-se com dificuldade em direção ao nascimento e, virando a cabeça para baixo, é finalmente expulso do corpo materno (ROSENBERG; TREVATHAN, 1996; 2002). O nascimento de bípedes tornou-se,

---

6 Todos os detalhes são apresentados de forma compreensível em Lovejoy (1988) e em Cartmill e Smith (2009).

desde sempre, um acontecimento obstétrico social, enquanto as fêmeas antropoides dão à luz sozinhas.

O tempo incalculável que foi necessário para que macacos se erguessem do solo expressa o quão improvável foi essa evolução. E o fato de os antropoides, os cercopitecídeos e os gibões continuarem a existir demonstra quão adaptável é o seu aparelho locomotor às circunstâncias da vida. Por que, portanto, houve essa transformação anatômica demorada, que traz consigo problemas de equilíbrio, uma velocidade reduzida junto ao solo, menor capacidade de movimento para trepar e um processo de nascimento mais dificultado? Uma melhoria da eficiência energética significa menor eficiência no trepar. Um bípede deixa de sentir o sol queimar as suas costas, o que é uma vantagem. Mas é justamente a cabeça que fica ameaçada de sobreaquecimento e o afluxo do sangue a esse centro de orientação passa a ter de ser feita contra a gravidade, o que constitui uma desvantagem. E, por fim, quem consegue ver melhor os outros também se torna mais visível. Quais, então, são as vantagens do caminhar ereto que pudessem sobrepor-se às suas evidentes desvantagens? Para ser mais preciso, quais as vantagens sentidas então? Pois, se as desvantagens se fazem perceber de imediato, a evolução teria de oferecer vantagens que desde logo equilibrem o processo no seu conjunto. Na luta pela sobrevivência, o futuro não é um argumento válido (FALK; CONROY, 1983).

Antes de partirmos para as respostas que foram dadas a essas perguntas, entre as quais a utilização de armas e de ferramentas da cena mítica do filme de Kubrick é apenas uma, deve ser fundamentado por que se encontra aqui o caminhar ereto como o princípio de todos os outros inícios. Afinal, o ser humano distingue-se dos seus antepassados também por outras características. Ele não vive nas árvores; é onívoro; o seu cérebro é, em proporção ao tamanho corporal, três vezes maior do que o do antropoide; em relação ao volume do cérebro, a sua dentadura é pequena, quase parabólica, e em forma de U, predominando os molares; tem mãos muito ágeis; e, mais tarde, um aparelho fónico que lhe permitirá falar. Além disso, o comportamento sexual e reprodutor do ser humano distancia-se marcadamente do antropoide.

Essa pequena lista de particularidades é largamente ultrapassada pela vastidão de respostas filosóficas à pergunta: "O que é o homem?" Essas vão desde o "animal falante" ao "ser que trabalha", passando pelo "animal que ri" até ao "animal que mente", o "animal capaz de fazer promessas", "ser que se entedia". Existe o *Homo faber*, que se distingue pela utilização de ferramentas, o *Homo inermis,* sem defesas nem instintos e, em Aldous Huxley, temos ainda o *Homo loquax*, tagarela que voltará a aparecer neste livro, como antecedente do animal falante. Porém todas essas definições partem do princípio de que o homem tem de ser já muito evoluído para depois conseguir rir e mentir. O andar ereto destacou-se cedo como característica que não carece desse pressuposto evolutivo. Para caminhar em posição ereta, o ser humano tinha de ser apenas um macaco que estivesse um passo quase nada mais à frente na sua adaptação ao meio circundante. As condições que possibilitam o caminhar ereto são muito complexas, mas não se trata de uma complexidade de natureza social, cultural ou tecnológica que tivesse de ser adaptada para o possibilitar.

Como tal, para muitos filósofos, o caminhar ereto passou a ser a essência de uma existência artificial, a qual se eleva sobre todas as comodidades próximas das forças naturais e, indo contra elas, supera-se a si próprio, como Herder descreveria em 1784. Herder cultivava já uma certa linha de pensamento que mais tarde seria retomada por Darwin:

> Portanto, também o homem selvagem, na sua constituição própria, não é desprovido de defesas; ereto, cultivado – qual o animal que tem à sua disposição a ferramenta de muitos braços da arte que, nos seus braços, nas suas mãos, na elegância do seu corpo, detém com todas as suas forças? A arte é a mais forte das armas, e o ser humano é todo ele arte, todo ele uma arma organizada. Apenas lhe faltam garras e dentes propícios ao ataque pois deve constituir-se como um ser pacífico e dócil (HERDER, 1974, p. 218).

Herder pensava que não podia ter havido uma evolução do ser humano para o caminhar em posição ereta, uma vez que o próprio conceito de evolução se fundamenta em razões naturais para explicar transformações, quando, a seu ver, o erguer-se do solo seria o exemplo último de genialidade da história mais remota, que marca uma cisão civilizacional inexplicável e não derivável de outros fenômenos. Porém não é isso que se conclui, pois podemos questionar-nos por que motivo a laboriosa unicidade do ser humano se deveria basear na diferenciação entre a locomoção quadrúpede e bípede. O andar quadrúpede apenas é considerado uma forma de locomoção natural se dispensarmos a ideia de que o movimento de afastamento do que é cômodo começou com a transformação anatômica que permitiu uma existência fora da água. Também nadar era mais cômodo do que caminhar com os quatro membros. A simples diferenciação entre membros anteriores e membros posteriores nos quadrúpedes representava um labor contra a força da gravidade; enquanto os primeiros apoiam a visualização do ambiente circundante e a orientação nele, os segundos propulsionam o movimento. O andar ereto acrescentava, na verdade, aos pés e às pernas o que retirava das mãos: a função de dar uma direção à marcha. Que a humanidade tenha surgido de um momento para o outro, quando um macaco se ergueu, por exemplo, para manter agressores à distância com um arremesso de pedra – variante mais pacífica da cena de Kubrick sobre o aparecimento do homem –, permanece, portanto, um mito que impede o entendimento de um processo tão espantosamente longo (GRAY, 1953; CARTMILL, 1983; AHLBERG, 1994)[7].

No que diz respeito às características distintivas do ser humano em particular, como as mãos e outras igualmente pós-craniais, o que significa abaixo do crânio, a investigação científica está bastante segura de se tratar de uma consequência do caminhar ereto. A dentição do pitecantropo distingue-se da dos macacos pelo fato de a dentadura feminina não se diferenciar tanto da masculina, quer no *Homo sapiens,* quer em todas as espécies suas antepassadas. A dentadura do pitecantropo já não atua como arma, mas documenta um ser cuja alimentação variada era procurada em *habitats* distintos, o que indicia uma alteração da mobilidade muito remota em resposta a alterações climatéricas. Na verdade, muitos pitecantropos mais antigos, como o *Oreopithecus* e o *Ramapithecus* (que, comprovadamente, viveram em um período entre 8 e 14 milhões de anos), exibiam dentes incisivos menores do que, por exemplo, os chimpanzés, o que torna improvável a relação entre estrutura dentária e a utilização de ferramentas. Provavelmente, o uso de ferramentas não estaria na origem da redução de tamanho dos incisivos, seria antes uma compensação dela resultante. Em vários

---

7 O arremesso de pedras como a primeira ação humana de efetiva "libertação do corpo", por meio da introdução da ferramenta, é descrito por ALSBERG (1975 [1922]).

pitecantropos, do *Ardipithecus ramidus* (há 4,4 milhões de anos) ao *Australopithecus africanus* (há 2,5 milhões de anos), o tamanho e a forma dos dentes, tal como a estrutura do esmalte dentário e a estrutura mandibular, são mais um indício de uma alteração significativa nos hábitos alimentares, até se chegar ao *Homo sapiens*, capaz tanto de uma alimentação mole como dura (TEAFORD; UNGAR, 2000).

Contudo também esse aspecto se prende ao caminhar ereto, pois as formas de alimentação dependem obviamente de ela ter a sua base em frutos que crescem nas árvores, em frutos silvestres, sementes duras e escaravelhos que se encontram junto ao solo, quer se trate de colheita ou de caça. Os membros anteriores desenvolveram-se cada vez mais para a constituição de braços, que atenuavam o esforço das mandíbulas pela utilização de ferramentas, o que, por sua vez, permitiu o desenvolvimento do aparelho fonador e beneficiou capacidades cognitivas; mesmo o cérebro ganhou com o refinamento dos movimentos das mãos e essas com o crescimento do cérebro – e tudo isto faz parte dos condicionalismos mútuos evolucionários de determinadas características que se vão formando. Elas reforçam-se, sem que se tenham necessariamente desenvolvido pelos mesmos motivos ou em períodos de tempo coincidentes. Também os macacos utilizavam ferramentas, e os bípedes não tinham, no ponto de partida, um cérebro de maior dimensão; também os pitecantropos, com um cérebro relativamente grande, não desenvolveram de imediato técnicas de fabricação de ferramentas. Tudo isso, porém, não responde à questão do aparecimento de uma determinada espécie nesse contexto de evolução de correlação mútua. Seja qual for a perspectiva que adotemos, a condição bípede permanece a diferença mais informativa entre as formas anteriores do ser humano e os seus antepassados mais próximos entre os macacos (WASHBURN, 1960; JOLLY, 1970).

Se nos abstrairmos do tempo demorado e das complicações resultantes dessa transformação, a cena do filme de Kubrick coincide com uma das hipóteses científicas que procura explicar o processo pelo qual alguns macacos foram alterando a sua postura de locomoção e se ergueram. A par da hipótese de Charles Darwin de que as mãos ficaram libertas para a utilização de ferramentas e de armas que o cérebro humano concebera, Raymond A. Dart tornou pública, em 1953, a interpretação de que o caminhar em posição ereta havia beneficiado o comportamento agressivo e bem-sucedido de caça, uma vez que, além do uso de armas, permitia igualmente que o campo de visão passasse a ter um longo alcance. Há um quarto de século, esse paleoantropólogo pusera de parte a hipótese de que a evolução entre o macaco e o *Homo sapiens* tivesse começado pelo desenvolvimento do cérebro, ou seja, derivasse da superioridade intelectual ou, para sermos ainda mais cuidadosos, de uma capacidade de assimilação cognitiva maior. Pois, quando, em 1924, em uma pedreira da África do Sul, foi encontrado um fóssil de um pitecantropo, até então o mais antigo conhecido, a criança de Taung – como passará a ser designado o antigo fóssil com 2 a 3 milhões de anos devido à dentição completamente ainda por romper –, Dart, primeiro analista do crânio, reconheceu-lhe "delicadas características de semelhança humana", um "membro de uma espécie de macacos extinta", não um "verdadeiro humano", mas a categorizar como um ser situado entre o antropoide e o humano.

Dart deu a esse ser o nome de *Australopithecus africanus*, macaco do sul da África, apesar de as características mais interessantes nele o distinguirem de todos os outros macacos. O *foramen magnum*, ou seja, o orifício de entrada no cérebro para o sistema nervoso, encontrava-se na zona inferior do crânio e não no occipício, o que, para a investigação científica, significava uma coluna vertebral vertical e uma posição do crânio indicativa de proporcionar equilíbrio à marcha em posição ereta. Hoje, os biólogos teriam um diagnóstico mais reservado e remeteriam a locomoção bípede para os ossos da bacia ou das pernas, a despeito de infelizmente haver poucos fósseis seus. De uma forma ou de outra, o cérebro do australopiteco era apenas pouco maior do que o da maioria dos macacos. Os dentes incisivos, relativamente pequenos e pontiagudos, aparentavam-se de forma marcante aos dos seres humanos. Foi a partir desse ponto que, mais tarde, se faria a ligação com a teoria de Darwin, a qual afirma que o passo mais importante para chegar à humanidade foi dado pelos macacos que teriam se deslocado das florestas para a savana, cuja vegetação rasteira beneficiava o uso de armas e a visão de longo alcance (DARWIN, 1871; DART, 1925).

Na verdade, o mundo científico não acreditou, durante muito tempo, que o australopiteco fosse outra coisa, senão um macaco. O seu cérebro afigurava-se demasiado pequeno – e o que distinguiria o ser humano do macaco, se não a capacidade cognitiva, ou seja, o tamanho do cérebro! Além disso, permanecia-se ao lado das suposições de Darwin de que o ser humano se caracterizaria pelo uso de ferramentas, de modo que os fósseis, em cuja proximidade não foram encontradas ferramentas em pedra, não eram considerados como pertencentes a uma das fases da evolução entre o macaco e o ser humano. Além disso, em 1912, fora apresentado em Londres o crânio do primeiro inglês, encontrado em Piltdown, aldeia do Sudoeste de Inglaterra, cuja datação situava entre os 200 mil e os 500 mil anos. Esse testemunhava, pelo menos para os Ingleses, que na origem da evolução do ser humano estaria um cérebro inglês visivelmente maior do que o dos macacos. Descobriu-se posteriormente que o achado de Piltdown pertencia a um ser humano da Idade Média, ao qual havia sido acrescentada a mandíbula de um orangotango, o que, a despeito de todas as dúvidas suscitadas de início, apenas viria a saber 40 anos mais tarde, quando a tecnologia se encontrou suficientemente avançada para dispor de um método de datação física dos ossos. Até lá, os achados ósseos podiam apresentar dentição humana e indiciar o andar bípede, mas enquanto o cérebro não apresentasse um determinado tamanho, não eram tidos em consideração pelos cientistas como pertencendo a um pitecantropo. Não se tinha a visão de que o cérebro não era absoluto; antes se encontrava em uma estreita relação com as respectivas proporções corporais dos antropoides. Um gorila macho pesa cerca de 160 kg; o australopiteco, com um volume cerebral um pouco maior, pesava cerca de 40 kg. Variantes isoladas do australopiteco apresentavam, mesmo de um ponto de vista relativo, um cérebro maior do que todos os outros animais conhecidos com o mesmo peso corporal.

Permanece determinante o reconhecimento de que o andar ereto possibilitou o desenvolvimento do cérebro humano. Em 1947, foi encontrado em Sterkfontein, juntamente à parte da coluna vertebral e à parte superior da perna, a bacia de um *Australopithecus africanus*. Pela forma do osso da bacia e da curvatura da coluna, pode-se comprovar o seu andar bípede. Adicionando-o ao achado do crânio da Criança de Taung e aos seus dentes incisivos pequenos, do tipo que se encontra nos macacos, tornou--se imperativo aos cientistas reconhecer que as diferenças entre o cérebro do macaco, com o modo de locomoção comum, e o do bípede apenas se desenvolveram após a adoção da posição ereta por parte de alguns macacos. A nossa existência cerebral deu-se graças ao aparelho locomotor particular, e não o contrário. Isso ficou finalmente comprovado, quando, em 1978, foram descobertas as pegadas de Laetoli nas cinzas vulcânicas fossilizadas da Tanzânia. Por meio delas, está hoje determinado que podemos agradecer a nossa existência, também no que diz respeito ao gasto energético, a um ser, *Australopithecus afarensis*, que caminhava tal como nós. Isso aplica-se igualmente aos achados relativos ao *Australopithecus anamensis*, do Quênia, que remonta a uma época situada entre 4,2 milhões e 3,9 milhões de anos. As armas em pedra mais antigas que foram encontradas têm, por sua vez, cerca de 1 milhão de anos, e foram desenvolvidas pelo cérebro humano apenas 4 milhões de anos após a passagem à locomoção bípede (WARD et al., 2001; RAICHLEN et al., 2010).

O debate entre os paleontólogos e os teóricos da evolução comprova essa interpretação. Tomemos como exemplo a controvérsia entre os famosos antropólogos Sherwood Washburn (1967), Ralph Holloway (1968), Clifford Jolly (1970) e Owen Lovejoy (1981). Os incisivos dos pitecantropos, menores do que os dos antropoides, remontam a uma pressão seletiva cada vez mais reduzida devido à utilização de ferramentas. Isso quer dizer que as grandes mãos, com intenção agressiva, já não tinham nenhuma serventia para os seus portadores, uma vez que a sua função podia ser igualmente concretizada por armas ou por ferramentas. Não foram as espadas que se transformaram em arados, mas os dentes incisivos em espadas, como afirma Sherwood, clarificando a tese do caçador de Dart. Mas a caça não pode surgir como a origem da utilização de ferramentas, porque os primeiros bípedes não eram caçadores, mas presas que se alimentavam preferencialmente de frutos, sementes e folhas. Portanto, aproveitavam e utilizavam os dentes caninos afiados na luta pela alimentação e, em última instância, na luta contra os da sua espécie, inimigos às vezes constituídos por membros do mesmo *clã*, por exemplo, na disputa pelas mulheres. Mas armas que mais tarde lhes pudessem ter valido na mitigação do conflito não se encontram disponíveis nessa época.

Tal diagnóstico não abalou a perspectiva de Washburn. Uma vez que os dentes se tornavam cada vez menores, como ele argumentava, é imperioso ter havido antes disso uma tecnologia substitutiva para o grande batedor, apenas ainda não fora encontrada, ou talvez nunca viesse a ser encontrada, se tais ferramentas não eram feitas de material duradouro. Mas será que armas em madeira substituíram os dentes maiores? Acrescente-se à questão a hipótese de as provas para isso serem encontradas no futuro. E qual teria sido, na verdade, a vantagem seletiva para macacos que se impunham no seu grupo com o uso dos dentes, depor essa arma só porque, entretanto, passaram a dispor de ferramentas cortantes? Foi a pergunta de Ralph Holloway, recebendo de Washburn a correspondente resposta: em disputas de poder no seio do grupo, já não se feriam tanto como antes. Contudo tal altruísmo em relação ao grupo não é possível explicar em termos biológico-evolutivos: por que razão os portadores de dentaduras mais reduzidas teriam se reproduzido de forma mais eficaz, apenas por essa característica ser melhor para o grupo?

A própria explicação de Holloway para a regressão do tamanho dos dentes incluía a organização dos pitecantropos em comunidades. No que dizia respeito à capacidade de se impor no seio do grupo, o prêmio sexual já não teria o mesmo valor elevado como para os macacos. Ou então, dito de outra forma: diminuindo a importância da agressividade com a caça e a colheita conjunta a darem lugar a uma maior cooperação, é natural que o possuidor de uma dentição esplêndida não fosse mais bem-sucedido, logo mais impressionante do que os outros machos menos bem apetrechados. Não foram as alterações tecnológicas, mas as mudanças sociais relacionadas ao caminhar ereto que teriam influenciado a evolução corporal (HOLLOWAY, 1967).

Essa teoria gera, por sua vez, interrogações sobre a razão pela qual a procura cooperativa de alimentos entre os chimpanzés onívoros não resultou igualmente na locomoção em posição ereta e em uma dentição menor.

Os dentes de menor dimensão nem sequer são vantajosos para comer carne, e o caminhar ereto trouxe consigo uma instabilidade significativa, principalmente no que diz respeito à caça. Assim sendo, Clifford Jolly sugeriu deixar de lado a ideia obsessiva da caça e da obtenção de carne e procurar uma causa mais pacífica. A sua própria hipótese, baseada não no modelo do chimpanzé, mas no do babuíno, anatomicamente mais próximo dos pitecantropos, apontava para mudanças alimentares que se beneficiava mais com molares robustos do que com dentes caninos fortes: mastigar sementes, ingerir insetos, répteis e ratos pequenos. Na transição do macaco para o pitecantropo, o *habitat* era constituído por solos com vegetação rasteira, onde se acocoravam de coluna vertebral já ereta para se alimentarem. Porém os esqueletos e os crânios dos primeiros pitecantropos não foram encontrados em savanas abertas – o que torna obsoleta a teoria do caminhar ereto como forma de ventilação – mas em ambiente florestado. As condições climáticas do Miocênico médio e tardio eram, sim, marcadas pelo arrefecimento, pela seca e outras fortes oscilações sazonais; mas, há 10 milhões de anos, isso não levou simplesmente a uma redução das florestas, o que teria impelido alguns macacos para espaços abertos, mas a uma geografia mosaica que abrigava vários biótopos diferentes que coabitavam muito próximos.

Justamente as oscilações sazonais e os biótopos heterogêneos estão na base do modelo, de resto muito discutido, de Owen Lovejoy. O mais interessante na sua teoria é a ligação que estabelece entre os dois grandes motivos de seleção da evolução: a alimentação e a reprodução sexual. De acordo com Lovejoy, os macacos machos monogâmicos que viviam nos bosques seriam aqueles que teriam de arranjar alimentação para a criação dos seus rebentos, fosse sob forma de caça, sob forma de recolha ou de aproveitamento de carcaças em regiões que, dependendo da estação do ano, poderiam encontrar-se bastante longe dos locais onde as fêmeas permaneciam com as crias. Nessa procura por alimentos sob condições climáticas adversas, tinham de contar com distâncias maiores, com espaços em branco e com uma menor densidade alimentar. Nessa situação, o caminhar em posição ereta tornou-se vantajoso. Um bípede de 50 kg – era quanto pesava aproximadamente um pitecantropo com 1,20 m de altura – consegue percorrer 16 km com o mesmo gasto de energia que um chimpanzé macho de 40 kg precisaria para calcorrear 10 km de vegetação. Ainda hoje, os macacos não perfazem mais de 2 km por dia, enquanto grupos humanos que se dedicam à coleta conseguem atingir cerca de 13 km. Quanto maior o percurso, mais se poupava energia por meio do caminhar ereto, situando-se entre 12 e 16 por cento (LEONARD; ROBERTSON, 1997; LEONARD et al., 2007).

Uma vez que era muito arriscado para as fêmeas deixarem as suas crias em ambientes menos protegidos ou percorrerem distâncias maiores levando-as consigo na procura de alimentos, tornou-se imperativa a divisão de tarefas, o que significava monogamia, ou sexo por motivos de alimentação. Assim, as fêmeas sobreviviam a mais partos, até porque as crias não necessitavam de ser transportadas e se encontravam mais protegidas dos predadores, o que lhes permitia uma maior natalidade. Desse ponto de vista, o caminhar ereto seria uma contribuição para o surgimento de famílias menores. Dito de outra forma, as vantagens da locomoção em posição ereta na procura de alimentos em regiões mais extensas e as vantagens da monogamia, que evita o conflito entre os machos, se teriam mutuamente reforçado. O fato de os dentes caninos não serem armas nos pitecantropos também é enquadrado por essa ideia, dado que em uma organização social, na qual predomina o relacionamento monogâmico, deixa de ser necessário o uso de dentes cortantes, mesmo na defesa do território que, devido à escassez alimentar, se havia comumente alargado, tornando desnecessária essa característica.

Investigações experimentais feita com chimpanzés, em que esses carregavam alimentos favoritos de pé, enquanto levavam as plantas menos apreciadas nas quatro patas, indiciam igualmente a vantagem da locomoção bípede, especialmente quando se receia a concorrência. Porém há um óbice à tese de Lovejoy, que tem de prescindir da analogia com o mundo do macaco, porque nele não existe um elemento fundamental, que é a falta de indicadores de uma vida de monogamia por parte do australopiteco. Pelo contrário, do ponto de vista científico, existem indícios consideráveis de poligamia do lado do pitecantropo macho, mais do que da fêmea.

Uma explicação para este dimorfismo ou grande diferença sexual entre machos e fêmeas poderia muito bem encontrar-se no fato de os hominídeos machos, de estatura maior e com um aparelho locomotor mais próximo do ser humano, na procura de alimentos em zonas abertas, teriam de deixar para trás as fêmeas junto às áreas arborizadas, as quais, por sua vez, ficariam desprotegidas, se não tivessem mantido a capacidade de trepar e de se refugiarem no topo das árvores. Os machos teriam então se adaptado mais rapidamente, graças ao do andar ereto e da estrutura física mais forte, às condições ecológicas e aos riscos ligados à sua tarefa de obter alimentos; as fêmeas, reformulando a tese do anatomista Randall Susman, teriam "permanecido habitantes arbóreas parciais", com um peso corporal inferior ao dos machos.

Como resultado desses debates, pode reter-se a ideia da inexistência de uma história linear do caminhar ereto que não seja de natureza especulativa. O australopiteco alimentava-se, como agora sabemos, preferencialmente, mas não exclusivamente, de plantas. Portanto não foi a vantagem na caça que desencadeou o caminhar ereto. Bem mais plausíveis afiguram-se os modelos que fazem erguer o macaco do solo ou de ramos de árvores, a fim de alcançar os frutos pretendidos. Nos 85 por cento de todos os casos em que os chimpanzés se endireitam apoiados nos dois membros inferiores, a razão destina-se à alimentação, destinando-se, em poucos casos, para transportar, arremessar, observar, utilizar ferramentas ou para parecer mais imponente. Se outros animais se tornavam mais rápidos transformando-se em bípedes, tal não era o caso dos antropoides. É a esse respeito que a teoria defensora da importância das grandes distâncias percorridas em regiões abertas encontra o seu maior obstáculo. Já o *Ardipithecus ramidus*, descoberto na

Etiópia em 1994, e datado de cerca de 4,4 milhões de anos, o qual, portanto, estaria muito menos dependente de uma determinada fonte de alimentação, não vivia na savana. No caso de Lucy, o mais conhecido esqueleto parcial de um *Australopithecus afarensis*, foram encontradas características de um ser que continuava a trepar e que, pelo menos à noite, se refugiava nas árvores para se proteger dos predadores. É sabido que os pitecantropos mais tardios habitavam regiões florestadas, desenvolvendo, nesse meio, capacidades que, contudo, também lhes permitia sobreviver em outras regiões. As oscilações climáticas sazonais mais fortes e a biografia mosaica resultante da variedade da África Oriental levaram a uma flexibilidade comportamental compensatória, como seria, por exemplo, a de um ser que dispusesse de um repertório locomotor com mais do que uma opção. A evolução parece não ser a resposta a uma forma de existência especial, cuja anatomia obedece a um ambiente de vida muito específico, um nicho, mas a de uma espécie capaz de migrar e de adotar uma dieta onívora, que conseguia equilibrar os riscos entre a vida no solo e nas árvores e teria evoluído entre 2,5 e 1,8 milhões de anos para um "andar bípede indispensável"[8].

Na teoria da evolução, pressupõe-se frequentemente que foram as condições ambientais adversas, em especial, que originaram as transformações significativas. A dureza da luta pela sobrevivência e a escassez de recursos, tal é a interpretação atualmente prevalecente, exercem a pressão decisiva, sob a qual determinadas características se reproduzem mais do que outras. A maioria das explicações acerca do caminhar ereto tem por base esse esquema. Uma perspectiva diferente é apresentada pelo zoólogo britânico

---

8 Sobre a tese de que o andar bípede em macacos selvagens servia quase exclusivamente à alimentação, cf. Hunt (1994, 2015).

Jonathan Kingdon (2003), residente na África. Para um desenvolvimento precário, cujas vantagens definitivas demorariam a revelar-se, de acordo com Kingdon, houvera uma condição ecológica favorável a tal evolução. Os macacos teriam se tornado bípedes, a fim de sobreviverem na savana, e existira uma forma intermédia de locomoção entre o quadrúpede, habitante das árvores, e o bípede.

Um período seco, iniciado há 10,5 milhões de anos, criou duas zonas de considerável dimensão ao longo do Vale da Grande Fenda africano, que se estende desde Moçambique até a Síria. Quase todos os sítios de achados arqueológicos encontram-se a Leste dessa linha. Nela se baseia a *East Side Story*, segundo a qual, por volta do fim do Miocênico (há cerca de 6 milhões de anos), as tensões tectônicas junto ao grande Vale teriam criado obstáculos naturais (montanhas, planaltos) entre dois ecossistemas, o que provocara as duas linhas de evolução: uma em direção ao antropoide, outra em direção ao *Homo sapiens*. O mundo dos chimpanzés e dos gorilas era dominado por florestas úmidas; o mundo do hominídeo, por um tapete de mosaicos, constituído por savanas secas, regiões fluviais e pequenos bosques costeiros. Essa hipótese parece não ser abalada pelo achado, em 1995, do arco mandibular e de um dente molar de um *Australopithecus bahrelghazali* no atual Chade, bem a ocidente da referida linha de separação.

Alguns macacos que habitavam bosques costeiros ficaram isolados pela crescente desertificação das regiões circundantes, o que fez com que sua evolução genética, agora separada de outros grupos, fosse marcada pela oscilação do grau de umidade e da temperatura, tal como pela alteração ecológica desse biótopo. Entre as características marcantes contam-se, por exemplo, o tamanho menor das árvores devido ao clima seco, o desaparecimento de determinados frutos sazonais, o surgimento de uma maior riqueza da fauna e da flora do solo, como resultado das folhas caídas, o que levou os macacos a procurarem sistematicamente alimentos no solo. O processo por meio do qual alguns macacos se ergueram – e nesse ponto a teoria de Kingdon vai ao encontro da sustentada por Clifford Jolly – reside primeiro na adoção da posição sentada, para juntarem e comerem pequenos alimentos, como sementes, insetos, répteis e frutos. Antes do estar de pé encontra-se o estar sentado; antes da marcha em posição ereta nos antropoides, esteve o que Jonathan denominou "o macaco do solo", uma tradução literal de *Ardipithecus ramidus*: macaco do solo junto à raiz. Não foi, portanto, o caminhar ereto que teria levado a alterações no antropoide, nomeadamente na parte superior do corpo, na coluna vertebral, na região da bacia, mas sim a forma de se alimentar acocorado. O acocorar-se apoiado deixou-lhe uma das mãos livre, o andar ereto libertou-lhe ambas as mãos. Ele pôde evoluir da posição acocorada junto ao solo para uma posição bípede, desde que a terra lhe ofe-recesse alimentos suficientes e houvesse por perto lugares seguros de alcance rápido, ou seja, na proximidade de áreas florestais. Tam-bém a ação de juntar alimentos de cócoras em águas rasas pode ser enquadrado em um desenvolvimento crescentemente bípede. Uma vez que ambas as situações punham os macacos em concorrência com outras espécies animais, o afastamento do topo das árvores e a proximidade ao solo pode ter igualmente reorganizado a vida em grupo e reforçado o desenvolvimento da comunicação entre eles. Em outras palavras, segundo Kingdon, não foi a luta pelos recur-sos, mas justamente a libertação dela que criou as condições para uma transformação bípede tão improvável e cheia de riscos[9].

---

9 Acerca de aspetos comunicativos do andar ereto, cf. Jablonski e Chaplin (1992).

Também aqui nos encontramos perante um modelo, uma compilação de informação, uma suposição. Características do caminhar ereto são as inúmeras possibilidades que abriram a uma posterior reflexão sobre se esse teria sido o fator ou a vantagem decisiva na evolução em direção ao *Homo sapiens*. E, tratando-se de uma característica ímpar na sequência evolutiva, o caminhar ereto carece de comparações que podem esclarecer a importância causal, apurando exatamente qual a utilidade dessa forma de locomoção. O "desenvolvimento da mão como ferramenta absoluta" (Hegel) não foi desencadeado por essa forma de locomoção, antes beneficiada por ela. Uma vez que a mão é efetivamente uma ferramenta absoluta que tanto pode gesticular como transportar objetos ou mesmo lutar, fazer fogo ou dar apoio no parto, carece também ela de uma especificidade utilitária, de uma determinada vantagem seletiva. Podemos afirmar que o macaco, ao adotar o caminhar ereto, se tornou não específico. Acerca dos quadrúpedes, sabemos sempre melhor para onde vão, porquê e o que lá vão fazer. No caso dos bípedes, permanecem as suposições, com todo o conhecimento biológico, geográfico e paleontológico, seis milhões de anos após o começo de tal forma de locomoção, deixando sempre um sabor a uma narrativa.

2

O TEMPO DOS DENTES E O TEMPO DAS FESTAS

As origens do cozinhar

> *Boy meets grill.*
> Robert William Flay

"O ser humano é o que come." Essa frase de Ludwig Feuerbach (1850) desafia-nos a inquirir o que o filósofo teria acabado de comer quando a escreveu. Pois mesmo os vegetarianos mais impenitentes não gostariam de ver a sua identidade reduzida à dieta. Quando com eles discutimos o sentido de uma alimentação sem carne, são argumentos o que eles nos apresentam, e não legumes. O que é possível porque o ser humano é outras coisas mais, não apenas o que come. Ele é constituído, por exemplo, por uma série de posições tomadas em relação à comida. O que come, pois, o ser humano? Enquanto espécie, praticamente tudo. Enquanto grupo étnico particular, não tudo, longe disso, e em muitos alimentos nem toca. Os Inuítes e os Jaíns são dois casos extremos a respeito da alimentação. Os Inuítes de tempos passados alimentavam-se, no inverno, quase exclusivamente de peixe, carne crua e de sangue de foca, encontrando fundamentos mágicos e medicinais na ligação entre o animal e o ser humano; os Jaíns, que não se limitam a evitar a carne, mas também não se alimentam de cogumelos ou de mel, assim como de nada que tenha sido armazenado durante a noite, uma vez que consideram o comer em si próprio como uma violência contra todo o tipo de plantas e atribuem mais de uma alma àquelas que tenham múltiplas sementes, como o tomate, o pepino e o melão. Entre uns e outros existem muitas possibilidades. O ser humano não é um comedor já estabelecido. É por isso que há muito produz justificativas para aquilo que come (BORRÉ, 1991; FYNES, 1996). E de que forma o ser humano se alimenta de tudo? De todas as formas possíveis: cru, cozido, moído, assado, grelhado, frito, refogado, gratinado, descascado, marinado, açucarado, apimentado e assim sucessivamente. Já há muito tempo, o ser humano não ingere simplesmente os alimentos sem antes os transformar. Tal prática remonta a outra forma de se alimentar não só de um ponto de vista material e pragmático, mas também temporal e social. Enquanto os macacos de grande porte ocupam cerca de metade do dia com a mastigação, alimentar-se já só ocupa 5 por cento de um dia do ser humano e, por norma, fá-lo em companhia (ORGAN et al., 2011). Somando-se todas as refeições, durante uma vida, podem ser feitas 100 mil delas, o que perfaz uns 12 anos ocupados com a comida. Não é certo que a introdução de restaurantes de comida rápida tenha alterado esses números; de qualquer forma, os psicólogos encontraram uma ligação entre a comida rápida e a impaciência, segundo a tese de Zhong e De Voe (2010), publicada sob o título *You are how you eat*.

Assim sendo, os animais são muito mais o que comem do que o ser humano. A sua anatomia acompanha essencialmente a alimentação particular que lhes dá energia. Quem quiser saber a razão pela qual um urso-formigueiro, uma abelha ou um sapo são como são, teria de começar pelas formigas, pelo pólen das flores e pelas moscas. Contrariamente, a anatomia da espécie humana atual não é tão reveladora da sua dieta, uma vez que não existe uma alimentação única do ser humano. É por isso que não o matam as inúmeras dietas as quais se sujeita. No reino animal não existem dietas. Nesse caso, a alimentação representa, de fato, uma ligação imediata entre o animal e o meio ambiente. Tal estado de coisas altera-se quando a alimentação deixa de ser passivamente aceita pelo animal e passa a ser transformada. A ingestão de alimentos crus restringe-se nos seres humanos maioritariamente a frutos, legumes e nozes. Todos os outros alimentos são, por norma, transformados, antes de os ingerir. No que concerne ao ser humano, não foi Feuerbach, mas James Boswell (1813) que melhor definiu esse aspecto: "no beast is a cook" – nenhum animal selvagem é cozinheiro. O homem é um animal que cozinha.

Cozinhar é uma das razões que leva o ser humano a ingerir alimentos diferentes, o que não acontecia com os seus antepassados biológicos. Muito daquilo que não consegue digerir, o homem torna digerível. O *Australopithecus africanus*, um dos nossos antepassados mais antigos, com a sua dentição, tinha de empregar uma força quatro a cinco vezes superior ao ser humano, para exercer a mesma pressão sobre os alimentos ao mastigá-los. Em outras palavras, ele tinha que comer muito mais para retirar a mesma quantidade de energia, uma vez que consumia alimentos difíceis de digerir ou mesmo indigeríveis. Cozinhar empurra a fronteira do indigerível para bem longe, porque os alimentos tenros não só exigem um esforço menor do aparelho digestivo, como levam ainda à poupar energia no processo da digestão. Experiências realizadas em animais demonstraram que é suficiente amolecer determinados alimentos misturando-os com o ar, de forma que quem os consuma não gaste tantas calorias. Cozinhar é superior a essas técnicas. Isso restringe o que o grande antropólogo Claude Lévi-Strauss afirmou sobre o processo de cozinhar. Aquecer os alimentos não serve somente para operar uma delimitação simbólica do reino animal. Não é só a comunicação que distingue o cru do cozido, o corpo também o faz.

Mas, afinal, o que é ingerido? No mesmo ano de 1773, em que o escritor de literatura de viagens Boswell deixava no diário observações sobre "o animal que cozinha", um conterrâneo, James Burnett (1773) anotava na sua obra sobre como a passagem de uma alimentação frugívora para carnívora teria modificado bastante o caráter do ser humano. Um ser inofensivo, mais disposto à fuga do que ao ataque, teria se transformado, graças à caça, em uma besta selvagem, que estivera sempre nele – "uma parte de sua composição" –, e que agora passara a ser dominante, já não muito longe da guerra e do canibalismo.

Ainda hoje, as duas distinções cru/cozido e colher/caçar são centrais na descrição do ser humano da Pré-História e da sua alimentação. Isso se deve, entre outros aspectos, ao fato de os achados dos hominídeos serem fundamentalmente crânios, mandíbulas e dentição. Medições feitas à dentição, tal como análises microscópicas às partes desgastadas e à estrutura óssea, permitem retirar conclusões sobre a força muscular, comportamento da mastigação e tipo de alimentação.

Assim, por um lado, foi demonstrado que o tamanho da superfície de mastigação estava dependente, em termos evolutivos, do tamanho do ser vivo, por outro, da respectiva alimentação. Portanto, quando o exemplar médio de uma fêmea de *Australopithecus aferensis* é um tanto menor do que o de um chimpanzé fêmea, mas com molares maiores, podemos concluir que se tratar do resultado de uma dieta que inclui um elevado número de alimentos crus mais rígidos – como sementes e folhas, por exemplo.

A questão das origens do ato de cozinhar encontra-se em estreita ligação com a pergunta sobre a transição do hominídeo para o ser humano. Porque, na sequência da transformação do *Homo habilis,* que viveu há 2,5 milhões de anos, para o *Homo erectus,* que viveu há cerca de 1,9 milhões de anos, posteriormente para o *Homo sapiens,* há 200 mil anos, as diferenças anatômicas maiores encontram-se no começo. O *Homo erectus* apresenta dentes muito menores do que os seus antepassados, o seu corpo já não está tão adaptado a trepar, o volume do cérebro é significativamente maior, os exemplares de machos e de fêmeas são anatomicamente mais parecidos do que antes, além de se tratar do primeiro primata encontrado fora de África: há 1,7 milhões de anos na Ásia em geral, há 1,6 milhões de anos na Indonésia e há 1,4 milhões de anos na Espanha (WRAGHAM, 2011). O que nos interessa, por ora, são a dentição e o cérebro.

O cérebro, porque o seu crescimento consome a maior parte da energia do ser humano e é dependente de transformações em todo o seu estilo de vida. Um australopiteco gastava 10 por cento da sua energia com a atividade do cérebro, tendo esse um volume de 450 cm^3. O *Homo erectus* tinha um gasto energético de 17 por cento para um volume cerebral de 900 cm³[10]. Deve ter havido uma alteração fundamental no balanço energético dos pitecantropos, para dar lugar a esse desenvolvimento do centro de controle do ser humano.

No fim do século XIX, já era conhecida a relação entre o volume cerebral e o comprimento do aparelho digestivo nos hominídeos: quanto maior o dispositivo do pensamento e do controle, mais curto era o aparelho digestivo. Este, por sua vez, é mais reduzido naqueles que comem carne do que nos vegetarianos, uma vez que as gorduras e as proteínas animais são mais fáceis de se digerir. Na transição para a espécie humana moderna, o gasto energético do sistema digestivo parece ter diminuído em favor do cérebro, também por alteração da dieta alimentar.

A mudança na alimentação foi igualmente um resultado da caça. Essa atividade exige uma capacidade cognitiva maior do que a coleta, o que está relacionado à dependência mútua dos passos evolutivos. A inclusão de mais carne na dieta alimentar fornecia ao ser humano as calorias e as proteínas necessárias à sua inteligência, ao mesmo tempo que era necessária mais inteligência para chegar à carne. Por oposição às plantas, os animais fogem quando alguém pretende comê-los; a caça torna-se um teste à inteligência, incluindo o problema do fornecimento de energia, quando a presa se desloca mais depressa do que o caçador. Talvez a alimentação anterior menos exigente, feita de carcaças – portanto, de animais que já não conseguiam fugir –, tenha incentivado esse movimento dialético. As ossadas, em que aos achados de dentadura de carnívoros se sobrepõem os fósseis de crânios de primata, sustentam essa tese (SHIPMAN, 1986; SPETH, 2002; ARSUAGA; MARTINEZ,

---

10 De acordo com Adovasio e Soffer (2009), os chimpanzés gastam cerca de 8 por cento da energia, outros mamíferos entre 3 e 5 por cento.

2006). Ou talvez tenha ajudado o cozinhar. Ao longo do processo de evolução, os dentes molares tornaram-se menores por já não ser necessário empregar tanta força na mastigação de alimentos, seja porque são mais tenros em si, seja por terem sido tornados mais tenros. A dentição do australopiteco estava adaptada às necessidades de uma alimentação mais dura quando, de tempos a tempos, se alimentava de sementes ou grãos, porém a respectiva estrutura não se adequava muito ao consumo de carne crua. Sabemos, contudo, a partir de análises isotópicas, que o australopiteco comia carne, o que aponta para uma carne previamente amaciada ou o recurso a carcaças em estado de decomposição[11].

Comparativamente, a dentição nitidamente menor do *Homo erectus* aponta para novas modificações nas condições alimentares. Não tanto por significar uma vantagem seletiva quando a energia não se encontra na estrutura de uma dentição forte, mas é posta ao serviço de algo diferente, assim que existem técnicas à mão que substituem a força mandibular. Medições revelam que desde o fim do Pleistoceno, ao longo de mais de 500 gerações, os dentes sofreram uma redução média de 0,21 mm por geração. Tal não parece significar uma vantagem competitiva na luta pela sobrevivência. A razão para a redução continuada do tamanho do aparelho de mastigação reside no fato de os indivíduos com dentes e boca menores do que qualquer antropoide já não se encontrarem sob pressão seletiva quando passa a haver meios de substituição adequados de uma dentição forte. A evolução pode também significar a conquista de independência de pontos de vista demasiado restritivos no que diz respeito ao conceito de superioridade.

---

11 Cf. os achados abrangentes de Ungar (2012).

Segundo os cálculos do antropólogo Charles Loring Brace e da sua equipe de investigadores, o tamanho dos dentes diminui 1 por cento, se existirem tecnologias de apoio à preparação de alimentos. A passagem correspondente do cru ao cozido, assim se supôs durante muito tempo, seria um resultado da migração da África para a Europa através da Ásia Ocidental, quando houve as ondas climáticas de frio. Na Idade do Gelo, há 250 mil anos, a necessidade calórica era considerável; nessa época, a flora europeia não era suficiente para a satisfazer o homem. Quanto mais ao Norte, mais carnívora era a alimentação, assim era a regra. Os caçadores da Idade do Gelo, por sua vez, não conseguiam devorar um auroque, um cavalo ou um veado-vermelho em um fim de semana – cujas imagens encontraríamos muito mais tarde pintadas em grande número em grutas na Europa Central e Sudoeste –, pelo que se tornou imprescindível a introdução do fogo, para conservar a carne e protegê-la da geada ou para a preparação de restos de animais congelados. A esta última foi dado o nome de "cozinhar obrigatório" que, sem atender a preferências, destinava-se a tornar comestível carne animal congelada (BRACE, 1995). Tanto a presença de lugares com fornos, como a redução do tamanho médio dos dentes durante os últimos 100 mil anos na Europa sustentam essa tese. Mesmo o neandertal, cuja causa de extinção é remetida a uma alimentação carnívora monótona, alimentava-se comprovadamente também de plantas, que chegava a cozinhar (HENRY et al., 2011). Mais tarde, surgiriam ainda as técnicas culturais, como moagem de pilão e olaria, que permitiriam reduzir os alimentos a um estado quase líquido. A redução do tamanho dos dentes acelerou para 2 por cento a cada 2 mil anos. Achados de mandíbulas sem dentes são extremamente raros em períodos anteriores ao Neolítico, cerca de 9 mil anos a.C., mas em períodos posteriores encontram-se alguns, por meio dos quais pôde comprovar-se que o indivíduo a que pertenceram as ossadas teria vivido quase desdentado durante anos. Se tivéssemos apenas uma frase que congregasse o resultado de todos os estudos sobre a evolução dos hábitos alimentares, a palavra "sopa" teria de estar contida nela.

A explicação que inclui as circunstâncias climáticas da Idade do Gelo, contudo, abrange somente o homem de Neandertal, o *Homo heidelbergensis* e o *Homo sapiens*. Porém o que teria desencadeado as consideráveis transformações anatômicas na passagem do *Homo habilis* para o *Homo erectus*, mais de dois milhões de anos antes? A explicação dada para essa transformação sugere alterações alimentares, ou seja, em vez de frutos e nozes passou-se a comer carne de caça. O que distingue o ser humano dos seus parentes mais próximos é o papel que a carne desempenha para ele. Darwin foi o primeiro a imaginar a sequência pela qual se libertaram as mãos para o uso de ferramentas e armas por meio da marcha em posição ereta, o que permitiu um maior fluxo de energia ao cérebro e beneficiou o seu crescimento. Já em 1949, havia sido proposta uma tese semelhante pelo investigador Raymond A. Dart, o primeiro a identificar e a analisar o *Australopithecus africanus* e também a associar o processo de transformação que levou o *Homo sapiens* a caçar. Dart encontrava-se visivelmente sob a influência de duas guerras mundiais, quando considerou que matar e ingerir outros animais, incluindo o canibalismo, bem como o sacrifício animal, constituíam a diferença essencial entre o ser humano e o antropoide. Precipitou-se ao defender essa tese com base em achados de ossos perfurados de animais ao redor de sítios arqueológicos, onde foram encontrados esqueletos de hominídeos. As perfurações ósseas coincidiam com as marcas de presas de leopardos e hienas, tal como indicavam marcas de aves de rapina: aparentemente, o australopiteco pertencia ao grupo dos caçados e não ao dos caçadores.

Isso não impediu a investigação de continuar a pôr a caça no centro da organização social da existência primitiva. Sob o título *Man the hunter*, uma famosa conferência de 1966, considerava-se certamente tanto o homem como o ser humano em geral um caçador: as mulheres teriam um cérebro menor do que o dos homens, uma vez que as exigências coordenativas e comunicativas da caça teriam exercido uma maior pressão evolutiva sobre estes. A divisão de tarefas entre os sexos foi interpretada, em particular, como resultando da caça. Os homens cooperam na caça, a qual deve ser vista como caça de batida, em que animais de grande porte são impelidos para ravinas e penhascos. São os homens os primeiros a manufaturarem ferramentas, armas e instrumentos de abate. As mulheres que lhes oferecem sexualidade exclusiva e criam os rebentos, em contrapartida, recebem proteção, enquanto os descendentes, por seu turno, dispõem do tempo necessário para o desenvolvimento de técnicas culturais, em uma duração muito superior ao tempo de que os macacos dispõem. Consequentemente, as crias vão crescendo e torna-se necessário mais alimento, o que leva ao melhoramento das técnicas de caça, o que, por sua vez, desenvolve a capacidade cognitiva, e assim por diante, até à evolução para a espécie humana com a configuração moderna. Para o seu surgimento, o ponto da virada evolutiva teria sido a transição para a caça (WASHBURN; LANCASTER, 1968).

Essa é mais uma das histórias do "podia ter sido assim", entre as muitas da paleontologia. Voltaremos, mais adiante, à sua apreciação na delimitação de papéis claros entre os sexos durante os tempos primitivos. A transição para a caça, assim continua essa história, poderá, em última instância, ter fortalecido as relações sociais, não só por se tratar de um empreendimento cooperativo, que em simultâneo cria grupos cujos membros se defenderiam mutuamente contra atacantes. Por outro lado, dado que o caçador e a sua família não podiam sozinhos dar conta de um animal abatido de grande porte, o que os levaria a partilhar o alimento com outros, os quais, em tempo de fartura, fariam o mesmo com as suas iguarias em excesso. O sucesso na caça depende muito da boa sorte e mesmo os melhores caçadores veriam essa reciprocidade com outros indivíduos como uma segurança bastante atrativa (HAWKES, 1992).

Porém a tese segundo a qual uma alimentação à base de carne fortalece o corpo, enquanto a atividade de caçar alimenta o espírito social, levanta as suas questões. Primeiro, salta à vista tratar-se de um esboço de uma civilização muito dependente do papel ativo dos homens, na qual o contributo das mulheres pouco mais é do que trazer filhos ao mundo e cuidar do complemento da alimentação. Porém, caso plantar e cozinhar tenham desempenhado um papel preponderante na dieta do primata, já lhes é atribuída uma importância maior (TANNER; ZIHLMAN, 1976). Pode-se ainda fazer a seguinte pergunta: será que o consumo de carne, que deixa ossos, dos quais os investigadores possam ocupar-se no futuro, mesmo após um milhão de anos, contrariamente ao consumo de plantas, cujos fósseis são bem menos prováveis, tenha beneficiado de forma exagerada a ideia da sociedade dos amigos do caçador primata? Façamos ainda uma outra pergunta: existem realmente provas de que o consumo de carne é vantajoso para o organismo humano, tornando o balanço energético de quem caça mais proveitoso do que o daquele que colhe? Abate-se um animal e, de fato, não faltam proteínas, mas até ele ser abatido, requer-se um consumo de energia elevado para um sucesso final que não está garantido. Além disso, ingerir valores proteicos benéficos tem os seus limites ao ser humano. Se eles constituírem mais de um terço das calorias diárias – o normal está entre 6 e 15 por cento –, existe mesmo o perigo de morte, após poucas semanas. Para um primata que, acima de tudo, teria se dedicado à caça, o perigo seria ainda maior, uma vez que a carne de caça contém gorduras e água em menor quantidade.

No tocante às consequências sociais do ato de caçar, teremos ainda de perguntar-nos se a transição para o consumo de carne não teria desencadeando mais conflitos. Quanto maior o animal abatido, maiores os direitos reivindicados sobre ele, e o fato de a presa ser partilhada não prova que a iniciativa parta do seu dono. Existe o que os antropólogos designam por "roubo tolerado": aqueles que nada têm a perder estão dispostos a um maior dispêndio de energia para lutar pela sua parte da presa do que o caçador a investir na sua defesa.

É ainda questionável se o caçador bem-sucedido é realmente visto como o dono do animal abatido. Tal como se formula em um estudo sobre o comportamento de caça e a partilha da presa em uma sociedade de caçadores-coletores na atual Tanzânia, a pergunta não incide sobre o motivo pelo qual os caçadores partilham a sua presa, mas porque vão à caça, se esta depois não lhes pertence. A resposta está na distinção entre o louvor do sucesso do empreendimento e o controle sobre a presa. O caçador vitorioso não recebe mais carne, antes mais atenção e mais popularidade. Na verdade, ele não fica saciado, mas particularmente famoso, o que para um biólogo evolucionista leva, quase como reflexo, à suposição de que o caçador se torna em um parceiro sexual muito apetecível (HAWKES et al., 2001).

A fama, porém, só por si não alimenta, e o sexo também não sacia a fome. No que diz respeito ao gasto energético na procura dos alimentos, onde os tubérculos e as raízes comestíveis se encontram em grande densidade, as suas vantagens superam qualquer peça de caça. Na savana da Tanzânia existem 40 t m^2 de raízes comestíveis. Quando são cozidas plantas com grande teor de amido, as enzimas têm um efeito no desenvolvimento cerebral, podendo, então, falar-se de uma coevolução entre o ato de cozinhar e a produção de amílase. E são justamente os caçadores que necessitam de uma boa dose de glicose, – para aguentar os grandes percursos em que cansam as suas presas – que é libertada de forma mais eficiente graças ao cozimento (VINCENT, 1984; HARDY et al., 2015).

Mas é compreensível a tese de que o aquecimento de plantas cruas, de difícil digestão, tenha constituído um passo grande no desenvolvimento humano. A transição para a caça foi facilitada precisamente pela cozedura de raízes e tubérculos. O *Homo erectus*, que teria levado a cabo tal transição, já necessitava desse aumento de energia, mais do que os seus antepassados. Dito de outra forma: a sua massa corporal e o volume do seu cérebro, as características da sua dentição e o seu tronco mais estreito exigem uma explicação que vá além da caça e da deglutição de carne crua. Estudos sobre o comportamento alimentar das últimas comunidades de coletores-caçadores revelaram que os caçadores perdem peso quando se alimentam majoritariamente de carne, mesmo que frita, e que têm um aumento de peso, quando se acrescentam à dieta raízes e tubérculos cozidos. Segundo o investigador de primatas Richard Wrangham, não é coincidência que hoje em dia os alimentos crus sejam sugeridos como solução dietética de emagrecimento. Cozinhar permite ainda acesso a iguarias que não podem ser ingeridas cruas; desintoxica alguns alimentos e elimina germes mortíferos, além de alterar a estrutura química dos produtos alimentares de tal forma que torna fácil de digerir o que é difícil. Comer batatas cruas, por exemplo, não só é desagradável, como não faria sentido, porque o amido nesse estado não é de todo transformado em energia pelas enzimas digestivas humanas (WRANGHAM et al., 1999).

Cozinhar plantas revelou-se especialmente vantajoso em períodos climáticos de escassez alimentar, tornando a seleção natural mais incisiva, pois, devido à seca, também a caça escasseava, enquanto as plantas, não tão atingidas, continuavam a medrar. As plantas tornam-se, pois, um alimento de reserva, não o preferido, mas essencial. Além disso, os animais competem menos com o ser humano pelas raízes e tubérculos do que tratando-se de frutos ou de carne. Segundo esse modelo, não foi somente a caça, mas também o cozinhar que modificou a organização social dos hominídeos; as mulheres, fisicamente mais débeis, às quais cabia cozinhar, tiveram um papel mais influente, acesso direto aos alimentos e uma compensação física em relação aos homens – o que, de acordo com esse modelo, acontecia realmente no tempo do *Homo erectus*.

Desse ponto de vista, a evolução para a espécie humana moderna lucrou com os fornecedores de amido – de certa forma precursores da batata – e com o seu aquecimento, desde que houvesse fogo controlado à disposição. E havia? O que falta à fundamentação de mais uma história que "podia ter acontecido dessa maneira" são justamente indícios de fogo, grelhado ou fritura em achados de ossos ou provas de lugares onde os humanos fizessem fogo regularmente, durante a era de transição para o *Homo erectus*, cerca de 1,9 milhões de anos, pois a capacidade de cozinhar pressupõe a capacidade de controlar o fogo. O *Homo erectus* conseguia-o, provavelmente, há cerca de 1 milhão de anos antes de nós (BER-NA et al., 2012). Os locais mais antigos com resíduos de fogueiras comprovam, porém, que não foram os imigrantes africanos que trouxeram o fogo. Não há indícios disso no período anterior entre 300 mil e 400 mil anos. Na proximidade dos achados das lanças de Schöningen, do Paleolítico, consideradas as armas de caça mais antigas, cuja antiguidade remonta a mais de 300 mil anos, encontrou-se uma espécie de fogareiro, tal como um pedaço de madeira que pode ser interpretado como um espeto de assar. Um fogão com cerca de 790 mil anos foi encontrado em Israel, sítios mais antigos com indícios de utilização controlada do fogo foram ainda descobertos na África do Sul. Mas basear nesses achados uma tese sobre o início de um salto civilizacional seria prematuro, não só devido ao número de fósseis que sustentam a suposição de uma técnica cultural decisiva, como, em particular, pela circunstância de esses artefatos ainda serem alvo de debate controverso. Em aglomerados como o de Gran Dolina, na Espanha, cujas camadas a explorar cobrem um período datado entre cerca de 800 mil anos, no mínimo, até 200 mil anos anteriores à nossa era, não foi encontrado um só indício da introdução de fogo controlado. Isso abrange ambas as hipóteses sobre as origens do cozinhar: não há comprovação de que os hominídeos trouxeram o fogo para a Europa nem teriam eles feito uso do fogo nos mais remotos períodos de gelo após a sua imigração, pelo menos não de uma forma continuada e generalizada (BERNA, et al., 2004; ALPERSON-AFIL, 2008; ROEBROECKS; VILLA, 2011).

Uns concluem que o início do cozinhar verificou-se em uma época mais tardia, sob a influência de alterações climáticas, substituindo, então, aquele que comia cadáveres e carne crua. Outros, pelo contrário, consideram o cozinhar como a melhor explicação para as alterações anatômicas do *Homo erectus*, as quais se fizeram notar muito cedo e de forma clara, tornando ainda compreensível a forma como era reposta a energia gasta durante a caça. A essa tese opõe-se o fato de o domínio precoce dos processos de cozinhar supor um maior consumo de carne, o que não se verifica, pondo de lado a teoria da ingestão de tubérculos e de raízes comestíveis. Por outro lado, os tubérculos e as raízes encontram-se no subsolo, não tendo sequer metade dos nutrientes das plantas similares cultivadas na superfície. De um lado, insiste-se, então, que nenhum ser humano pode se alimentar exclusivamente de carne e de frutos; do outro, responde-se que não existem fósseis de ossos queimados que sustentem essa tese. Teria sido cozinhada sem os ossos, defendem os primeiros, e que os indícios de artefatos de fogo podem ter sido levados por intempéries ao longo de milhares de anos. Sublinham ainda que, se não há fósseis que sustentem um fato biológico, o é porque *ainda não* os encontramos. Os segundos consideram muito pouco provável o controle do fogo por parte do ser humano sem ter ainda a faculdade da fala, ao que respondem os primeiros que, se o ser humano exercia a atividade coletiva da caça, por que motivo não saberia manejar um fogareiro? Partem do princípio de que a caça foi beneficiada pela ausência de uma forte camada de pelos no ser humano, tornando o sobreaquecimento por esforço na savana bastante improvável. Contudo, perdeu-se também algo do fator estabilizador do calor corporal nas noites frias, o que viria a ser compensado pelo fogo. Retrucariam os céticos que tal falta poderia igualmente ser compensada pelo uso de peles ou couro em vez do fogo, cujo domínio então não está comprovado.

Ainda não existem provas factuais que fundamentem uma dessas duas posições. Os investigadores reagem a essas teses consoante o seu temperamento. Uns agarram-se ao pouco que é detido e sabido, os outros constroem uma ponte, chamada de hipótese ou, pelos mais céticos, de histórias ou mesmo de contos de fadas. Em um discurso recente sobre o tema da alimentação primitiva, foi dito, de forma irônica, que "os antropólogos raramente concordam entre si, mas haverá alguns que discordam dessa afirmação" (SAYERS; LOVEJOY, 2014).

Existe concórdia, por exemplo, sobre o cozinhar em si, no sentido de preparar os alimentos por meio de água a ferver, o que teria sido uma conquista relativamente recente, uma vez que exige pedras ou potes quentes para o efeito. A cerâmica, porém, seria, na melhor das hipóteses, em todo o mundo, uma invenção do Holocênico, portanto um período cerca de 12 mil a.C. Resta-nos a possibilidade do uso de pedras quentes em recipientes de madeira, contendo água ou outros materiais sensíveis ao contato direto com o fogo. Pedras alteradas graças ao calor extremo encontram-se apenas em número considerável em um período que remonta a 35 mil anos a.C., o que significa que não havia água fervida no tempo do Neandertal e de seus semelhantes. À questão de como o *Homo erectus* poderia cozinhar tubérculos e raízes sem dispor de recipientes resistentes ao fogo, nem mesmo os defensores da tese de que ele efetivamente o fazia sabem responder.

Todos os que participam no debate sobre a época em que o fogo teria sido introduzido no comportamento alimentar humano têm por óbvio que no início se cozia, grelhava e assava. E, de fato, a tecnologia dominante desde a Europa ao Japão, passando pela Austrália, foi há 30 mil anos a da fornalha subsolar, em que eram empilhadas camadas de pedras quentes para cozinhar plantas sem o contato direto com o fogo. Porém John D. Speth (2015) chamou a atenção para a técnica dos escoteiros que aprendem a aquecer água em recipientes inflamáveis, como papel, plástico e madeira ou mesmo em folhas vegetais, permitindo que as chamas atinjam somente o interior do recipiente onde se encontra a água, evitando as bordas. O mesmo se aplica a recipientes em pele ou casca de tronco de árvore. É possível, portanto, cozinhar, sem recorrer a potes ou a pedras aquecidas. Está comprovado que o homem de Neandertal removia a casca da bétula e submetia os cereais a tratamentos de calor úmido. Isso não prova, evidentemente, que cozinhassem. Mas será possível que o homem primitivo não apenas grelhasse e assasse – o primeiro pão foi, obviamente, documentado apenas por volta de 3550 a.C. –, mas era também uma besta fervente?

No que diz respeito à questão das circunstâncias sociais do cozinhar primitivo, para a maioria dos antropólogos, trata-se da divisão de tarefas entre os sexos, entre a obtenção dos alimentos e a sua preparação. A imagem clássica é a seguinte: os homens caçam, as mulheres colhem; os homens caçarem e as mulheres cozinharem é visto apenas por extensão. Não se trata da diferenciação entre o homem caçador e a mulher coletora estar empiricamente incorreta. Mesmo que o método de dirigir o olhar para comunidades atuais de caçadores-coletores seja aplicado com cuidado, há que se verificar tratar-se da espécie humana moderna, tanto no sentido anatômico, como cognitivo: entre 179 comunidades atuais desse tipo, apenas em 13, tanto os homens como as mulheres exercem a caça; em nenhuma delas apenas as mulheres a exercem, e nas restantes, a colheita agrícola é essencialmente tarefa feminina. As mulheres caçam muito mais raramente do que os homens, porque têm uma constituição física diferente; porque a demorada educação para a caça interfere com o ciclo de fertilidade feminino; por serem as mulheres a educar os filhos; porque a caça também pode ser fatal para o caçador e a perda da mãe é mais penoso para uma criança do que a do pai. Esse modelo não exclui que as mulheres contribuam com carne para a alimentação por meio da captura de animais de pequeno porte, que também cacem quando na família não existam filhos masculinos, ou que os homens participem nas colheitas, quando há falta de caça, quando há falta de mão de obra feminina ou quando há a necessidade de mão de obra adicional para uma colheita de plantas extraordinária. Também não exclui situações em que as mulheres têm de caçar regularmente[12].

Quando um tratado de Antropologia descreve o estado da arte da investigação sobre comunidades de caçadores-coletores, ele costuma incluir igualmente uma crítica a posições ideológicas. A sobrevalorização da divisão de tarefas entre os sexos feita por antropólogos, atribuindo ao homem, por meio da caça, o papel dominante, se não mesmo exclusivo, na evolução humana, faz tão pouco sentido quanto uma polêmica que insista em ver nas afirmações paleontológicas sobre técnicas primitivas de alimentação exclusivamente uma tentativa política de remeter a mulher norte-americana da década de 1950 novamente para a cozinha, para junto do fogão, e a cuidar do lar[13]. Porque a verdade sobre comunidades que existiram há 200 mil anos nada se relaciona à necessidade, justificada, de paridade sexual dos nossos dias. Se o modelo homem caçador da evolução está correto ou não, em nada depende do lugar onde os seus autores ou críticos científicos preferiam ver os

---

12 Cf. Ember (1978) e Endicott (1999).

13 Cf., p. ex., Kästner (2012).

seus homens ou as suas mulheres, nem da respectiva concepção mais conservadora ou progressista – o que quer que isso signifique – sobre os sexos. Determinante é saber se um modelo como esse consegue ou não enquadrar o maior número possível de dados científicos e trabalhar adequadamente pontos de vista divergentes.

Não se sabe quem cozinhava quando se começou a cozinhar. Uma das razões deve-se ao fato de sobrarem das refeições pouco mais do que os ossos. Não parece imperativo que a mulher, que colhia em vez de caçar, ficasse com a tarefa de cozinhar, na divisão do trabalho entre os sexos. No quadro que retrata o homem caçador, enquanto a mulher permanecia em casa, cuidando das refeições, está contida a ideia de que as mulheres podiam esquivar-se da sua tarefa para, então, cozinharem, mas os homens não. É igualmente arbitrário partir do princípio de que a caça dependia da participação de todos os homens de uma comunidade local.

O quanto o cozinhar em si e o consumo posterior do que se cozinha são atividades sociais não tem sido aflorado pela discussão sobre a questão do gênero. E, no entanto, é óbvio o fato de o cozinhar transformar a alimentação em um processo de convivência. Uma das razões pela qual a investigação científica não tem mostrado interesse por esse aspecto reside na ideia de o consumo de alimentos visar a preservação da sobrevivência de cada ser humano isoladamente. De acordo com uma observação do sociólogo Georg Simmel (2001), comer é uma das ações mais egoístas: "O que penso, posso transmitir a outros; o que vejo, posso fazer ver; o que digo, podem ouvir centenas de outras pessoas – mas, o que cada indivíduo come não pode, sob qualquer circunstância, ser comido por mais ninguém". Como tal, para muitos investigadores da evolução humana, o interesse científico centra-se no cozinhar enquanto contribuição para a capacidade do indivíduo de se reproduzir.

Contudo, cozinhar também fomenta o ato de comer em conjunto, uma vez que pressupõe ter superado a tendência de se levar de imediato à boca o que se acabou de colher ou de se saciar imediatamente depois da caça abatida. Cozinhar significa não comer logo que haja algo comestível. Significa, ainda, adiar a fome. Assim que os alimentos são cozinhados, existe entre esses e o fim a que se destinam uma necessidade de organização social. O consumo dos víveres não ocorre de imediato, mas apenas quando o alimento é trazido para um lugar central e transformado em refeição. Tratando-se de uma refeição conjunta, é esta, como Simmel formulou, "a primeira superação do naturalismo de comer". Tais lugares que serviam de base constituiriam a célula germinal de transição para o sedentarismo das comunidades de caçadores-coletores, entre 12500 e 10000 a.C. O ato de cozinhar é transferido para casas que têm a área de cerca de 30 m^2 e se aglomeram ao redor de um ou vários rebanhos. Aqui serão experimentadas várias formas de cozinhar, algumas não comprovadas pelos achados arqueológicos. Também não foram ainda encontrados vestígios de lugares de armazenamento de alimentos, relativamente a esse período, o que confirma que nessas comunidades talvez ainda se comesse, pelo menos com frequência, o que acabara de ser colhido.

Desenvolve-se um saber experimental de como armazenar e conservar alimentos, desde que haja sobras para que isso se verifique. Por meio de recipientes de barro aquecidos na fornalha, cozinha-se, grelha-se, tosta-se e assa-se em cestos ou peles. Por volta de 9000 a.C., são também conhecidas outras formas fundamentais de preparação alimentar, como secar ou salgar a carne, e aumenta a prática de, ao cozinhar, se utilizar potes, almofarizes, pilões e calcadores. Esses objetos, muitas vezes ornamentados, encontram-se com frequência junto às sepulturas, o que indica a personalização do utensílio de cozinha que pertence a ele ou ela. Hoje em dia, sepultaríamos alguém com o seu batedor de claras ou a faca de sushi? Ninguém se lembraria de tal coisa, e o estranhamento religioso em relação a esses acessórios funerários é apenas uma explicação. A outra deve-se ao fato de tais objetos não fazerem parte da imagem pessoal de cada um, em igualdade com as roupas e os acessórios pessoais, sendo mais um objeto que se tem. Lavradores e nômades africanos atuais têm uma média de 110 objetos que chamam seus, enquanto entre os estudantes de etnologia que os investigam, contaram-se cerca de 3 mil. O que é notável nesses acessórios funerários primitivos é não ser encontrada qualquer relação entre eles e o sexo ou a idade dos mortos. Se foi colocada uma colher na sepultura, ela tanto pode ter pertencido a um homem como a uma mulher, a uma pessoa jovem como idosa. Assim, pode-se concluir que a preparação de alimentos não teria sido uma tarefa exclusivamente feminina, mas certamente comunitária (BYRD; MONAHAN, 1995; WRIGHT, 2000; ATALAY; HASTORF, 2006; HAHN et al., 2008).

Pouco mais há que se acrescentar sobre a alimentação. Trata-se de um esboço de como o ser humano, em uma das suas fases da evolução, se transformou em um animal que cozinha. Falta apenas uma nota sobre o início do beber enquanto ato social alvo de cuidado. No que diz respeito à bebida, o tratamento das matérias-primas naturais para a sua preparação ocorreu mais tarde. Não há dúvida de que o hominídeo, consumidor de frutos desde sempre, sabia – tal como os macacos sabem –, que as frutas fermentam quando expostas ao calor, especialmente quando, por exemplo, há uma fissura na casca, por onde penetram as bactérias. Mas, o vestígio mais antigo de um preparado de bebida alcoólica foi encontrado na China do início da Idade da Pedra, na proximidade do jazigo de Jiahu, Província de Henan, com 9.000 a 7.600 anos. Neste caso, foi comprovada a existência de uma mistura de uvas ou de frutos de espinheiro-alvar, mel e cerveja de arroz. Esse "grogue do Neolítico" (MCGOVERN, 2004, 2009) encontrava-se em um recipiente identificado como acessório funerário que acompanhava o morto e provavelmente desempenhara um papel importante nos rituais funerários; nesse sepulcro, encontravam-se ainda duas flautas em osso e uma carapaça ornamentada de tartaruga que certamente também havia servido de instrumento musical ou de som. Juntamente à bebida, esses objetos remetem para festividades religiosas e práticas xamânicas. Existem achados menos exultantes que testemunham a produção de vinho e de cerveja na Mesopotâmia e no antigo Egito. Foram encontrados vestígios de vinho em recipientes utilizados em Godin Tepe, na época da cidade-Estado mesopotâmica de Uruk, 3500 a 2900 a.C., e no norte do Irã, no século VI a.C. A fermentação de uvas foi introduzida pouco após a invenção de recipientes de barro, demorando mais 2 mil anos até a cultura da videira, que surgiu, como se sabe, devido à doçura do fruto. Em Godin Tepe, pôde ainda ser comprovada a existência de cerveja de cevada. É provável que a produção de bebidas a partir de cereais tenha antecedido a confecção do pão. A cultura da cevada surgiu no século IX a.C., e o arqueólogo Robert Braidwood propôs, na década de 1950, a tese segundo a qual foi o cultivo da cevada que permitiu o sedentarismo. O botânico Jonathan D. Sauer retomou essa tese, porém viu na cevada não o elemento fundamental para a produção do pão, mas sim da cerveja. As propriedades embriagantes dos cereais fermentados e a sede foram um atrativo maior do que saciar a fome com o pão que, do ponto de vista alimentar, não era assim tão nutritivo. A resposta à pergunta, "E só de cerveja vivia o homem?" – título da conferência em que se discutiu as hipóteses de Braidwood e Sauer – foi, sob todas as perspectivas, negativa. Não havia ainda um conhecimento suficiente sobre a técnica de produção de cerveja para que essa bebida fosse o produto final decisivo do cultivo de cereais. A utilização da cevada na papa de cereais foi anterior ao pão e também à cerveja, cuja produção é mais complicada, uma vez que é necessário segregar a fécula para depois se passar à fase da fermentação. Essa bebida só foi produzida depois do vinho inebriante e do hidromel, ambos de confecção mais fácil. E, por fim, como formulou um participante do simpósio: "devemos acreditar que a civilização ocidental foi fundada por pessoas malnutridas e em estado parcialmente alcoolizado?"

Porém por que motivo é justamente na circunstância temporal coincidente com o sedentarismo que é introduzida na vida humana a fermentação da uva e dos cereais? Uma tese plausível pode ser a realização das festas que, naquela altura, teriam uma função especial. Em parte, porque as alterações climáticas passaram a viabilizar a existência de excedentes alimentares distribuídos em cerimônias de prestígio. Quem pretende festejar, deve ter algo em excesso para dar; por outro lado, ter-se mais do que se precisa é um bom motivo para uma festa; em parte, também, porque um desempenho coletivo, como a construção de lugares de culto, por exemplo, podia ser recompensado sob a forma de grandes banquetes. As celebrações não só reforçam o sucesso, como constituem um bom motivo para procurar alcançar mais ainda; por fim, também porque a transição de comunidades de caçadores-coletores para uma vida aldeã deveu-se a um crescimento da dimensão dos grupos, e as festas reforçam a coesão social daqueles que já não se encontram unidos apenas por laços de necessidade. Festejar une as pessoas. Os primeiros mitos têm relatos frequentes de banquetes, mas que, por sinal, apenas eram feitos entre os deuses ou membros do estrato social superior. As celebrações evidenciam um estatuto. Quem consegue dar grandes festas por ter muitos alimentos não ganha apenas em prestígio, mas também, por consequência, em recursos[14].

Esse estatuto indicava ainda uma grande capacidade de organização e a autoridade para oferecer aos convidados uma quantidade substancial de bebidas alcoólicas. O limite de validade dessas bebidas expirava poucos dias após a sua produção, ou seja, após a celebração da festa, tratando-se de cerveja de milho, de cevada e de espelta; tratando-se de vinho de agave, podia durar um mês, ou um ano, se fosse vinho de uvas ou cerveja de arroz. As cervejas de cereais tinham um tempo de produção entre 6 e 14 dias e, portanto, para o consumo em dias de festa tinham de ser produzidas de uma só vez na quantidade necessária para o evento e na proximidade do lugar de consumo. Foi estimado que, no antigo Egito, uma fábrica de cerveja estaria apta a fornecer 390 l de cerveja para um dia de festa. É evidente que tinha de se organizar uma extensa cadeia de comando para o feito, antes de se poder desfrutar da beberagem alcoólica. Somente o vinho autorizava a distância temporal entre a produção e o consumo, o que o tornou apto para a comercialização. Contrariamente, o consumo festivo de cerveja dependia de uma organização protoestatal a nomear, encaixando-se, nesse sentido, na tendência para eventos religiosos, políticos, econômicos e tecnológicos referentes à fundação de cidades-estados monárquicas no Oriente Médio, cerca de 4000 a.C. e posteriormente[15].

---

14 Fornecem-nos um resumo geral da investigação etnológica e arqueológica Hayden e Villeneuve (2011) e Dietrich et al. (2012).

15 Cf. Maksoud et al. (1994) e Jennings et al. (2005).

Se pararmos para atentar no caminho percorrido, verificamos que no início, temporalmente por definir com exatidão, esteve o fogo, no fim, a festa. Neste contexto, torna-se interessante o mito de Prometeu, como nos é narrado por Hesíodo. Prometeu teria iludido o dever de oferenda do sacrifício do Homem aos deuses, cobrindo os ossos do boi sacrificial com a gordura do animal e uma pequena porção de carne com a pele. Desafiou Zeus, que estava ciente do que se passava. A partir de então, apenas as partes não comestíveis serviam de oferenda aos deuses. As restantes eram ingeridas em grandes festins, nos quais se rendia homenagem às divindades. Zeus não viu este dolo com bons olhos e castigou os Homens, proibindo-lhes a utilização do fogo. Não deviam mais regozijar-se por comer a carne sonegada aos deuses. Porém Prometeu roubou o fogo e devolveu-o ao Homem, pelo que a Humanidade seria castigada com Pandora, a primeira mulher mortal, com a sua caixa cheia de males: o envelhecimento, a doença e a morte; o ladrão foi banido por Zeus para os confins do mundo, onde teria de passar por sofrimentos intermináveis.

Por fim, temos o homem com todos os seus prazeres contraditórios. O homem já não come à mesa dos deuses e continua a oferenda de sacrifícios, por desconfiança da boa vontade dos deuses para consigo, e tem de trabalhar para poder celebrar. O sacrifício significa pensar na diferença existente entre o homem e os deuses, enquanto comer pão significa pensar no trabalho e nas condições climáticas ou em Deméter, que permitem ou não tê-lo à mesa. Comer carne representa assá-la antes e fazer o esforço de diferenciar a civilização do natural e do selvagem. A civilização depende do fogo – nas palavras de Ésquilo, o "professor de todas as artes" – que, por sua vez, precisa de ser alimentado para não se apagar e controlado para não destruir.

3

VEADOS BRAMANTES QUE FAZEM SILÊNCIO À MESA DA TABERNA

As origens da fala

> *A natureza deu ao homem*
> *duas orelhas e uma boca, para*
> *que possa ouvir duas vezes*
> *mais do que falar.*
> Epicteto

Segundo Aristóteles, o homem é "o animal que fala". É assim que, hoje em dia, tendemos a reproduzir a formulação grega: *zoon logon echon*.

A tradução mais antiga desta sua fórmula, *animale rationale*, em latim, afirma tratar-se, portanto, de o animal racional, fórmula que, entretanto, tem levantado muitas dúvidas. Nem nas suas origens, nem mais tarde, no seio da sua comunidade, o homem se impõe em primeira linha pela razão. Por outro lado, também outros animais revelam ter inteligência.

E, na verdade, Aristóteles destaca, naquela parte da sua *Política* em que distingue o homem dos demais animais, a voz e a fala:

> Assim, enquanto a voz indica prazer ou sofrimento, e, nesse sentido, é também atributo de outros animais (cuja natureza também atinge sensações de dor e de prazer e é capaz de as indicar); o discurso, por outro lado, serve para tornar claro o útil e o prejudicial e, por conseguinte, o justo e o injusto (ARISTÓTELES, 1253 apud AMARAL E GOMES, 1998).

O corpo, afirma ainda, é comum aos animais, mas somente nós temos a capacidade da fala. E, dessa forma, o filósofo fez uma distinção tão consequente quanto problemática. Porque, se separamos a voz, que assiste igualmente aos animais, da fala, possuída apenas pelo homem, não levamos em conta que a voz humana é a única que fala. Os animais chamam, nós falamos.

A circunstância de o homem dispor de linguagem com vocabulário e gramática não o torna automaticamente um ser que fala. Os mudos não falam, mas têm uma linguagem. Muitas teorias acerca das origens da fala pressupõem, de certa forma, que os significantes do sistema de signos são fonemas. Se as primeiras formas de comunicação foram exclamações assustadas a imitar sons da natureza ou imperativos, primeiro houve um som e um ser capaz da fala. Pois também as abelhas e os peixes conseguem – além de expressar prazer e o sofrimento – comunicar por via de sinais. Eles emitem avisos, fazem a corte e dão indicações uns aos outros. Porém não falam. Os papagaios e as focas, por sua vez, conseguem falar sem que interpretemos as suas vocalizações como uma língua. Por fim, os parentes mais próximos do ser humano no reino animal são os macacos, que não falam, apesar de transmitirem mensagens complexas por gestos. Resumindo: comunicação, língua e fala não são a mesma coisa. Como tal, é sensato indagar as origens do animal falante que é o homem, respondendo a duas questões: como conseguimos articular sons? Como isso possibilita a fala?

São múltiplos os pressupostos físicos da fala. Quem pretenda falar, precisa, antes de mais nada, de uma bomba de ar: os pulmões e a traqueia. Uma vez que, em qualquer caso, o corpo expira regularmente, falar não implica senão um gasto mínimo de energia, o que fora vantajoso para o desenvolvimento da fala. Por outro lado, apresenta-se de novo a pergunta pela razão de apenas o ser humano, em todo o reino animal, ser tão tagarela. Uma das razões é a circunstância de a fala exigir um controle extraordinário. O fluxo contínuo de ar e a vibração que ele provoca nas cordas vocais, não são o suficiente. É necessária também uma articulação deveras complicada. Os pulmões e a laringe apenas produzem um som básico de determinada intensidade. Em palavras como *ruma*, *rama*, *rima*, *rema*, *roma*, por exemplo, o som é fundamentalmente o mesmo. A diferença entre o som dessas palavras resulta exclusivamente da variação da frequência de base, oriunda de determinadas partes do aparelho vocal[16].

O nariz, o maxilar, o palato, a língua, os lábios formam o espaço de ressonância e, por essa forma, modificam as vibrações do ar que nele se registram. Algumas frequências sonoras devem-se à ressonância no aparelho vocal, outras passam apenas por ele. Para pronunciar o "A", o dorso da língua permanece plana e a laringe reduz a distância entre as cordas vocais e o espaço bucal aumentado; ao pronunciar-se um "I" ocorre justamente o contrário.

Recorrendo à experimentação, em meados do século XIX, o biólogo Johannes Müller (1839) comprovara que os sons forma-

---

16 Cf. Fitch (2000, 2010).

dos ao soprarmos para dentro de uma laringe isolada dos restantes órgãos são idênticos ao que sucede, quando se lhe acrescenta um tubo com um comprimento aproximado ao do aparelho vocal entre a laringe e os lábios. Cerca de 100 anos mais tarde, o linguista sueco Gunnar Fant (1960) pôde demonstrar que os moduladores de frequência no aparelho vocal superior operam independentemente da fonte de som na parte inferior.

A melhor maneira de o verificar nos é dada pela forma de falar que não pressupõe frequências de som nem uso das cordas vocais, capaz, porém, de pronunciar cada palavra: o sussurro. O som está próximo do grau nulo, o sussurro de um baixo é muito semelhante ao de um soprano. Os animais não sabem sussurrar. Alguns macacos conseguem baixar o volume da sua comunicação, quando receiam serem ouvidos. Porém não existem provas de se tratar efetivamente da produção de sons sem vibração ou de um mero murmúrio. Em todo o caso, o ser humano é capaz de articular um nada acústico. Como tal, ele é também, indiscutivelmente, o animal que sussurra (MORRISON; REISS, 2013).

O pressuposto mais importante para o espectro múltiplo de possibilidades de sons do ser humano é a especificidade do seu aparelho vocal: uma laringe em posição inferior constante e uma garganta grande, em termos relativos, juntamente com uma língua com elevada mobilidade e capacidade de articulação. Apenas em algumas espécies particulares, como, por exemplo, veados ou gamos machos, encontramos uma laringe em posição tão baixa, talvez mesmo mais baixa ainda, alterando a relação de proporção entre a garganta e o espaço bucal com vantagem para a primeira. Supõe-se que os sons graves assim atingíveis permitam a esses animais produzir uma imagem acústica aumentada de si mesmos. É que, normalmente, o comprimento do aparelho vocal e o respectivo repertório de frequências é um indicador seguro do tamanho corporal de um animal vertebrado. Um cervo a bramir, imagem facilmente transposta para o mundo humano, ao duplicar o espaço da garganta, consegue um efeito mais impressionante sobre os rivais e as fêmeas, em particular à noite em um espaço aberto, cujos limites são pouco nítidos. Encontramos também a explicação para a mudança de voz masculina no ser humano, a qual se deve justamente a uma segunda descida da laringe, durante a puberdade. Em termos culturais, uma voz grave é quase unanimemente associada à afirmação, em vez de dúvida, à autoridade e à ameaça, em vez de submissão ou cordialidade, à confiança em si próprio, em vez de insegurança. De que forma uma tonalidade grave de vocalização pode trazer vantagens, quando todos os cervos bramam com intensidade, é uma questão que a investigação deixa em aberto.

A descida da laringe humana não tivera originalmente a intenção de oferecer à voz mais possibilidades de articulação por meio do aumento de espaço no aparelho vocal. O mesmo se aplica à raiz da língua em posição mais descaída, que permite alterar o espaço da garganta enquanto tubo de fala, independentemente do espaço bucal. Também os animais, que não sabem falar, apresentam essas características. Esse fato passou despercebido porque, durante cerca de um século, os anatomistas basearam a sua descoberta da posição mais funda de ambos os órgãos humanos na comparação com cadáveres de animais. Esses eram abertos e retiravam-se as conclusões sobre o que se observava. Contudo, estudos mais recentes, realizados em animais vivos, concluíram que não são apenas algumas espécies já identificadas, como os veados, a ter uma fonte sonora mais profunda. Também sucede com outras espécies. Por exemplo, no caso dos cães ao ladrarem, das cabras ao balirem, bem como nos porcos e macacos, foi observado que a laringe e a raiz da língua descaem durante a produção de som na garganta, a fim de se conseguir, com o espaço nasal fechado, um aumento no volume do som. Pelo menos, durante uma fração de segundo, o aparelho vocal desses animais não se diferencia, em princípio, do de um ser humano falante. Tecumseh Fitch, o maior conhecedor de biologia da fala, resume o estado atual da investigação da seguinte forma: as diferenças determinantes entre o ser humano capaz de falar e os outros mamíferos encontram-se mais no controle neuronal do aparelho vocal do que na sua estrutura anatômica. Por outras palavras, no que se diz respeito ao desenvolvimento da fala, parece ter-se tratado de uma readaptação do uso de determinadas características corporais à transmissão de mensagens complexas, e já não, como originalmente, à expressão de um mero exibicionismo acústico (FITCH, 2010).

Como foi que essa enorme mobilidade no espaço da boca e da garganta – cerca de 225 músculos são ativados por segundo para possibilitar a articulação vocal – levou ao desenvolvimento da fala? Achados fósseis, que apresentam semelhanças com a anatomia humana, não permitem tirar conclusões a respeito da capacidade de falar. Não o permitiriam, mesmo que tivéssemos em mãos algo mais do que crânios. Até porque sabemos existirem animais com uma anatomia semelhante à do ser humano que não sabem falar. A pergunta sobre as origens da fala está, portanto, dependente de suposições.

A hipótese mais interessante assenta naquilo que se pode fazer com a boca, além de falar. A par da emissão de sons graves para impressionar, a boca e a garganta serviram sempre para a alimentação. O animal falante adquiriu essa capacidade suplementar sob a condição de poder continuar a comer e a beber pela mesma via.

Não deveríamos, portanto, procurar o início da fala onde a alimentação e a articulação de sons formam uma dialética vantajosa? Nos animais com uma laringe posicionada mais acima há, por norma, uma espécie de membrana a separá-la das narinas, o que lhes permite respirar e beber ao mesmo tempo. Os seres humanos, por sua vez, estão sujeitos a engasgarem-se. Não é por acaso que os recém-nascidos apresentem, até ao terceiro mês de vida, o aparelho vocal semelhante ao dos demais mamíferos, protegendo o aparelho respiratório contra a entrada acidental de alimentos. A história da natureza introduziu, portanto, uma espécie de válvula de segurança para as crianças menores, no desenvolvimento do aparelho vocal.

Os recém-nascidos não sabem falar e, antes de começarem a fazê-lo, gesticulam e gritam. No que concerne à boca e à garganta, assemelham-se mais a primatas do que aos adultos humanos modernos. Essa circunstância levou investigadores, em um processo de racionalização invertida, a efetuar uma pesquisa por meio de análises ao crânio e simulação de som, a partir do qual suspeitaram de que, há mais de 100 mil anos, o homem de Neandertal teria uma capacidade de fala superior ao do antropoide, que ainda não dispunha de todo o repertório de sons vocálicos e consonantais de que dispomos atualmente. Se tentássemos atualmente colocar o aparelho vocal de um ser humano adulto na cabeça e pescoço de um homem de Neandertal, a sua laringe ficaria alojada no peito. Portanto, o homem de Neandertal não falou como nós falamos. Segundo um modelo existente, dispunha do som E, mas não do A, nem do I, tampouco do O; dispunha do D, B e F, mas não do G nem do K. Uma vez que apenas os ossos sobrevivem como fósseis, mas não os músculos, as conclusões sobre a estrutura craniana, a posição da laringe ou sobre o tamanho da entrada dos nervos para os músculos da língua, em relação à influência sobre a capacidade de falar, adquirem um caráter especulativo[17].

Há, porém, uma certeza: o aparelho vocal como hoje o conhecemos desenvolveu-se tardiamente, se bem que os hominídeos já teriam a capacidade de falar, mesmo que de forma limitada, comunicando oralmente; se assim não fosse, o desenvolvimento arriscado da anatomia do aparelho vocal humano não teria sido uma vantagem evolutiva. O que mais impressiona na capacidade humana de falar é o talento para a aprendizagem acústica. Com cerca de 1 ano de idade, a criança começa a dizer as primeiras palavras; aos 18 anos, o seu vocabulário abrange cerca de 60 mil – enquanto não dorme, a criança aprende, nessa fase da vida, um vocábulo novo em cada noventa minutos. Tal não seria possível, não fosse a aptidão para aprender por ouvido e repetição, como observamos em alguns pássaros e mamíferos, mas não naqueles que vivem em terra. O ser humano é um alegre e talentoso macaco de imitação, que não ouve apenas os outros, mas também a si mesmo e trabalha as suas percepções (DUNBAR, 1996).

Os sons que se destinam a emitir sinais de alerta ou de reconhecimento e a informar os membros da mesma espécie, com intenções amistosas ou não, revelam muito sobre quem os produz. A voz é uma assinatura, tanto mais marcante, quanto mais articulada. O fato de haver entre as aves canoras fêmeas uma maioria que prefere os machos com um grande repertório levanta a questão da atratividade de vocalizações mais complexas. Os ornitólogos suspeitam, por um lado, que a riqueza de variações chama a atenção. Por outro, a multiplicidade vocal sugere a capacidade do cantor para criar a ilusão de se tratar de mais do que um indivíduo; segundo a teoria designada

---

17 Cf. Lieberman e Crelin (1971); Kay et al. (1998) e De Gusta et al. (1999).

por *beau geste*, cria a impressão de estarem presentes vários defensores do território. Em alguns casos simples, a multiplicidade vocal sugere a capacidade para se posicionar em mais de um lugar.

Uma outra diferença entre os animais e o ser humano está no fato de os animais não falantes se expressarem por meio de sons estereotipados. Sons isolados ou mesmo sequências de sons podem ser repetidos, mas não combinados (CATCHPOLE; SLATER, 2008; KREBS, 1977; SOMA; GARAMSZEGI, 2011; MACNEILAGE, 1998, 2008). Quem, contudo, pretende não apenas chamar, mas falar ou cantar, tem de abrir e fechar a boca variadas vezes, pois dessa alternância depende a emissão de vogais ou consoantes. A fala surge como uma sequência de movimentos do maxilar inferior, acompanhados por vibrações das cordas vocais, modificados ainda pela língua e os lábios. De um ponto de vista motor, falar é uma variação do tema abrir e fechar. A origem da fala, cuja estrutura é independente de um vocabulário e de uma gramática determinada, baseia-se em ações pré-verbais. Por meio delas, a musculatura facial e a língua exercitam os ritmos. O falar erigiu-se, portanto, a partir dos movimentos da boca, conhecidos desde sempre de todos os mamíferos: mastigar, chupar, lamber. O domínio do sentido das sílabas e dos acentos, tal como a capacidade de não morder constantemente a língua, foi alcançado graças à reutilização de qualidades motoras ligadas à alimentação e ao comportamento sexual.

O psicólogo norte-americano Peter MacNeilage desenvolveu uma teoria fascinante, segundo a qual a unidade elementar da fala é a sílaba. Quando os bebês começam a falar, fazem-no mais ou menos da seguinte forma: "bababa", "dididi", "mamama". Um quadro de sílabas é preenchido por sons concretos; muito antes do vocabulário e da sintaxe, o bebê adquire, assim, o ritmo estrutural linguístico iniciado por esse quadro. Em uma primeira fase, raramente faz combinações de pares de vogais e consoantes, como "badi", "diba", "bamama". Mais tarde, as estruturas silábicas continuam a constituir uma importante orientação do ato de falar, o que se revela no fato de nos apoiarmos nelas e repetirmos erros. A pesquisa sobre erros de linguagem concluiu, que mesmo os lapsos se enquadram na estrutura silábica: "vamos ouvir a *Mina em B Messor*, perdão, a *Missa em B Menor*, de Johann Besastian Bach" ou "solho de malsa" ou "um bacote de palas". A sequência de vogais e consoantes mantém-se estável; o nosso sentido das sílabas dirige os movimentos da boca, mesmo quando caímos em lapsos de fala. *"Peel like flaying"* – em vez de, *"feel like playing"*: o falante falha o "f", para o substituir mais adiante pela consoante inicial da última palavra da expressão, e não diz "eel", continuando a respeitar a estrutura silábica que requer uma consoante inicial (LEVELT, 1922).

O mesmo acontece, quando alguém tem uma palavra na ponta da língua e, independentemente de ela não lhe ocorrer, sabe o número de sílabas que contem e a respectiva acentuação tônica. Mac-Neilage suspeita de que os antecedentes desse controle motor sobre o enquadramento silábico não são os chamamentos monossilábicos dos animais ou, quando muito, de duas sílabas, mas o mastigar, o engolir e também a mímica comunicativa, como estalar a língua, produzir sons com os lábios ou o ranger de dentes. Isso vai ao encontro da hipótese segundo a qual as origens da fala estariam em uma espécie de cuidados corporais mútuos sonoros (*vocal grooming*) que substituem, no ser humano, aquilo que significa para os macacos catar piolhos ou outros gestos de cuidado recíproco. Os macacos passam 20 por cento da sua fase de vigília nessa atividade levemente narcótica, porque liberta endorfinas, o que é muito tempo, uma vez que não contribui de forma direta para a gestão de energia dos animais. O *grooming* fortalece as relações sociais, torna grupos de macacos de maior dimensão – no máximo 50 a 55 – uma unidade estável. Nos antropoides, um crescimento do tamanho do grupo desenvolveu-se em paralelo com a ocupação de *habitats* abertos. Segundo o psicólogo evolutivo Robin Dunbar (1998), isso era vantajoso para a caça e a defesa contra o ser caçado, ao mesmo tempo que aumentava, porém, a concorrência interna entre os membros do grupo. Consoante o tamanho do grupo, o esforço para cultivar o *grooming* aumenta enquanto forma de construção de uma relação de confiança entre os seus membros.

Falar permite estabelecer ligações sociais em um espaço de tempo mais curto, porque alcança simultaneamente mais do que um interlocutor, sem se estar limitado a mensagens simples. Dunbar suspeita, que após o chamamento dirigido a todos, seguiu-se o falar com alguns, para se construir maior proximidade social também em grupos mais amplos, aproveitando as vantagens do seu tamanho, sem a perda de um mundo em comum. Falar é partilhar e confirmar a existência de tal mundo, de certa forma independentemente das palavras que são pronunciadas, como uma forma de manifestar proximidade. Os sociólogos da conversação sublinham que é por esse motivo que o primeiro diálogo entre desconhecidos costuma ser sobre o tempo que faz, sobre o atraso do ônibus ou talvez acerca de uma notícia no jornal, porque nesses contextos podem contar com a confirmação do interlocutor. O etnólogo Bronisław Malinowski encontrou, para tal, o conceito de comunicação fática, que se estabelece justamente sob o exercício da função confirmativa, não se transmitindo, portanto, qualquer informação, mas cultivando-se, por meio de uma simples troca de palavras, laços de pertença. *How do you do?* – 'como está, tudo bem consigo?'. O contato é estabelecido pelo contato em si mesmo e serve principalmente para se tentar perceber quem tem um trato social apropriado, quem é de confiança e quem é capaz de um contributo social adequado. É precisamente a descontração que estabelece empatia e laços entre os presentes, pois o sentimento agradável do convívio conjunto não permite que se instale a desconfiança entre eles. Os ausentes, pelo contrário, tornam-se o tema privilegiado, quando a comunicação fática acaba por se mover para o campo da informação. O ser humano revela-se como um ser carecido de bisbilhotice, que adora *small talk*. Os primeiros sinais da conversa fiada remontam ao comer de forma audível, dar estalos da língua e dos lábios que, mais tarde, haviam de se tornar imagens familiares ligadas à atividade em conjunto e a antecedentes da fala, uma vez que aumentam a capacidade de articulação da boca. Não apenas o papagaio, mas também um outro ser entre os vertebrados, o humano, faz movimentos complexos com a língua, emitindo sons. Ao chamar a atenção para esses aspectos, Tecumseh Fitch alarga a argumentação de MacNeilage, que se afigura excessivamente focada nos movimentos cíclicos mandibulares e nos músculos labiais.

Dessa derivação da origem da fala a partir dos movimentos da boca e dos estalos da língua ao mastigar à mesa da Pré-História, torna-se mais compreensível que os macacos não falem, mas emitam sons perceptíveis que podem ser entendidos como comunicativos. Na verdade, eles produzem sons propositais para comunicarem e mesmo para chamarem a atenção de um ser humano. Os chimpanzés selvagens modificam os seus chamamentos de aviso e de ameaça, se identificam na proximidade um ouvinte que, dada a sua posição e tamanho, possa ser um agressor. Existem, portanto, sons que comunicam como gestos. Os antepassados do ser humano moderno falante conseguiam controlar os seus gestos, antes de iniciarem a utilização do seu aparelho vocal com precisão. E isso é tão certo como o fato de, na interação entre mãe e filho, não se conseguir distinguir razoavelmente entre sons e gestos, porque ambos pretendem demonstrar a mesma coisa: a paz da proximidade materna.

Quando cada sorriso é acentuado com uma elevação da voz, estamos perante mais um indício de que os gestos e os sons nem sempre são claramente separáveis. Voltaremos a esse tema no capítulo sobre as origens da música. Por ora, cabe-nos sublinhar que a riqueza de gestos na comunicação entre os macacos nos abre os horizontes em relação à qualidade gestual patente no ato de falar, assim que os interlocutores se encontram no mesmo campo de visão. Isso torna unilateral qualquer teoria sobre as origens da fala que a remeta para o surgimento das primeiras palavras ou designações, porque há de se levar em conta nesse processo o conceito de proximidade, pois, por seu intermédio, tanto se pode designar o que está longe, como o que se encontra perto. Os chamamentos, por sua vez, são sinais que visam transpor a distância. Chama-se, quando não se vê alguém, mas fala-se não apenas com quem está próximo, mas igualmente à vista. É tudo isso que a fala partilha com gestos e mímica, como complemento da comunicação. Apenas se distingue pela sua possibilidade comunicativa mesmo no escuro, por exemplo, quando contamos histórias ou simplesmente entoamos uma melodia, mesmo quando a luz da fogueira ou o brilho das estrelas já se extinguiu.

Permanece a questão sobre quando a fala tivera o seu princípio. Em cerca de 40000 a.C., deu-se com a espécie humana anatomicamente moderna, então já existente há 150 mil anos, aquilo que a maioria dos paleoantropólogos e biólogos evolutivos designam por *salto cultural*. Temos de grafar essa expressão em itálico, porque se tratou de um salto que demorou 10 mil anos. Contudo, as conquistas dessa época marcaram uma cesura histórico-civilizacional: ornamentos, armas complexas, possivelmente a manutenção de lugares onde se produz e conserva o fogo, obras pictóricas, instrumentos musicais, enterros com significado funerário – veremos ainda melhor alguns desses aspectos. Ao redor do *Homo sapiens* formou-se, então, um mundo cheio de mensagens simbólicas, pensamento reflexivo, comportamento mimético, refinamento técnico. O que fora acrescentado à anatomia humana, tornando possíveis essas proezas? Os primatas devem ter comunicado desde sempre, mas a transição de uma comunicação gestual primitiva acompanhada de sons para as primeiras vocalizações linguísticas, ainda que primitivas, talvez explique a diferença. Quando os fonemas se tornam portadores de significado, que a expressão do rosto confirma, o consumo de energia na comunicação torna-se menor e maior a precisão dessa. As mãos, portanto, passam a estar livres, o que possibilita a comunicação enquanto se trabalha. Isso é vantajoso para a produção de ferramentas. Além disso, o campo vocal e auditivo é extensamente livre, enquanto o campo visual está sempre transportando informações do tipo não falado, de acordo com a concepção do antropólogo Gordon Hewes, pai da tese da protolíngua gestual. Caso se tenha dado a mutação genética do famoso gene FOXP2, aparentemente decisivo para o desenvolvimento linguístico, por altura do povoamento da Europa pelo *Homo sapiens*, então essa teria sucedido um ser já preparado para essa mutação pela posse de um vocabulário gestual que utilizava linguisticamente e, literalmente, da mão para a boca (HEWES, 1973, 1996).

4

ESTE JOGO APENAS PODE SER JOGADO A TRÊS

As origens da língua

> *Na linguagem humana, não há diferença de custo, mas uma enorme diferença de significado entre dizer "nós nos encontraremos com você amanhã" e "nós comeremos você amanhã".*
> **Chris Knight**

No início era talvez o deserto e o vazio, mas não o verbo. Temos de imaginar o mundo ao longo de muito tempo, incontáveis milhões de anos, cheio de sinais e ruídos que não eram palavras nem frases. Antes de surgir a língua, houve chamamentos, gestos, mímica. E havia sinais: fumaça que indica fogo, enrubescer indicia pudor ou ira, uma ereção revela desejo, a febre é sinal de doença, rir é um indicador de alegria. A compreensão dos sinais antecedeu a articulação em expressões complexas, assim como primeiro se leram os trilhos, antes de se ler a escrita. Mostrar antecedeu o pronunciar: primeiro desafiou-se e avisou-se por meio de sons, só depois veio o sujeito-predicado-complemento.

Porém até que ponto os sons da natureza, passíveis de interpretação, e o vocabulário dos gestos e das expressões faciais não são já língua? Falamos sempre das palavras no olhar, dos gestos que dizem tudo e do murmúrio do mar. Qual a diferença entre uma língua e um sistema de sinais constituído por chamamentos, gestos e sinalizações que têm de ser interpretados? Para respondermos a essa pergunta, há que se esclarecer em que consiste um sinal. Se imita algo, estamos então falando de uma imagem, por exemplo, de uma imagem gestual: por vezes, basta isso, o polegar e o indicador à altura da visão, e as extremidades que quase se tocam. Ou então: as palmas das mãos juntam-se, a cabeça inclinada para a frente, os olhos fechados, o que denota a concentração de alguém em oração, mostrando que naquele momento não está disponível para agir. Ou ainda: em um lugar cheio de gente, um cliente em vez de gritar – "A conta, por favor!" – troca olhares com o empregado de mesa e levanta a mão em um gesto de quem está a escrever no ar. O sinal icônico assemelha-se àquilo que referencia ou apresenta de forma abreviada o efeito pretendido.

Se, por outro lado, o sinal aponta para algo diferente mas relacionado, falamos de sinais indiciadores ou indexicais. Nuvens negras anunciam chuva. O grito de alarme do macaco-verde-africano, o mais conhecido animal emissor de sinais, indica a presença de um leopardo, de uma águia ou de uma cobra, consoante o tom e a duração do som. O toque da campainha da porta anuncia visitas, o termômetro assinala a temperatura, e se alguém pronuncia "mininu" ou "menino", estamos perante uma pessoa que pode vir de regiões diferentes do país. Da mesma forma, palavras como "eu" ou "isto" são sinais que apontam para o locutor ou para algo que está a ser mostrado, não se tratando tanto da semelhança entre o sinal e a coisa assinalada, mas de uma certa regularidade na aparição de ambos em simultâneo, o que permite a associação de um ao outro[18].

Porém apenas podemos falar de uma língua, quando existe adicionalmente uma terceira forma de utilização de sinais, independentemente de esses serem transmitidos por via acústica ou não, tratando-se de surdos-mudos, por exemplo. Além de imagens e de indicações, as línguas consistem em sinais que substituem os fatos que sinalizam ou significam. Alguém fala de Helena, mas ela não está presente. A mera utilização do nome nem sequer esclarece de quem se trata. Fica mais ou menos claro, tratar-se de uma pessoa, provavelmente do sexo feminino, a quem foi dado um nome de origem grega. Porém também um iate pode ter esse nome "*Helena*", um perfume, ou um poema. A palavra precisa ser explicada, para que se clarifique o seu significado. Perante palavras como *Pallás Atenás* ou *Yeti,* são muito poucos os que compreendem de que se trata, quanto mais se tratando de palavras como *depois de amanhã, alter ego, não* ou *juro*s, que não se referem a algo que possa ser dado pela percepção, imitado ou mostrado. Segundo a terminologia de Charles Sanders Peirce (1955, 1998), essas palavras são símbolos que se referem a outras palavras, frases ou textos. E referem-se majoritariamente a muitas outras palavras, as quais são necessárias para determinar o seu significado, muito difícil de se deter. A tentativa de explicar o que são *juros*, levaria algum tempo, apesar de a palavra em si ser compreensível em segundos.

Os símbolos não têm de ser fonemas. Um anel que se usa ou até mesmo um anel que se deixou de usar apontam para algo não

---

18 O macaco-verde-africano tornou-se famoso graças a Seyfarth et al. (1980).

perceptível, um conjunto de comportamentos e de palavras já proferidas: o matrimônio. O significado desses símbolos não resulta da situação em si, mas deve ser precisada por mais detalhes, ao mesmo tempo que, comparativamente, forma uma relação convencional com o significante em si. A nuvem, por exemplo, prenuncia chuva em todos os países, mas a palavra "nuvem" é *cloud, nuage, oblako* ou *yun* em outras línguas. Temos ainda palavras compridas para objetos curtos, como "micro-organismo", e curtas para designar formas compridas, como "orca". O significado de tais símbolos é somente entendível para aqueles que conhecem outros símbolos interligados, ou seja, que conhecem a língua.

Isso se torna mais marcante, quando estamos lidando com artefatos de tempos imemoráveis. Existem tábuas em barro com caracteres desenhados que ainda hoje não foram decifrados porque desconhecemos a língua nelas utilizada. Enquanto permanecerem por decifrar, os arqueólogos apenas podem tratá-las como indícios ou documentação de uma determinada técnica cultural, talvez como referência para a capacidade disponível então de se cozer o barro e utilizar a escrita, por exemplo. Podem ainda ser interpretadas como imagens: antes de ser decodificada a língua para a qual remetiam, a dos hieróglifos egípcios, esses eram tidos por pictográficos.

Uma língua substitui, portanto, pela utilização de signos e a compreensão deles, a percepção direta e regular da realidade. Apenas entende bem uma língua quem souber distinguir indícios de símbolos. Os animais não têm essa capacidade. Eles não encontram os alimentos e decidem, posteriormente, se vão contá-lo aos outros. Eles não se reúnem em cavernas para falarem sobre os seus inimigos, a caça ou os tempos passados. Os animais comunicam de forma episódica e não refletida, não recorrem a circunstâncias passadas, futuras ou até mesmo inventadas, para o efeito. Parafraseando o linguista americano Derek Bickerton (2009), "infelizmente não há um Dr. Dolittle que entenda a língua dos animais, uma vez que essa é inexistente".

Os animais dispõem de sinais que servem de alerta para uma certa situação: perante um ataque iminente, para a copulação, para avisarem sobre alimentos encontrados e para manterem a união do grupo a que pertencem, por exemplo, sinalizando a presença. Os sons e os gestos dos animais fazem sempre sentido no imediato da situação e das suas consequências. Estão estreitamente ligados ao seu estado emocional, não visando determinado destinatário, sendo antes um reflexo interior, ao qual é dado expressão. A distância entre significante, o chamamento, e significado, o estado físico, é muito reduzida. Quando um macaco-verde-africano emite o alerta de presença de um leopardo, não utiliza o sinal correspondente para, dias depois, fazer lembrar o episódio e a sua sobrevivência, tampouco para avisar antecipadamente de um perigo possível se o grupo se aproxima de determinada zona, onde seria de esperar depararem com os felinos. Os sinais continuam frequentemente a ser emitidos passado o perigo ou após os destinatários já terem reagido ao aviso.

Isso acontece, porque não se distingue o sinal, "aproxima-se um leopardo!", de "atenção, um quatro patas perigoso!" ou de "medo de leopardos!" ou de "subir a uma árvore, depressa!" A tradução seria sempre a mesma[19].

Em uma língua, por mais simples que seja, essas diferenças são articuláveis. As línguas não se prendem a circunstâncias emocionais e o seu uso não se limita a determinadas situações. Todas as

---

19 Sobre a rigidez dos sinais dos animais, cf. Tomasello (2009).

teorias mais antigas sobre a origem da língua, que a situavam na expressão de dor, de prazer ou de terror, não tratavam da língua – como já assinalara o linguista Theodor Benfey (1869 *apud* JESPERSEN, 1922) –, mas daquilo que é expresso, justamente, quando essa nos falha. Na verdade, uma língua nos permite afirmações tão variadas e simultaneamente únicas que nos espanta a possibilidade de aprendermos a utilizar tal instrumento. Pensemos só nas afirmações irônicas, que significam exatamente o contrário daquilo que dizem "Pois Brutus era um homem muito dedicado", nos jogos de palavras "Os engarrafamentos deixam-me completamente acelerado", nas imagens ou expressões idiomáticas "Isso é a cereja por cima do bolo". Pensemos na nossa capacidade de distinguir sentidos linguísticos: bolo de manteiga, pacote de manteiga, coração de manteiga – a manteiga desempenha aqui três papéis diferentes, mas aparece na mesma ordem sintagmática.

Foi Jean-Jacques Rousseau (1981) quem primeiro reconheceu a dificuldade que reside no seguinte fato: como surge a língua a partir de algo que não é língua? No seu *Discurso sobre a origem da desigualdade entre os homens,* o autor evidenciou que a maioria das teorias de então sobre a origem das línguas pressupunha justamente aquilo que tentava explicar. Quem, por exemplo, faz remontar as origens da língua à comunicação entre mãe e filho, apenas explica como tal língua, já existente, pode ser alargada ao ser humano em geral, não explica a sua origem. Se o homem tivesse necessitado de uma língua para aprender a pensar, talvez para se distanciar das impressões das suas percepções, então teria sido "muito mais urgente saber pensar a fim de inventar uma língua". Os indivíduos atomizados, como os imaginavam os teóricos da doutrina do estado natural, tornaram-se sociais graças à língua. Mas fora da comunidade, como teriam alcançado uma língua tornada comum a todos eles? Se a língua resulta de uma convenção – chegou-se ao acordo ou adquiriu-se o hábito de referir-se a determinado animal como "leopardo" e de uma "nuvem" ser o mesmo que *nuage*, por exemplo –, então, de que forma se constituiu esse acordo? Parece que "nunca teria sido possível introduzir uma língua sem o uso da língua".

"No início era o verbo" deve-se à circunstância de não se encontrar a explicação para uma origem da língua mais tardia? Será que o recurso a Deus, nesse caso, serviu apenas para resolver mais uma questão acerca da origem, como a do ovo e da galinha? Está claro que a situação contraditória para a qual Rousseau – e com ele toda uma geração de filólogos do século XVIII – não via qualquer explicação, a da origem da língua, derivava da premissa de que toda a comunicação e até mesmo todo o pensamento se constituem linguisticamente. Somente a diferenciação entre comunicação e língua irá permitir quebrar este círculo vicioso. Existe um pensamento pré-linguístico, sociabilidade pré-linguística e partilha de informação pré-linguística por meio de sinais. Na história da comunicação entre seres vivos, a língua é a exceção tardia, não o modelo universal. Quem pretende entender a comunicação, deve começar por analisar aquilo que existia antes dela (DEACON, 1997). Nesse sentido, existe a suposição da existência de uma protolíngua anterior às línguas, que consistiria em algumas palavras e em um mínimo de regras de utilização. Nos seus primeiros anos de vida e de desenvolvimento, as crianças elaboram um dicionário dessa forma, constituído por uma associação de sons e significados que utilizam sem o acompanhamento de estruturas gramaticais complexas. Dessa forma, também se teria dado a transição da protolíngua para as línguas atuais: por meio da combinação de palavras. Pois o que não acontece no reino animal é a qualificação de designações por meio de predicados, a qual, por exemplo, acontece da seguinte maneira: "próximo" e "leopardo" torna-se "leopardo próximo". Por meio da sequenciação, as palavras formam uma dialética informativa, aspecto não necessário no aviso animal, porque este por si só já contém toda informação comportamental visada, porém, não mais do que isso. Melhor dizendo, os sinais são de confiança, nunca fumaça e ilusão, mas as palavras podem ser enganosas e, se isoladas, não significam quase nada. Os sinais são, em primeira linha, manipulativos, provocam uma reação; a língua é, antes de tudo, informativa e abarca mundos, mesmo que mundos ilusórios.

Quais foram os mundos que inicialmente abarcou? Deve tratar-se de um mundo além das percepções imediatas, uma vez que para o mundo perceptível teria bastado um sistema pouco elaborado de sinais. A partir desses sinais simples, que ainda hoje têm um efeito linguístico, como: *Oh!*, *Ai!*, teria se desenvolvido a capacidade de transmitir mensagens tipificadas em conjuntos de sílabas. A exclamação breve, soltada inadvertidamente pelo falante, estava próxima da intenção de informar os seus semelhantes sobre uma situação de espanto ou de alerta. Há cerca de 2 milhões de anos, especula Derek Bickerton (1990), o *Homo erectus* alimentava-se de cadáveres, restos deixados pelos carnívoros, que comiam os herbívoros – mamutes, antepassados dos elefantes, rinocerontes, hipopótamos. Tinha de haver uma estratégia de busca por parte dos coletores perante um território mais vasto, pelo qual se distribuíam e, posteriormente, deviam comunicar entre si os locais onde se encontravam os despojos descobertos. Isso podia acontecer graças à imitação de sons dos animais em questão. Se essa hipótese for adequada, então houvera um sinal mimético para mamute, por exemplo, tornado símbolo, pois que apontava para um objeto ausente, do qual se afirmava estar morto, além de ser grande, e disponível em resultado de uma ação coletiva. Entre a situação da fala e o que a desencadeou – aqui jaz uma carcaça – existe um intervalo de tempo, tanto quanto entre a compreensão da situação e a realização do intento, por meio da busca, do encontrar e da evisceração conjunta do cadáver.

Uma narrativa, apenas. Um contexto de surgimento tão concreto de designações simbólicas será difícil, se não mesmo impossível, de documentar e comprovar. O modelo do cientista cognitivo Terrence Deacon encontra, por exemplo, na divisão do trabalho entre pares monogâmicos, a chave para o início da comunicação simbólica. Para a espécie *Homo* é mesmo característica a vida em grupo, o que se afigura vantajoso para a caça e a formação de casais monogâmicos. Quando os homens recolhem a maior quantidade de alimentos para a respectiva família, enquanto as mulheres cuidam dos filhos, torna-se necessário, de acordo com essa tese, uma promessa de reciprocidade exclusiva, de forma a garantir ao sustentador tratar-se efetivamente dos seus filhos e, por seu turno, garantir à mulher, que ela e os filhos serão de fato sustentados por ele. É igualmente necessário o consenso do grupo, para que todos estejam empenhados nesse tipo de dever e para aqueles que não os cumpram sejam sancionados pela comunidade. A reorganização da procriação sexual por meio da comunicação simbólica fora, portanto, o pressuposto à efetivação da caça vantajosa. Sob esse prisma, a língua tivera os seus inícios em rituais, por meio dos quais a sociedade e o indivíduo se comprometiam na reciprocidade, estabelecendo relações simbólicas entre homem e mulher, utilizando para o efeito gestos e sinais e, muito mais tarde, sons específicos.

Há uma terceira hipótese, do antropólogo britânico Robin Dunbar, com a qual já nos deparamos. Também ela tem por base a questão de a língua poder iludir, uma vez que se refere ao que não está presente. Como tal, é exigível uma explicação sobre a origem das línguas que se faça a partir das vantagens evolutivas, que nos faça compreender como foi depositada confiança nas expressões linguísticas. Segundo Dunbar, a língua surgiu do contato contínuo no seio de grupos de maior dimensão, cujos membros se uniram de forma a poderem combater e emitir avisos em conjunto, com a finalidade de se defenderem dos predadores. Se o falar tinha então a mesma função que os cuidados corporais mútuos, ou seja, reforçar o pertencimento a um grupo, depreende-se do ponto de vista de Dunbar que a língua teria surgido para cultivar os mexericos. O mexerico é uma forma de comunicação sobre o ausente, reforçando as normas instituídas ao fazer circular informações sobre membros do grupo, por exemplo acerca de sua fiabilidade. A comunicação cooperativa não teria adquirido, portanto, a sua forma original na partilha de conhecimentos acerca de objetos e estados do mundo circundante, mas no mexerico sobre os outros membros do grupo.

Porém, independentemente de as vantagens resultantes de uma língua, quando essa se encontra disponível, explicarem ou não o seu surgimento – teria sido justamente o mexerico a depositar a confiança nas expressões linguísticas? O afeto, que se expressa por meio do contato físico, não permite o engano ou, pelo menos, não pode ser desmentido no significado que veicula. Já o afeto expresso por palavras abre brechas à falsificação, sobretudo, tratando-se de mexericos. Pois é esse que gera a suspeita de não ser confiável o que nos é dito. Por outro lado, ele proporciona uma espécie de transe social entre os participantes de uma conversação, a atenção a ser arrastada para uma conversa, escutar-se o que foi ouvido por outros, independentemente das intenções. A ser verdade que os animais até ao antropoide estão impedidos de compreender os demais e de assimilar a perspectiva do mundo de outrem devido ao seu comportamento competitivo, então o falar sem compromisso representa, de modo semelhante ao brincar com os outros, que os animais também conhecem uma situação em que a concorrência se afigura secundária. O sentido para a comunicação cooperativa que relacionamos muitas vezes a circunstâncias de prestação de cuidado aos semelhantes – a cooperação na caça, no trabalho, na construção de ferramentas ou na defesa – poderia, assim sendo, ter sido despertado em contextos nos quais se tratava de quase nada, como um jogo, ou nos quais a concorrência não tinha, por natureza, qualquer papel, como na educação.

A pergunta pelas razões que teriam levado a depositar confiança nas expressões linguísticas levou o biólogo Tecumseh Fitch a lembrar-se de um debate há muito feito no seu seminário sobre comportamentos altruístas. Em uma das composições mais conhecidas da história da Biologia – que perfaz apenas duas páginas –, o investigador britânico William D. Hamilton esboçara, em 1964, a teoria da seleção de parentesco, que trata desse assunto. Por que razão haveria um ser vivo de fazer algo por outro? Formulado de outra maneira: por que motivo a evolução premiaria um comportamento que, considerado sob a perspectiva do gasto das energias próprias, favoreceria os outros? A resposta é que os custos de um comportamento desse tipo definem a proximidade de parentesco com o indivíduo que foi favorecido. Isso significa que aquele que ajuda os seus irmãos e irmãs contribui para a transmissão biológica dos próprios genes. Para o comportamento de insetos fêmeas, por exemplo, que se sacrificam pelas suas irmãs, é apropriada essa lógica.

Na partilha de informação, não há muito a sacrificar; ao falar, não se gasta energia, apenas tempo. Mas há bastante a ganhar para parentes próximos, principalmente quando se pensa nos filhos, em número previsível comparativamente às outras espécies, e na lenta criação dos mesmos, o que aumenta o seu valor biológico. No mundo do *Homo erectus*, no qual teria surgido a protolíngua, a transmissão seletiva de conhecimento sobre a natureza pelos parentes podia ser essencial à sobrevivência. À pergunta sobre a razão pela qual se deveria transmitir algo de relevante a alguém por meio de gestos, mímica ou sons, a resposta apenas pode ser esta: por se tratar dos próprios filhos. Isso explicaria igualmente a razão da aquisição linguística tão precoce, antes mesmo de ser necessário, de acordo com algumas teorias, segundo as quais a língua se teria formado principalmente como vantagem comunicativa entre adultos. Condiz ainda com o fato de as mulheres disporem de um vocabulário mais vasto do que os homens e as moças terem um progresso mais rápido na aprendizagem linguística. Para Fitch (2004), a língua – mesmo na sua forma mais reduzida – teria surgido como meio de comunicação entre parentes próximos e teria se desenvolvido posteriormente como capacidade vantajosa de cuidar dos contatos com os não aparentados. Isso mostra o que os presentes trazem de bom ao presenteador: reconhecimento, oportunidade de também receber dádivas, estatuto social. Quem tem informação relevante para oferecer é, além disso, estimado como membro de uma aliança.

Porém de que tipo seria a protolíngua que teria se desenvolvido dessa maneira? A fim de se compreender palavras isoladas tem de haver uma disposição para avaliar a sua qualidade performativa. Quem grita "gazela!", pretende dizer que se aproxima um exemplar dessa espécie, que o matou ou que se devem dirigir conjuntamente a uma manada delas? Nesse sentido, alguns investigadores consideram que um chamamento desse tipo devia ter sido sempre acompanhado por um gesto indicador, o qual esclareceria o objeto a que se referia, distinguindo-o do sujeito da exclamação. Na verdade, praticamente não existe um falar que não seja acompanhado por gestos corporais. O caminhar ereto, que se iniciou com a libertação dos membros superiores, e a evolução do rosto, que passa a fitar-nos, constituíram os pressupostos para que tal acontecesse. Provavelmente, a fala se desenvolvera a partir da comunicação gestual.

Por meio de gestos, podemos levar os outros a fazerem o que queremos. Os macacos também têm a capacidade de se comunicar dessa maneira, por exemplo, para chamarem a atenção. Com o gesto efetuado, procuram suscitar naquele que vê a ação pretendida. Isso significa que os macacos têm a capacidade de confiar ao outro intenções e também percepções que levam, por sua vez, à execução de intenções. O que não conseguem, como Michael Tomasello e o seu grupo de trabalho verificaram por meio de várias experiências, é ir além do domínio dos seus próprios interesses e partilhar intenções, pois apenas desafiam, sem cooperar. Quando alguém lhes aponta para algo, não se perguntam, o que estará ele a indicar, mas o que quererá para si. Conhecem as intenções individuais, desconhecem as sociais. E, por sua vez, não apontam para nada, apenas estendem a mão porque aprenderam que o ser humano reage de forma solícita ao gesto. Raramente oferecem a sua ajuda e, quando o fazem, é somente perante alguém que os possa também ajudar.

Se é adquirido, facilmente se compreende em contextos de ações visíveis. Quando se trata da partilha de informação acerca de ausentes, a intenção da dádiva tem de ser entendida sem que possa ser depreendida da situação. A alimentação não é visível, encontra-se algures, lá fora, pelo que uma informação gestual, como "gazela!", apenas pode ser compreendida após o reconhecimento da intenção informativa, ou seja, quando os participantes sabem, qual a ação performativa, avisar, mostrar, anunciar, desafiar, levada a cabo. Muitos gestos assemelham-se a uma língua na medida em que a compreensão pressupõe todo um acervo de conhecimentos em comum, mas principalmente a visão de uma intenção comunicativa.

Os macacos não têm essa visão. Nem são capazes de, em pleno mundo selvagem, mostrar algo não visível a seu semelhante. Também não entendem quando alguém lhes aponta para algo escondido, mesmo que possa ser interessante ou útil. Os macacos percebem as intenções, mas não compreendem intenções comunicativas. Contrariamente, o ser humano é capaz de ir além do seu interlocutor e admitir uma terceira perspectiva, a de um *nós*, a partir de um posicionamento prático e desinteressado. Apenas essa perspectiva, que vai além dos próprios interesses imediatos e do contexto situacional, permite estabelecer uma convenção gestual e linguística, as quais funcionam para além das situações isoladas. Alguém viu como foi utilizado o gesto ou o som a indicar gazela, quando do desafio para a caça, mas não estava a par do sinal para indicar justamente esse animal, utilizando-o agora para expressar: "vamos à caça".

No tocante à capacidade de se colocar no lugar do outro, faz sentido pensar no apoio resultante da comunicação entre jovens e idosos para a qual a língua constituiu uma vantagem evolutiva. A língua possibilita não se estar já dependente por completo de situações de tentativa e erro ou da avaliação estatística que se forma em longos períodos de observação, quando se trata de compreender as relações causais – "O que é necessário para que tal aconteça?" – ou de reconhecer os fins – "Por que faz aquilo?" Quando alguém não só leva a cabo determinada ação, como a executa demonstrativamente para um observador, a ação tem um complemento comunicativo, ou seja, é dada *a priori* como comunicação – como representação ou modelo –, o que facilita a aprendizagem. Os macacos também aprendem, mas, na verdade, não ensinam (HOPPIT et al. 2008; CSIBRA; GERGELY, 2009). A aquisição de determinadas faculdades necessita de ter por base uma língua, rica em vocabulário, que conheça palavras como "então", "porque", "apenas", "não" ou "sem".

Isso condiz com investigações que comprovam que os monólogos, nos quais as crianças reconstroem para si próprias o aprendido, aumentam significativamente a sua capacidade de resolver problemas. Elas recapitulam e comentam as suas próprias ações, que observam como que de fora por meio da língua. O professor foi interiorizado. Assim sendo, a confiança em expressões linguísticas pode ser reforçada de duas maneiras: por autenticação e por uma argumentação monológica. A comunicação corporal autentica-se por si mesma, um simples indicar torna visível ao observador; a comunicação simbólica autentica-se por meio da sua veracidade. A gramática e a lógica são equivalentes à confiança. No momento em que acontece a comunicação acerca de relações que vão além da situação concreta, como o uso e a fabricação de armas ou do fogo, a aplicação de receitas, o relato da experiência sobre contextos do meio ambiente que tornam a surgir (os animais, o clima), a língua é inevitável. Ela não só aumenta as possibilidades de reconhecimento, como possibilita a redução das dúvidas sobre a sua fiabilidade.

Dito de outra forma, uma língua disponibiliza os meios para moderar a incerteza que ela própria trouxe ao mundo: "será possível?"; "será que mente?"; "teria segundas intenções e está me fazendo de bobo?" O entendimento combinatório e a argumentação, que por meio dele se desenvolve, não são meios cognitivos em primeiro plano, para adquirir conhecimento – tese do antropólogo e linguista francês, Dan Sperber (2001) –, antes meios comunicativos para decidir se a comunicação é aceitável e, por outro lado, tornar plausíveis as ofertas comunicativas.

No seio da protolíngua ocorreram evoluções, tratadas no capítulo anterior e ainda aquelas que foram de importância maior para a origem da música, incluindo a capacidade de reconhecer estruturas e ritmos fônicos. Os hominídeos teriam procedido a ensaios de voz sem a transmissão de qualquer conteúdo, mas que continham significados sociais – reforçar a união do grupo, assobiar no bosque, prestar apoio a deslocações fora do território conhecido –, tanto quanto uma estrutura regular. Educavam a articulação do aparelho vocal. O fato de camadas linguísticas mais antigas parecerem mais melodiosas do que as mais recentes se deve ao tamanho das palavras que, então, eram mais longas do que agora. Isso fez com que o anglicista dinamarquês supusesse ter havido um tempo em que "toda a fala era um canto, ou melhor: ambos não eram ainda destrinçáveis". Tal como a religião se desenvolvera do politeísmo para o monoteísmo, assim a língua teria se transformado de mais cantada e polissilábica para marcadamente mais monossilábica, a fim de se adaptar melhor aos conteúdos abstratos. Fitch sublinha ainda que essas palavras, ao contrário de gestos icônicos, davam a sensação de que a semelhança entre significado e significante não é determinante, até porque se pretende significar muito. Existem, pois, muitas imagens gestuais, porém, pouquíssimos sons icônicos e expressões onomatopeicas de menos, devido à circunstância de haver imensas coisas com uma forma física, mas poucas com um perfil acústico. Uma língua próxima da percepção, de acordo com Jespersen, devido à escassez de vocabulário, está obrigada a construir constantemente metáforas e expressões compactas, como "mais ou menos o mesmo", que não nos diz o que significa "mais ou o mesmo" nem tem de o fazer, embora entendamos cada palavra isolada da expressão. Em contrapartida, existe em todas as línguas um excesso de palavras de fonotática possível, mas sem significado: *bué, chiripiti, fixe, espantagnífico, raide, twix*. Experimentar a multiplicidade vocal foi, portanto, benéfico para o surgimento de uma língua, cujas palavras podem ter uma constituição arbitrária, uma vez que não têm uma relação de conteúdo com aquilo que nomeiam.

Resumidamente, podemos dizer que a língua não tem uma única origem, mas muitas: da natureza cooperativa de um ser, que cedo põe filhos no mundo e os educa durante muito tempo; do seu repertório gestual em que são introduzidas a lógica da designação, tanto quanto a atenção a objetivos comuns; dos efeitos criadores de confiança provenientes de um cuidar que se expressa de modo fônico; do excesso de sons dos cantos. Assim sendo, não é de admirar o tempo demorado que permite a formação de uma língua. O ser humano anatomicamente moderno, o *Homo sapiens*, estabeleceu-se há 40 mil anos também na Europa, após longos percursos e desvios pela Austrália e América, impondo-se entre o *Homo erectus* e o homem de Neandertal como único hominídeo da sua espécie. Parece que os últimos homens de Neandertal viveram há cerca de 28 mil anos no sul da Espanha. Tudo o que teria sido possível acontecer entre o *Homo sapiens* e o homem de Neandertal continua a ser uma pergunta em aberto para a investigação, tal como a questão de atribuir a cada terceiro achado de ossadas uma nova classe de hominídeo. De uma forma ou de outra, foi comprovado que o homem de Neandertal partilha a famosa variante de genes do ser humano FOXP2, cujas mutações influenciaram o desenvolvimento da capacidade de linguagem e, como tal, é interpretado como indicação para a faculdade do uso da fala. Isso pode significar que já se falava, antes de o *Homo sapiens* e o homem de Neandertal se terem dividido em duas espécies, há 300 mil anos; provavelmente, o *Homo heidelbergensis* fora o primeiro a falar.

O homem de Neandertal sobreviveu em grupos pequenos durante 200 mil anos, em condições climáticas que apresentavam enormes variações. Dispunha de armas, mas provavelmente não dominava a técnica de fazer fornalhas, tal como não desenvolveu uma cultura que recorresse ao uso de símbolos. Mesmo com todo o cuidado a respeito dos achados arqueológicos, não se afigura que dispusesse de artefatos representativos, além de pigmentos corantes – possivelmente como ornamentos corporais. Juntando ambos os aspectos, a vida em pequenos grupos e os seus recursos culturais, pode-se talvez afirmar que o homem de Neandertal se encontrou no limiar da fala, sem ter ido além de um vocabulário gestual, acompanhado de manifestações sonoras condizentes com a sua forma de sociabilidade. O antropólogo britânico Steven Mithen (2006) imagina especialmente o homem de Neandertal, cantando, porém, não falando.

Os primeiros seres humanos anatomicamente modernos eram africanos que viveram há cerca de 190 a 130 mil anos e, durante um longo período de tempo, fizeram surgir as primeiras tecnologias, os meios iniciais de comunicação simbólica, como a decoração corporal e ornamentos para ferramentas. Não teria sido uma revolução biológica ou cultural, mas uma extensão sucessiva do conhecimento partilhado já existente para a resolução de problemas. É o que concluem as antropólogas Sally McBrearty e Alison Brooks (2000) em seu relatório sobre o *Homo sapiens* na África, acrescentando que foram esses primeiros passos que permitiram a transição para o repertório de comportamentos humanos modernos. Do aparato cognitivo para tal já disporia o *Homo helmei*, há cerca de 250 mil anos. Se tomarmos consciência desses enormes períodos de tempo e ainda da migração do *Homo sapiens* para a Europa através da Ásia, poderemos acrescentar ao desenvolvimento das línguas, o contato cultural e o encontro com as comunidades de caçadores-coletores, as quais dispunham de variados sistemas de sinais, de convenções fônicas e gestuais. Parece óbvio que um ser que se afirmou durante tanto tempo em ambientes tão diferentes tivesse desenvolvido uma técnica que permitisse abstrair o seu pensamento das circunstâncias concretas da sua existência e do mundo circundante.

5

A BELEZA DOS ORNAMENTOS, DO SEXO E DOS MONSTROS SELVAGENS

As origens da arte

> *Não se pode perguntar à própria coisa se ela existe.*
> Abraham Gotthelf Kästner

Encontrei uma dessas coisas rejeitadas pelo mar, diz Sócrates em um diálogo criado por Paul Valéry (1990). A coisa que o filósofo encontrara na praia era branca, da mais pura brancura, polida, dura, frágil e leve, mais ou menos do tamanho de um punho, talvez um pedaço de osso, talvez de mármore. "Quem te fez? – Pensei eu. Não te pareces com nada, e, no entanto, não és informe." Se foi obra de um artista ou do esforço infinito das ondas fica por desvendar. Sócrates acredita que uma pedra arremessada ao mar possa ressurgir após milhares de anos, assemelhando-se a uma imagem de Apolo. "Quero dizer que o pescador que tem uma ideia dessa face divina reconhecerá o deus nesse pedaço de mármore retirado das águas." Acrescenta ainda, que a arte pode fazer surgir em um lapso de tempo previsível o que a natureza demoraria uma eternidade a produzir; e que a arte visa objetos, a respeito dos quais não conseguiremos dizer, graças a que processos existem.

Quatro anos depois de Paul Valéry ter escrito esse diálogo, um arqueólogo amador encontrou na gruta de Makapansgat, ao norte da África do Sul, em uma camada contendo ainda restos do esqueleto de um australopiteco, uma pedra de jaspe arredondada de cor vermelho-acastanhada. A pedra mede 8 cm de comprimento e 7 de largura, tem uma espessura de cerca de 4 cm, pesa 250g e, como é de nosso conhecimento, tem quase 3 milhões de anos. Três incisões em uma das suas faces polidas revelam um par de olhos e uma boca[20]. Olha-nos um rosto a partir daquela pedra. Desde então, tem vindo a ser designada a primeira obra de arte da história da humanidade.

Segundo análises geológicas, as incisões surgiram indubitavelmente de processos de erosão mais antigos que o Pliocênico tardio. Trata-se, portanto, de uma obra da natureza, não da arte. Contudo, é a pedra de Makapansgat o primeiro objeto da história da humanidade a suscitar uma vivência estética. Não lhe consegue atribuir uma função enquanto ferramenta. Não existem provas confiáveis de que o *Australopithecus africanus* tivesse trabalhado pedras para esse efeito. O sítio do achado da pedra encontra-se a quilômetros de distância de depósitos de quartzo semelhantes, a própria gruta não apresenta sedimentos que tenham sido transportados pelas águas, e não há ave que a possa ter transportado até lá, pois é pesada demais. Ao que parece, a pedra teria sido levada para aquele lugar por um australopiteco. A razão parece bastante óbvia: os traços

---

20 Uma descrição abrangente é feita por Bednarik (1998).

do rosto nela gravados distinguem-na de todas as outras. O pite-cantropo que a encontrou viu nela algo de extraordinário e levou-a consigo. Ele ou ela lançou-lhe um olhar estético, olhou-a com um prazer desinteressado, se quisermos usar as palavras de Kant. Pode ser também que a tenha admirado entre o medo e a curiosidade, com um certo fascínio por aparentemente ser olhado por aquele "*objet ambigu*", nas palavras de Paul Valéry, que a natureza produzira, de sorte tal que se assemelhava a uma obra humana.

Antes de poder haver a arte, tem de acontecer uma percepção dessa natureza, a receptividade das coisas que parecem ter um significado, sem que tenham qualquer utilidade imediata; coisas que se levam para o interior da gruta para aí serem contempladas. Demorado foi o passo dessa primeira fascinação pela pedra, que causava estranheza, até se chegar à tentativa de criar tais objetos. No Marrocos foi encontrada uma pedra com uma idade entre 500 mil e 300 mil anos, a chamada *Vênus de Tan-Tan*, que se assemelha muito a uma figura humana com os braços junto ao corpo. Também ela é uma produção da natureza. Porém à figura foram acrescentadas ranhuras de cor vermelha a acentuarem mais ainda a semelhança humana. Na gruta de Qafzeh, situada nos subúrbios de Nazaré, foram encontrados pedaços de ocre vermelho, em camadas datadas entre 100 mil e 90 mil anos. Supõe-se pertencerem a pinturas corporais por ocasião de cerimônias fúnebres ou de rituais de mudança de estatuto: nascimento, menstruação, iniciação. O ocre vermelho encontra-se igualmente em todos os sítios arqueológicos africanos que remontam a menos de 100 mil anos[21]. Foram encontradas outras variantes da produção primitiva de símbolos na gruta

---

21 Acerca da produção na Pré-História de contas de diversos materiais, cf. Henshilwood et al. (2004) e Bednarik (2015).

de Blombos, no extremo sul de África, datadas entre 70 mil e 80 mil anos. Trata-se de pedaços de ocre com um peso de cerca de 40g, com incisões que formam uma espécie de rede com diagonais que percorrem as bissetrizes dos lados. É desconhecida a função desses entalhes. A capacidade de abstração que documentam aponta para a cognição que diferencia o *Homo sapiens* dos seus predecessores. Na gruta sul-africana, como também no Marrocos, foram descobertos búzios pintados de vermelho, que apresentavam orifícios para que fossem alinhadas em um colar e placas de mandíbulas de mamute com entalhes geométricos. Um objeto gráfico primitivo é representado por um disco de pederneira ornamentado, com 56 mil anos, achado em Quineitra, nos montes Golã, cujo tamanho reduzido, cerca de 7 cm, pressupõe uma capacidade especial por parte do homem de Neandertal ou do *Homo sapiens* que nele teria gravado as linhas em forma de arco. Para dar mais um exemplo, entre muitos outros possíveis, os ossos pontilhados encontrados da gruta sul-africana de Sibudu, na proximidade do Oceano Índico, datam de há 50 mil e 30 mil anos na qual foi igualmente encontrada uma mistura de ocre e soro de leite, destinada à pintura de peles.

Por que razão fariam os seres humanos algo que, pelo menos à primeira vista, não os ajudaria a sobreviver em um ambiente natural hostil? Podemos excluir em todos os objetos mencionados a possibilidade de terem servido como ferramentas, seja para a contagem, para a calendarização ou para o aperfeiçoamento de utensílios. Por que iria alguém desenhar padrões em um osso ou em uma pequena pedra, fazer pinturas nas paredes de uma gruta, de uma pedra ou de uma peça de roupa, dar-se ao esforço de trabalhar um pedaço de pedra ou de marfim durante tanto tempo, até fazer aparecer uma mulher gorda nua ou uma criatura ambígua, situada entre o animal e o humano? Em uma primeira reflexão, suponhamos que não houve uma razão específica para esse fato. Suponhamos que tal aconteceu porque apeteceu aos *designers* – chamemos-lhes assim – e por considerarem depois o artefato ornamentado mais bonito ou, pelo menos, mais significativo do que antes da sua intervenção. Também então o seu comportamento tivera consequências, uma vez que os objetos manufaturados passaram a distinguir-se entre normais e especiais, sem que a sua excepcionalidade tivesse relacionada a qualidades técnicas.

Os primeiros artefatos a serem classificados como obras de arte são de natureza variada: machados ornamentados, pinturas feitas com os dedos em paredes de grutas, contas de conchas de búzios ou de pedras, esculturas de animais em marfim, as já mencionadas esculturas de mulheres nuas e de criaturas ambíguas e, por fim, as pinturas rupestres, que representam preferencialmente animais selvagens e, mais raramente, um certo interesse nas partes íntimas das figuras humanas. Trata-se fundamentalmente de dois tipos de objetos: aqueles que podem ser entendidos como ornamentos e os que tematizam o humano em situações limite, na confrontação com animais selvagens e a sexualidade. A preeminência dos desenhos rupestres efetuados há cerca de 35 mil anos, alguns um pouco antes, cujos exemplos mais conhecidos se encontram na França e Espanha, relaciona-se ao fato de ambos os aspectos se encontrarem neles presentes. Os primeiros a contemplá-los ficaram com a impressão de apresentarem simultaneamente qualidades mágicas e estéticas, de pertencerem a um lugar sagrado que também ornamentaram. Ainda hoje dispomos de objetos dos quais se diz combinar o decorativo e o mágico, como pedras preciosas e amuletos, mas também pinturas corporais, tatuagens e cosméticos. A questão das origens da arte encerra a pergunta pela razão que nos leva a ornamentar algo e a pergunta pelo motivo da fascinação tão antiga do ser humano por aquilo que o fez sobressair de todos os outros, como ser individual e como espécie: a sexualidade e o reino animal. Quem se questiona sobre o início da arte deve, portanto, contar com dois fatores interligados, que estão nas suas origens, mas são diferentes.

No que diz respeito a ambos os ciclos que determinam um objeto estético, a arte é a comunicação por meio de objetos que têm um significado que excede as suas qualidades técnicas e materiais. Podemos dar cor a um apartamento por meio de um quadro ou usar uma escultura para servir de peso de papel para cartas, porém as qualidades desses objetos não se reduzem a essa função. Parece, desde já, que a arte se materializa em objetos comunicativos, e é por esse motivo que a história da arte se relaciona também com a história dos materiais. Comecemos, então, a nossa demanda pelas origens do comportamento estético com a pergunta pelo trabalhar dos objetos.

Há cerca de 200 mil anos, hominídeos começaram não apenas a utilizar ou a trabalhar os objetos, como uma cunha a partir da pedra ou lanças de madeira afiada (por exemplo, as de Schöningen, na Baixa-Saxônia, datados entre 300 mil e 400 mil anos). Em vez disso, compunham os objetos a partir de partes diferentes. Por outras palavras, a distância entre o problema ao qual o objeto deveria responder e a solução passou a ser mais prolongada. Dois passos já não eram suficientes – encontra o teu próprio galho e afia-o –, mas pelo menos quatro ou cinco: amolar uma pedra escolhida para o feito, trabalhar um ramo previamente selecionado, ajustar essas duas escolhas uma à outra e, por fim, fixar a pedra na extremidade do galho. Esse processo exige mais do que a memória episódica que, por exemplo, os chimpanzés demonstram ter quando caçam pequenos macacos (*galego senegalensis*) que vivem nas árvores, utilizando paus afiados para espetarem as suas presas. Diversas espécies de antropoides reconhecem as características de um objeto e conseguem igualmente percorrer desvios para chegarem a uma solução. Os galhos, com os quais os "bebês do mato" são assustados e até mesmo mortos, foram anteriormente partidos e arrancados pelos chimpanzés, limpos da folhagem, libertos da casca e afiados. Porém aqui o objeto nunca perde dominância, pois o trabalho é levado a cabo de acordo com as características dele (ROTS; VAN PEER, 2006).

Quando as ferramentas são constituídas por várias partes, isso não significa apenas mais um passo em direção à fabricação de tecnologias mais complexas, como também exige maior paciência durante os processos de fabrico. Para produzir lanças, por exemplo, constituídas por um cabo em madeira, uma haste e uma ponta em quartzo embutida, é necessário muito conhecimento prático e de materiais, como acerca da solidez da colagem com cera de abelha, os efeitos de mistura da borracha vegetal, oriunda de acácias, com ocre vermelho ou amarelo e sobre o endurecimento da cola por meio do processo de aquecimento. O detalhado saber químico do mundo material tem como base a capacidade de comparação e de experimentação com cadeias de efeitos. O objeto não é apenas reconhecido e melhorado, tal como fazem os chimpanzés quando desfolham ramos para os utilizar como armas; ele é antes analisado nas suas partes funcionais. A ponta pode ser substituída por algo mais afiado; se as ligações são frágeis, é necessária uma matéria colante mais forte; o ponto de equilíbrio de um instrumento de arremesso não pode ser modificado aleatoriamente, e assim por adiante. Para todas essas operações, deve haver uma noção não apenas das características, mas também dos seus constituintes, como sejam rígidos, úmidos, duros, pesados, misturáveis; o mesmo conceito ou noção deve ser acompanhado por ações repetidas com variações, trabalhado por meio de experiências comparativas e, de alguma forma, só então, determinado. Isso pressupõe um pensamento indexical, uma forma de raciocínio que entende as percepções presentes como indicadores de outra coisa, retirando delas, por exemplo, a utilidade futura de um objeto[22].

Chegamos, assim, ao limiar das primeiras composições pictóricas que seria efetivamente transposto apenas muito mais tarde. Os primeiros objetos ornamentais, que remontam de forma comprovada a 80 mil anos a.C., exigem o concurso de capacidades anteriormente separadas: moldagem, como a que era conhecida do uso de ferramentas; comunicação intencional; capacidade de leitura de sinais, como o rastro de um animal; as mudanças de tempo etc. A esse repertório cognitivo foi dado o nome de "modelo do canivete do exército suíço", segundo o qual o desenvolvimento do pensamento humano fez-se a partir da inteligência solucionadora de problemas práticos, como a do macaco, para uma inteligência plural – social, técnica, biológica e linguística. Porém essas formas de inteligência não se combinaram durante muito tempo. O saber sobre os animais não é relacionável com o saber sobre as pedras: os rastros são lidos, mas não escritos pois não existe comunicação por meio de objetos.

Quando se desenvolve a língua, o quadro muda. Emergem comparações, metáforas, símbolos, analogias. Das ferramentas complexas, apenas precisávamos de retirar o efeito pretendido

---

22 A aplicação da diferenciação de sinais icônicos (semelhantes), indexicais (indicadores) e simbólicos (aleatórios) a questões da Pré-História encontramos Rossano (2010).

no ambiente circundante – a lança deve atingir o animal –, agora substitui-se por um processo de indução possibilitado pelo pensamento ou pela percepção: assim podem distinguir-nos dos outros. Essa alteração leva à função de ornamentação e de comunicação, ligadas aos primeiros objetos estéticos, pois a pintura corporal, as contas de búzios e a ornamentação de utensílios têm em comum o apontar para algo que não é imediatamente observável. Não se trata de um relacionamento técnico que o produtor de um ornamento pensa e executa; a ligação estabelecida é social e mental. Os engenheiros da lança teriam pensado: o que será necessário para tornar plausível uma certa cadeia de efeitos? Os criadores de ornamentos calculam tais efeitos por intermédio do olhar social: ao olhar-se para uma certa peça decorativa ou joia, deduzia-se uma situação social específica, por exemplo, um ritual cerimonioso ou uma caçada iminente. "Atenção" – informa a pintura – "agora vai acontecer algo diferente". As contas, por sua vez, comunicam um estatuto social – casável, comprometido, chefe, batedor –, o pertencimento a um grupo, uma origem, uma identidade, o que faz presumir que, naquela altura, os grupos alcançavam uma dimensão, em que determinadas características tinham de ser assinaladas de alguma forma. Os ornamentos também podem indicar posse, propriedade, ou ainda uma profundeza oculta sob a superfície estilizada, uma atitude mágica. Em todos esses casos, pressupõe-se uma consciência de si, uma vez que o corpo de um indivíduo se torna portador de uma mensagem sua. Ornamentos significam "eu".

Talvez possamos considerar tais características as qualidades associadas ao significado dos ornamentos, como sustenta o sociólogo Georg Simmel (1908). Os ornamentos realçam algo, mas, sobretudo, aquele que os usa. Porém isso apenas pode suceder se, na criação desses objetos, for prestada atenção àqueles que os irão apreciar. A confecção de joias carrega em si a prática de nos colocarmos no lugar dos outros. Graças aos enfeites, o hominídeo aprende a conduzir o olhar dos outros e a chamar a atenção. Os ornamentos são uma ferramenta social, uma vez que obrigam os produtores a se questionarem sobre os seus efeitos. Efeito passa a ter um duplo significado: causalidade e a impressão causada. O que contribui para aumentar a atenção aos ornamentos é, entre outros, o material de que é feito, especialmente se for raro ou inexistente no lugar onde é usado, como conchas no interior da França, por exemplo. As joias e os ornamentos apelam a algo como: "Olhem para mim!" e são, portanto, "o antagonista do segredo", como Simmel formulou. Por outro lado, o seu efeito é maior se encerra um segredo a respeito da sua origem ou da sua forma[23]. Nesse sentido, já as obras pictóricas mais antigas nos transmitem um paradoxo: "Olhem para o meu segredo!" Mostra-se algo que simultaneamente aponta para outra coisa, para uma situação social particular. As joias e os ornamentos são usados em festividades, rituais, em situações limite, como casamentos, funerais, na caça ou na guerra. Essa situação circunscreve o círculo motivacional das mais antigas representações imitativas, que quase exclusivamente se concentravam em situações de forte tensão: o confronto com grandes animais selvagens, a sexualidade, seres ambíguos. Enquanto a arte decorativa demarca, portanto, a particularidade de uma situação, essa torna-se temática na arte mimética. No decorrer da última Idade do Gelo, entre 40 mil e 10 mil a.C., dá-se na região que entremeia a Eurásia e o Sudoeste da Europa um aumento na produção

---

23 Sobre os materiais das obras pictóricas e ornamentais primitivas, cf. White (1992).

de representações pictóricas, não mais para decorar ferramentas, pessoas ou abrigos, mas antes parecem contar uma história. Trata-se, em parte, de pintura rupestre e de esculturas, como o famoso Homem-Leão de Hohlenstein-Stadel ou as diferentes figuras femininas designadas por *Vênus*. O exemplar mais antigo, a minúscula Vênus de Berekhat Ram tem, contudo, 230 mil anos e presume-se constituir não um artefato, mas um fato geológico, uma produção da natureza, portanto, tal como aquele jaspe sul-africano.

A escolha do nome Vênus para designar esculturas primitivas de figuras femininas está relacionada ao Marquês de Vibraye que, em 1864, em Laugerie-Basse na Dordonha, encontrou uma estatueta de grandes dimensões de uma mulher de corpo delgado, cujas partes genitais estão bastante acentuadas, e denominou-a *Vênus Impudique*, para a diferenciar das demais representações pudicas da divindade da antiguidade greco-romana. Esvaneceu-se a comparação com a antiguidade, porém ficou a denominação do gênero, uma vez que transporta consigo associações pertinentes, incluindo a de um último mistério. A Vênus de Brassempouy, por exemplo, datada de há 25 mil anos, é uma das primeiras representações de um rosto humano. Um ser feminino entre o humano e o cavalo pode ser visto em uma gravura em pedra de Étiolles que remonta a 12 mil anos. Para dar mais um exemplo, o famoso Grande Feiticeiro da gruta de Les Trois Frères, em Ariège, no sul de França, representará um xamã com cornos, segundo a interpretação de alguns arqueólogos, enquanto outros investigadores não lhe conseguem ver qualquer armadura capital, por maior esforço que façam.

O que teriam essas obras pictóricas de tão misterioso, que não deixam indiferente nenhum observador com alguma sensibilidade? Isso é provavelmente mais aplicável aos dias de hoje do que aos tempos primitivos, mas os predecessores históricos deixaram rastros que persistem no presente. Deixaram também mensagens, o que justifica a ênfase que lhes é dada pelos investigadores cada vez que deparam com um desses artefatos. Eles nos falam, porque acreditamos que têm significado, mesmo que desconheçamos qual. O Homem-Leão de Hohlenstein-Stadel, em marfim de mamute, por exemplo, com uma idade entre 35 mil e 40 mil anos, é uma figura de cerca de 30 cm de altura que representa um ser em pé, meio a sorrir, meio a dançar, os braços junto ao corpo, com a cabeça e os membros superiores de um leão, mas o abdômen, os membros inferiores e os pés de um ser humano, comprovável ainda por outros pormenores, como o umbigo, a rótula dos joelhos, a barriga das pernas e os calcanhares. Outros seres ambíguos escultóricos são o Adorant de Geißenklösterle, na Alemanha, igualmente um Homem Leão dançante, o Homem Bisonte de Gabillou, no sudoeste de França, outra figura idêntica, juntamente com a Divindade com Cornos da gruta de Les Trois Frères, o Homem Pássaro com o Pênis Ereto da gruta de Lascaux e o tronco humano com duas cabeças, uma de leoa e outra de bisonte, encontrado na gruta de Chauvet. Todos esses exemplares foram encontrados em partes menos acessíveis das respectivas grutas, o que poderá apontar para lugares específicos de culto. Uma vez que não se conhecem exemplares de homem-leão ou de homem-bisonte, fica a questão de se tratar da imaginação artística pictórica a criar essas figuras, tentando combinar os conceitos do humano e do animal, ou de representações naturalistas de uma realidade afeita ao uso de máscaras, como seria a dos xamãs em uma conjuração extática dos espíritos da natureza. A combinação teria, então, a sua origem em práticas religiosas e respectivas encenações teatrais. Contudo, isto não explica a razão pela qual a percepção das práticas xamânicas deveria ser expressa em pequenas peças escultóricos (KIND ET AL., 2014).

A Vênus Impudica da gruta de Laugerie-Basse levanta questões semelhantes, juntamente com as outras figuras do mesmo tipo. Essas constituem o motivo mais recorrente nas representações pré-históricas do ser humano. Entre Irkutsk, na Sibéria, e o sudoeste da França existem em cerca de 25 sítios arqueológicos, datados entre 28 mil e 22 mil a.C., quase 200 figuras desse tipo que, para muitos arqueólogos, representam o início da arte mimética. A Vênus Impudica é muitas vezes tida como a representação de uma jovem moça, uma vez que não tem seios e a vagina se encontra apenas delineada por um entalhe. O seu corpo é esbelto, o que a faz ser considerada atípica. O mesmo se aplica a uma figura em relevo de uma mulher grávida, encontrada no mesmo sítio de achados, também ela originária do período Magdaleniano da Pré-História (18 mil a 12 mil a.C.). Os achados de Brassempouy, no sudoeste de França, são 10 mil anos mais antigos. Desses, a figura que se conhece melhor é feminina, Mulher com Capuz, que mede 3,7 cm de altura e tem a cabeça coberta por um capuz. Ela olha o observador, como se não fosse apenas provida de sobrancelhas e órbitas e tivesse olhos sombreados. Nesse caso, presume-se que o artista trabalhasse em uma oficina, pois consegue-se ver que as figuras individuais eram, já então, peças partidas que foram de novo trabalhadas. Igualmente especiais são os objetos como a Vênus de Milandes e a Vênus de Tursac, representando o corpo de mulher com forma fálica; provavelmente partiu do formato inicial e das demais características do material para se brincar com o duplo sentido[24].

_____

24 Com minúcia, os objetos e respectivas histórias de investigação são analisados em White (2006).

Trata-se, portanto, de casos atípicos, que nos levam a questionar o que seria típico. A resposta dos arqueólogos é: figuras de mulheres sem rosto e sem cabeça, de ancas avantajadas, representações naturalistas das partes genitais e de membros extremamente delgados, quase a desaparecerem por debaixo de grandes barrigas e seios enormes. Estatuetas assim – a mais antiga foi encontrada em 2008, cuja idade é estimada entre 40 mil e 36 mil anos, com uma altura de 6 cm, denomina-se *Vênus de Hohle Fels*, de Schelklingen, na região alemã de Schwäbischen Alb, que tem vindo a suscitar uma multiplicidade de interpretações. Podem ser símbolos de fertilidade ou divindades maternais, amuletos para uma comunidade que vive na esperança de uma boa colheita e da esconjura do mal, de bruxas ou de entes malignos. São ainda vistas como ideais de beleza objetivados ou *pines* paleoeróticas, talvez mesmo pornográficos, feitos por homens para homens, ainda como projeções da obsessão de que a mulher mais fértil é a melhor. Porém foram também interpretadas como sendo objetos de demonstração medicinal, representações da síndrome de Cushing em mulheres, caracterizada pelo excesso de cortisol no sangue e estados psicossomáticos extremos, como tal, apropriadas para o xamanismo; como autorretratos femininos, o que explicaria alguma desproporção, tratando-se da percepção de si própria, defasada e não observada pelo outro, desprovida de cabeça, pois a artista não podia ver o seu próprio rosto, quando se tomou como modelo. Quando alguns arqueólogos atuais defendem que uma estatueta desse tipo constitui a imagem do ser feminino, temos vontade de nos pormos ao lado da perspectiva da produção primitiva, que pensava na mulher em termos reconhecidamente bem mais diversificados[25].

---

25 Cf. a respeito das hipóteses mencionadas: Rice (1981), Hahn (1986), Dickson (1990), Nelson (1990), Baring e Cashford (1991), Duhard (1993) e McDermott (1996).

Quem depara com essas interpretações deve, antes de mais nada, ter presente que dizem respeito apenas a 200 estatuetas, produzidas ao longo de quase 25 mil anos, em uma região em que os sítios arqueológicos se encontram a uma distância de 6 mil km entre si. Falar de uma tradição das pequenas figuras de Vênus que tivera o seu início na região da Schwäbischen Alb é, dadas as circunstâncias, algo ousado. Mesmo que o tempo histórico tenha sofrido uma aceleração e ainda que o limiar das alterações estéticas tenha vindo a aumentar, seria como se estivéssemos ainda analisando *Olímpia*, de Manet, à luz das fotografias de Helmut Newton para, depois, sem mais informações contextuais, concluirmos que o homem teria se afastado cada vez mais da visão tridimensional da divindade feminina e voltado a sua preferência para as vestimentas transparentes. Acrescente-se a isso a incerteza sobre a quantidade de figuras femininas na totalidade das esculturas, pois, em alguns sítios de achados, existem ainda dúvidas a esse respeito acerca de metade das esculturas encontradas. Ninguém sabe, ao certo, quão ampla foi a produção de arte paleolítica. E não é admissível que, nesses tempos, se tenha trabalhado mais em madeira?[26]

É do conhecimento geral o interesse dos escultores pré-históricos, homens ou mulheres, pelas características dos genitais femininos, durante um longo período de tempo. Uma fixação em mulheres grávidas ou em período de fertilidade pode ser excluída, pois as estatuetas encontradas representam todas as faixas etárias. Algumas das figuras apresentam um padrão desenhado no próprio corpo, mas não é certo se estamos perante uma imitação de pintura corporal ou de vestes. Outras são acompanhadas por animais,

---

26 Ver polêmica de Bednarik (1996) contra as instrumentalizações entediantes da arte primitiva para fins atuais.

como uma escultura de 5 cm, oriunda da gruta de Grimaldi, muitas vezes, chamada *A Bela e o Monstro*, pois junta um corpo feminino a um corpo de animal. A maior representação de uma mulher tem 43 cm de altura e foi feita em relevo. Trata-se de *A Mulher com Corno* e encontra-se pintada na gruta de Laussel (Dordonha); o menor exemplo de representação feminina é a *Mulher com Duas Cabeças*, que mede cerca de 2 cm de altura, igualmente oriunda da gruta de Grimaldi. Uma característica importante das primeiras obras de arte é o seu tamanho, objetos de pequena dimensão que, em vários sentidos, constituíam uma espécie de ornamento. A *Vênus de Hohle Fels,* por exemplo, tem, no lugar da cabeça, um ilhó, pois deve ter sido usada ao pescoço ou à volta da cintura. Uma vez que os ornamentos não apenas procuravam chamar a atenção, como ainda se acreditava terem poderes mágicos – todos nós conhecemos o trevo de quatro folhas e as lendas sobre o poder das pedras preciosas, mas também o costume de colecionar troféus de caça, de dentes de urso a peles de leão –, podem ter servido de amuletos, nunca sabemos se destinados a atrair ou a afastar a boa ou má sorte, ou simplesmente para indicarem estatuto social.

O quanto é necessário ser cuidadoso na interpretação do motivo mostra-nos a teoria do paleontólogo francês de renome, André Leroi-Gourhan, incidindo sobre o segundo conjunto de objetos mais importante da atividade pictórica: a pintura rupestre. Sob esse conceito, encontram-se apenas os exemplos europeus de representações de seres humanos e animais, assim como a ornamentação de paredes de grutas paleolíticas. Porém encontramos tais pinturas, pelo menos no tocante a ornamentos, nos cinco continentes, a partir de cerca de 45 mil a.C. Mais do que pelos ornamentos, os investigadores sentiram-se, desde sempre, muito atraídos pelas imagens de animais selvagens, principalmente em grutas da Europa do Sudoeste, sendo estas as mais conhecidas Altamira, Chauvet e Lascaux. Os animais representados vão dos mamutes, bisontes, cavalos, bois, renas, cabras-montesas, veados, ursos, leões, até aos rinocerontes; esporadicamente depara-se igualmente com um pássaro, um peixe ou um animal de espécie desconhecida. Primeiro, pensou-se terem as grutas abrigado cerimônias mágicas a evocarem o sucesso na caça, ou seja, que as paredes albergavam pinturas de igrejas, espécies de catedrais primitivas, em que os animais eram chamados a deixarem-se caçar. O aspecto bem alimentado que apresentam se explicaria pela fome do desenhador. Todas as marcas nos animais seriam, então, feridas, todas as marcações nas paredes, no exterior do seu corpo, representariam armas de arremesso. O fato de algumas paredes, apropriadas à pintura, ficarem por ornamentar parece indicar a separação por zonas entre o sagrado e o profano, ficando também já explicado o fim da pintura rupestre por volta de 10 mil a.C.: alterações climáticas teriam levado a presa a retirar-se.

Então, por que não estava representada em quase nenhuma cena de caça, nenhum caçador? Entre os achados de ossos nas respectivas grutas e as imagens existe por vezes uma relação estreita, outras vezes não se encontra relação nenhuma. Na gruta de Pair-non-Pair, Nova-Aquitânia, o animal mais representado é a cabra-montesa, mas em toda a região nunca fora descoberto um vestígio da presença pré-histórica dessa espécie animal. Por outro lado, existem comparativamente poucas representações de renas, quando constituíam a fonte de alimentação principal – e por que representá-las, se não eram caçadas? Será para afastar os leões e os ursos concorrentes na caça, que o *Urso de Les Trois Fréres* (Ariège) está coberto de pequenos círculos, de ferimentos causados por arremessos de pedras? Assim sendo, por que a *Coruja de Chauvet*, o *Gafanhoto de Les Trois Fréres* e a *Rã de Enlène*, em Ariège? Qual a razão para nem 5 por cento dos animais se encontrarem feridos, mas, em contrapartida, isso suceder com algumas figuras humanas e com o *Rinoceronte Lanoso de La Colombière*, no Jura, que certamente nenhum feiticeiro acreditaria poder ser abatido por pequenos projéteis? E, a propósito, qual a relação com as muitas gravuras de órgãos genitais femininos nas paredes das grutas – distintas das representações de mulheres – com a magia da caça?

André Leroi-Gourhan (1968) modificou, há 50 anos, essa perspectiva, procurando em 66 grutas europeias a frequência e ordenação de motivos, para chegar à conclusão de que cavalos, bisontes e bois não somente são os animais mais representados em combinações fixas, mas que o posicionamento dos animais e símbolos nas paredes das grutas obedeciam a um determinado padrão. Existiria um círculo de motivos femininos: bois, bisontes, tal como ogivas, triângulos e retângulos, tratando-se de abstrações da vulva e de feridas. Existiriam motivos masculinos: cavalos, cabras-montesas, veados e renas, tal como linhas pontilhadas e retas, ganchos e lanças. E haveria combinações fixas incluindo ambos, como um animal feminino que, nas zonas principais de uma gruta, era representado em conjunto com um animal masculino.

Visto por esse prisma, a pintura rupestre vem tematizar duas diferenciações: masculino/feminino e sexualidade/morte e perigo. Irrefutável, uma vez que também entre as pinturas plásticas é proeminente a representação de cavalos ao lado de figuras de mulheres, e, se o cavalo é representativo do masculino, essas confirmam a diferenciação assinalada. Porém quão provável seria que o interesse pelos motivos escolhidos andasse durante vários milhares de anos *pari passu* com um padrão rígido e estabelecido, uma espécie de vocabulário e um sistema de significados obrigatórios, que a pintura rupestre seguiria? Como souberam os pintores rupestres, na região do Don, que na Dordonha os cavalos têm uma conotação masculina e os bisontes feminina, quando a mais influente arqueóloga francesa, Annette Laming-Emperaire, entendeu exatamente ao contrário, no século XX? O que nos dá a certeza de que os motivos aos pares surgiam efetivamente aos pares, ou seja, eram pintados em simultâneo nas paredes das grutas? Cientistas que tentaram entender a enumeração e a categorização de Leroi-Gourhan de uma gruta – "seção principal", "seção da entrada" e "seção posterior" – encontraram poucos achados conclusivos e propuseram, para algumas gravuras, explicações mais triviais, como a seguinte: se quase um terço de todos os animais representados em uma gruta são cavalos e bisontes, a razão é provavelmente estatística, pois, na seção principal, que perfaz até dois terços da gruta, podia-se encontrar juntos cavalos e bisontes.

Seria não apenas ingrato, como também errado pôr em causa as pesquisas e conclusões de dois dos maiores arqueólogos dessa área, como se o falsificável por si próprio fosse um aspecto positivo. O importante a ser apreendido é que às pinturas rupestres, tal como às figuras femininas e andróginas, são atribuíveis funções concretas, muitas vezes não corroboráveis pelos demais achados arqueológicos. Para cada hipótese, mesmo para aquelas com base em enumerações, existem sempre muitas exceções. O progresso decisivo no tocante às origens da arte, alcançado simultaneamente por Leroi-Gourhan e Laming-Emperaire, consiste em não se identificar os escultores e pintores em primeira linha com os caçadores, com seres amedrontados perante os predadores ou com alguém que, no escuro da caverna, trabalhava em estado de transe sob a influência de xamãs e de cogumelos bastante interessantes. Eles devem ser levados a sério como seres pensantes que eram e que, com grande esforço – devem ter demorado dias ou semanas para elaborar cada um desses artefatos –, faziam algo diferente do imediato. Se a escolha dos motivos para as esculturas e as pinturas rupestres acontecia independentemente de questões alimentares e de reprodução sexual, é certamente porque os animais e a sexualidade lhes proporcionavam outras atrações reflexivas que expressavam com as mãos.

Isso afasta a atenção das obras pictóricas primitivas do motivo da constituição delas, para voltarmos o nosso interesse para aquilo que mostram e como o fazem. Apresentam animais quase sempre de perfil, mas com ferraduras e cornos – alguns parecem sensores –, sendo esses últimos representados de frente. Mostram sempre os animais fora dos seus contextos e do ambiente circundante: quase não existem plantas, água, montes, nenhuma linha do chão. E apresentam-nos ainda isolados uns dos outros. Esporadicamente, aparece pintura de um grupo de animais, e ambos os *painéis*, o dos cavalos e o dos leões, presentes na gruta de Chauvet, mostrando a posição de arranque dos animais, são das imagens mais impressionantes da arte primitiva. Porém a representação de cenas é, de forma geral, tão estranha à pintura rupestre, quanto o é às relações de proporção natural. Aqui, a cabra-montesa pode figurar com uma dimensão superior à do urso. Além disso, a reprodução esquemática de alguns animais tem levado, em casos isolados, à discordância entre os investigadores, a respeito da identidade do animal, por exemplo, trata-se de um cavalo, de um urso ou de uma rena.

Parece que, para os artistas rupestres, era mais importante veicular o conceito de auroque, de cavalo, de rinoceronte, do que propriamente a sua aparência real. Raramente, os animais surgem em ação, mas antes em pose modelar do movimento: um animal de pé, um que se curva, um outro que ensaia um salto, outro ainda que se espreguiça. Talvez se veja um animal sendo caçado, contudo, não o caçador e nunca um animal caçando. Mesmo que seja mostrado um movimento, trata-se normalmente de um padrão gestual a reter, jamais de uma interação. A exceção diz respeito aos rinocerontes em luta, representados na gruta de Chauvet. Como formulou Leroi-Gourhan, o realismo permaneceu "um desafio e não se transformou em uma imitação", uma vez que em todas as gravuras foi introduzida uma pequena perturbação, uma imperfeição propositada que torna o esquema vivo e movimentado. Os ventres inchados, como mangueiras insufladas, encontram-se em desproporção relativamente aos demais membros de aparência frágil, o que cria a impressão de um movimento estranho, um objeto pesado em cima de pernas bamboleantes.

Do ser humano, as grutas mostram sobretudo impressões feitas pelas mãos, muitas vezes incompletas. Alguns ornamentos na gruta de Rouffignac foram identificados como vestígios de mãos de crianças, que se encontrariam aos ombros de adultos, quando ornamentaram as paredes. Porém, mesmo o excepcional achado de La Marche, na região de Lussac-les-Chateaux, em que uma gruta alberga a representação de mais de 150 figuras humanas, nem mesmo a dúvida a respeito de algumas delas se tratarem de pessoas ou de animais altera a impressão fundamental de a pintura rupestre não se preocupar em reproduzir retratos ou assinaturas. A famosa figura humana estilizada de Lascaux que se encontra de pênis ereto, deitada ao lado de um bisonte, enquanto do interior dessa cena rara nos olha um pássaro pousado em uma trave, documenta de forma bastante clara em que motivos os pintores rupestres empenhavam os seus esforços: nos animais, e em que motivo não os despendiam: nos seres humanos. Podemos formulá-lo de outra maneira: o ser humano aparece nas pinturas rupestres de uma forma muito diferente, não como imagem, mas como aquele que é capaz de as produzir. O filósofo francês Georges Bataille (1983) escreveu há 60 anos, quando pode ver os originais daquelas gravuras na rocha:

> Ao entramos na gruta de Lascaux, somos tomados por um sentimento que nunca temos no interior de um museu quando, diante dos armários de vidro, observamos os restos de fósseis dos seres humanos mais antigos e as respectivas ferramentas em pedra. O que sentimos é a chama de uma realidade presente, a mesma que em nós desperta as obras-primas de todos os tempos. O que quer que ela seja, a beleza das coisas feitas por mão humana, apela para o carinho, para a bondade, em geral, que une as almas em amistosa fraternidade. Não é a beleza aquilo que amamos? Que a obra de arte nos toca a alma, mais do que gostaríamos de confessar, em vez do pensamento, tem de ser afirmado de forma enfática, justamente em relação a Lascaux, pois a arte que nos é oferecida significa para nós primeiramente a arte dos antípodas.

Bataille não estava sozinho na sua descrição patética, mas foi quem melhor conseguiu expressar o sentimento de que essas obras rupestres constituem testemunhos extraordinários daquele que passamos a designar por *Homo sapiens*. Bataille deixa a nota de que deveríamos designá-lo por *Homo artifex* ou *Homo ludens*, de acordo com as suas obras pictóricas. Pois essas voltam as costas ao mundo da técnica e do realismo natural, a fim de acentuar uma ligação com os animais, que nada tem que ver com as proteínas ou com os perigos a eles associados. Não se trata de dar informação sobre o mundo animal, tampouco sobre representar as figuras femininas. Pelo contrário, os animais e a sexualidade parecem surgir como algo que contribui para a reflexão. A preferência pelo mundo animal se basearia mais no fato de a vida deles, de acordo com uma especulação visionária de Bataille, tal como a sexualidade entendida no sentido do desejo, não se encontrarem subjugadas ao trabalho. O ser humano não se perde na autopreservação e em empreendimentos úteis ao entregar-se dessa forma ao mundo animal. A arte que emerge do trabalho, da técnica e do conhecimento não transcende a si mesma, não é uma ferramenta e, nesse sentido, não tem qualquer utilidade. Graças aos seus ornamentos e obras pictóricas, o ser humano começou a brincar, o que justifica considerá-los e designá-los como estando na origem da arte.

6

SOBRE A MORTE E OS ANIMAIS

As origens da religião

O meu sofrido ser, eu mesmo, no tecido da morte a apodrecer.

Termina a identidade. A morte não é um ermo entreter.
Ludwig Feuerbach

Em maio de 1819, o reverendo William Buckland proferiu a sua palestra inaugural como professor titular da cátedra de Geologia na Universidade de Oxford. No respectivo título, *Vindiciae Geologicae ou a Relação entre Geologia e Religião*, a palavra latina *vindicia* refere-se a uma reivindicação de direito. Na sua apresentação, Buckland procurava fundamentar o direito da Geologia a ser uma ciência cujo conhecimento vai além da exploração das energias fósseis e matérias-primas. Depois de ter explicado aos ouvintes a importância de uma ciência que faz jus ao planeta Terra, à sua grandeza (montanhas, terramotos, vulcões), às formas do passado (fósseis), o teólogo voltou a atenção para os aspectos religiosos da ciência da Terra e das rochas. Em toda a parte, ele se deparava com a boa organização da natureza devida ao todo-poderoso arquiteto, que a concebera e providenciara aos seres racionais que a habitavam, minérios, metais e água. A teologia natural, entendida dessa forma, derivava da estrutura física da Terra e a sociedade industrial da sua organização divina (BUCKLAND,1820). Pelo termo "teologia natural" compreendia-se a convicção de que a contemplação da criação divina pela razão humana chegaria às conclusões que nos são reveladas nas Sagradas Escrituras. A cronologia científica e a bíblica deveriam, portanto, ser congruentes.

Porém encontrava-se um elefante na sala, para ser mais preciso, dois elefantes escoceses. No seu livro *Diálogos sobre a Religião Natural*, de 1779, o filósofo David Hume contestara a possibilidade de se derivar Deus das considerações racionais acerca da natureza. A perspectiva de um universo ordenado levaria a uma concepção de Deus que já pouco tinha que ver com as determinações concretas da fé e das narrativas bíblicas. Breves anos depois, em 1785, houve quem desferisse um golpe ainda mais duro sobre os investigadores da natureza crentes nas Sagradas Escrituras. O médico escocês James Hutton contestava, então, com base em achados arqueológicos, a data da criação do universo, o ano de 5508 a.C., estabelecida na Antiguidade tardia. No seu *Teoria da Terra,* desenvolve a ideia de que seria necessário um tempo indefinido para que a massa terrestre dos cinco continentes, tal como os conhecemos, se desfizesse por meio de processos naturais. Assim sendo, a criação dessa teria igualmente demorado um tempo indefinido. "O sistema ainda é o mesmo", os processos geológicos continuam trabalhando vagarosamente, como sempre, pelo que Hutton terminou o seu primeiro volume com essas palavras famosas: "Os resultados das nossas investigações atuais não nos dão qualquer indicação de um início – e nenhuma perspectiva de um fim".

Buckland não faz referência à *Teoria da Terra*, tampouco menciona a crítica à religião natural. Durante o seu discurso, recorreu, contudo, à narração do dilúvio, uma narração bíblica criticada de forma incisiva por Hutton. O dilúvio constitui para os teólogos o melhor exemplo de que, mesmo a partir de uma catástrofe, pode-se criar uma ordem. Assumir a ideia de uma cheia monumental remota, durante a qual toda a massa terrestre teria sido engolida pelas águas, servia a Buckland de fundamento para a tentativa de explicar a existência de vales, a deslocação de massas terrestres, determinar a idade de fósseis animais e a composição da superfície terrestre. Porém confessa que, ao estudar a composição dos estratos da Terra, teve dificuldade em pôr em concordância o primeiro relato do Livro do Gêneses com os conhecimentos da ainda imperfeita disciplina da Geologia. Na verdade, já naquela época, era sabido que a duração do dilúvio descrito na Bíblia não podia ter sido suficiente para o depósito de camadas fósseis rochosas. Mas isso não tinha importância para Buckland. A bitola bíblica usada para a datação da idade da Terra e da existência humana estaria correta do ponto de vista geológico, pois, como geólogo, teria de supor um dilúvio, mesmo que não tivesse havido, para explicar os fenômenos naturais existentes na atualidade. Sublinhando esse fato várias vezes, Buckland não se inibe de, pelo menos, levantar dúvidas concretas suscitadas pelo relato bíblico. Os estratos superiores da Terra teriam se formado muito lentamente enquanto o dilúvio teria durado apenas um ano? Fósseis de ossadas de animais não condiziam com o testemunho bíblico. Talvez existisse entre a criação e o dilúvio um intervalo de tempo maior que o relato bíblico omitisse. Será que os "dias" designados na Bíblia se referem a outros períodos de tempo, muito diferentes? Buckland conclui o seu discurso, afirmando que essas dificuldades não abalam a ciência nem a fé, para no anexo voltar a sumariar o ponto de vista geológico no que diz respeito ao dilúvio. Fora o discurso mais angustiante da história da disciplina de Geologia.

Pertence à ironia da história da ciência que tenha sido justamente o reverendo William Buckland a fazer, quatro anos mais tarde, uma descoberta bem mais adequada à demonstração da utilidade da Geologia para a reflexão religiosa. Em janeiro de 1823, investigou a gruta chamada Goat's Hole, na Península de Gower, 15 km a oeste de Swansea, no sul de Gales. De acordo com o seu relatório, encontrou ali *"diluvial loam"*, barro amarelo avermelhado do dilúvio, misturado com cal e calcite, algumas conchas de permeio, assim como dentes e ossos de elefante, rinoceronte, urso, lobo, raposa, cavalo, bovídeo e cervo, rato de água, hiena, pássaros – e encontrou ainda metade das ossadas de um ser humano. Acerca do esqueleto, Buckland adicionou à sua lista a informação de que se tratava de algo claramente mais recente que o dilúvio. Buckland (1824) concluiu tratar-se da parte esquerda de uma mulher, pelos ornamentos que acompanhavam o esqueleto em posição fúnebre. Os ossos estavam tingidos de vermelho escuro – possivelmente devido a roupagens que apodreceram junto ao esqueleto – e também a terra em volta do cadáver tinha uma coloração avermelhada. Ao seu lado, encontravam-se pequenas conchas e anéis em osso, assim como paus finos em marfim com 3 a 10 cm de comprimento, também de cor vermelha.

Buckland datou o esqueleto da era da conquista da Bretanha pelos Romanos. A Dama de Vermelho de Paviland, como se denominaria o achado fóssil que ele, pigarreando, concluiu pertencer a uma mulher de "certo caráter" que teria seguido "não interessa que profissão" junto a um acampamento militar. Soube-se mais tarde, não se tratar de uma prostituta, tampouco contemporânea de Vespasiano. Sem saber, o reverendo de Oxford havia descoberto algo que, de acordo com as suas convicções, não podia sequer existir: os restos mortais humanos com 26 mil anos, de um indivíduo que teria morrido com cerca de 20 anos e sido enterrado naquela caverna com cerimônia funerária – um dos primeiros exemplares encontrados da espécie *Homo sapiens*.

Mas isso não foi tudo. William Buckland acabava igualmente de encontrar um dos testemunhos mais antigos da religião. Para poder explicar melhor, é necessário fazer um pequeno balanço. A partir do momento em que existiram disciplinas como a Etnologia, Ciências e História da Religião, muitas foram as especulações sobre as origens da religião. Consoante as funções que se lhe eram atribuídas, diferentes foram as origens que se imaginavam para ela.

Dizia-se, por exemplo, que os deuses eram personificações da natureza. Cai um raio do céu, e por detrás desse fenômeno tem de haver um deus, o deus do trovão, ou o próprio trovão deve ser um deus, de modo que o lugar atingido se torna um lugar sagrado. Nessa perspectiva, os deuses são originariamente deuses do momento e daí se presumir que o ser humano primitivo era tocado de forma religiosa por tudo o que se apresentasse como novo – elaborando uma mitologia a partir do desconhecido. Uma teoria semelhante a respeito da origem da religião surgiu do sentido do infinito, como uma homenagem ao Sol, à Lua e ao céu estrelado, personificados juntamente a outras manifestações da natureza por uma espécie de gramática obrigatória. O que é avassalador e inatingível recebe um nome, tornando-se quase um ser em atividade.

Pelo contrário, outras teses defendiam que os deuses seriam derivações de imagens dos sonhos, em que entes queridos falecidos apareciam a quem dormia. Também visões, estados de transe, perturbações da percepção da realidade teriam levado à imaginação de um mundo de espíritos que o ser humano primitivo transpusera para as plantas, animais e objetos. A essa tese objetou a teoria do pré-animismo, ao defender que, no início, não se encontrava uma experiência espiritual projetada de forma religiosa no mundo, mas sim a ideia de uma força que tudo atravessa. Não os sonhos com espíritos, fantasmas, rostos e outros elementos próximos da personalidade estariam no princípio de todas as outras religiões, porém o respeito por forças anônimas, que fundamentam os tabus e têm o efeito de fascinarem. De forma semelhante, outros localizam a origem de todas as religiões na magia, que começa pela concepção de um universo dominado por forças influenciáveis cujas manifestações, difíceis de modificar (o corpo, o clima, o sucesso na caça, a fertilidade), se tornavam os objetos dessa prática religiosa. Por fim, também relatos provenientes de cultos australianos a animais totêmicos sugeriram a possibilidade de a origem da religião se encontrar na necessidade de determinadas comunidades se sacralizarem a si mesmas e às suas regras morais.

Todas essas teorias são interessantes. Mas a muitas delas assenta como uma luva a zombaria do antropólogo social Edward Evans-Pritchard, que se referia a especulações do tipo, "se eu fosse um cavalo", quando cientistas tentam pôr-se no lugar do membro de uma sociedade anterior à civilização humana, como forma a entenderem como surgiu a primeira crença no sobrenatural. A posição ingrata em que se encontra todo aquele que se interroga pela origem da religião é patente. A religião refere-se ao invisível, e o que não é visível não se transforma em fóssil, tampouco as reflexões, discursos e sentimentos que suscita. Os testemunhos que existem do tempo primitivo são materiais bem duros. Mas isso apenas se torna uma situação desesperante no plano religioso, social e arqueológico, quando se vê a religião como um sistema de crenças. Se, em vez disso, pensarmos que o ser humano possa ser religioso ao levar a cabo determinadas ações, sem que ao fazê-lo elabore um pensamento sobre o universo, os deuses e o sentido de tudo, abrem-se novas possibilidades também para a investigação da Pré-História no tocante à determinação das origens da religião. Aqui, o achado do reverendo Buckland oferece um bom ponto de partida, pois, se analisarmos a questão do ponto de vista arqueológico, não são os espíritos presentes, mas os humanos que passaram a estar ausentes, que vêm documentar o interesse religioso. Foram os mortos e a morte que atraíram esse interesse. Os testemunhos mais antigos de comportamentos religiosos são as sepulturas.

Nos animais mais desenvolvidos, a morte foi sempre sentida com perturbação. Sabe-se dos elefantes e dos chimpanzés, por exemplo, que os mortos da sua espécie, parentes ou não, chamam muito a sua atenção. O corpo morto é arrastado, tocado, analisado, embora em termos epidêmicos não seja esse um padrão de comportamento aconselhável. Chega a haver chamamentos extraordinários ou o oposto, e ocorre um silêncio inabitual, ou assiste-se a comportamentos agressivos. Investigadores observaram um grupo de três pottos, pequenos primatas da África ocidental que vivem nas árvores, que viviam juntos. Após a morte de um dos membros, os outros dois deixaram um terço dos alimentos que lhes eram dados para o ausente. Também foi observado que os chimpanzés evitam os locais, onde tenha morrido algum membro da sua espécie, tal como se verificou haver preocupação e cuidado com os moribundos.

Mas foram os seres humanos, incluindo o homem de Neandertal, os primeiros a prestarem honras fúnebres aos seus mortos. Porém o fato de levarem os seus mortos para um lugar especial não prova que a morte era vista como uma transição para um outro mundo. A proteção dos animais selvagens, a náusea provocada pelo processo de decomposição, motivos de higiene são igualmente concebíveis como razões, e nem todos os sítios de achados arqueológicos são sepulturas. Também os ornamentos funerários postos junto dos mortos não se destinam necessariamente ao auxílio à passagem a um outro mundo, poderiam simplesmente expressar propriedade. Há, contudo, uma questão mais fundamental: o que distingue umas ossadas desenterradas algures das ossadas de um indivíduo que foi enterrado recebendo honras fúnebres? De que forma o fóssil de um esqueleto indica não apenas o lugar em que se encontra um morto, mas uma sepultura fúnebre? A resposta passa, por um lado, pelo fato de, a partir do Paleolítico Médio, haver significativamente muitos mais achados de esqueletos em posição semelhante em covas no solo, com o piso plano e comprimido e paredes lisas ou em cantos especiais de cavernas, onde anteriormente nem sequer se encontravam ossadas de animais; da mesma forma, a completude de tais esqueletos e a integridade dos ossos em sepulturas com vários corpos corroboram a tese de que não foram enterradas acidentalmente por massas rochosas ou que tenham sido presas de animais selvagens. Por outro lado, algumas sepulturas encontram-se marcadas e cobertas de pedras embutidas.

Por fim, alguns lugares apresentam padrões funerários, por exemplo, contêm apenas mortos de determinada faixa etária; rara é a sepultura única de mulher, encontrando-se enterradas em posição sentada ou acompanhadas de ornamentos, como pedaços de ocre ou ossos de animal. Quando, na região dos Lagos de Willandra, são descobertos os restos mortais mais antigos de um hominídeo australiano, o chamado Homem de Mungo, que podia igualmente ser uma mulher, cobertos de ocre, cujo aparecimento natural mais próximo de um seu semelhante apenas ocorre, porém, a 200 km de distância, tudo indica que há 40 mil anos já eram praticados rituais funerários.

E nem tem de se tratar de sepulturas no sentido mais restrito da palavra. O arqueólogo britânico Paul Pettitt (2011), a quem devemos a perspectiva abrangente sobre as práticas funerárias nos tempos primitivos, diferencia várias maneiras de o *Homo sapiens* e espécies aparentadas lidarem com os seus mortos: (1) eles ou uma parte deles são apropriados pelos vivos: caveiras, relíquias, exemplares embalsamados; (2) morbilidade ou canibalismo; (3) abandono; (4) abandono ordenado: os mortos são levados para um lugar, para serem protegidos de necrófagos ou simplesmente para se desfazerem deles; (5) colocação significativa: os mortos devem permanecer protegidos de ladrões, em um lugar que guarde o segredo da morte; (6) cobrimento dos mortos com pedras; (7) enterro: é aberta uma cova e nela são depositados um ou mais cadáveres, depois cobertos com terra; (8) necrópoles: locais destinados exclusivamente ao enterro funerário dos mortos; (9) lembrança expressiva: honras funerárias, monumentos, canções, narrativas.

O achado na gruta galesa pelo reverendo Buckland, por exemplo, não era uma sepultura no sentido mais estrito da palavra. Mas o esqueleto e os objetos tingidos com ocre vermelho são indicativos claros de que também aqui se tratou de um funeral. Os mortos não são apenas separados, mas igualmente marcados. A morte não se afigura como um simples esvanecer, mas como um processo marcante. O padrão na disposição de um ou mais cadáveres, ao qual se juntam ornamentos e joias, está comprovado existir ainda em outros locais de sepultura da época – por exemplo, na gruta de Les Eyzies (Dordonha), gruta de Cussac (Dordonha), gruta de Les Garennes (Charente) e na de Krems-Wachtberg (Baixa-Áustria) – sem que, no entanto, se possa falar de uma prática generalizada no território europeu. Apesar dos períodos longos, propícios à difusão de padrões de comportamento, as distâncias espaciais eram excessivamente grandes para que isso fosse possível.

Surpreendem-nos ainda mais, portanto, as semelhanças na forma de enterrar os mortos. Entre os objetos que acompanham os mortos encontram-se restos de fios de concha, contas em marfim, que poderão ter igualmente pertencido a um colar, dentes de animais tingidos ou esqueletos inteiros de animais, como o coelho que pertenceria à Criança do Lagar Velho (Portugal) e que, há cerca de 25 mil anos, lhe foi colocado aos pés, ou ainda vértebras caudais de esquilos. A maneira como os dentes e as conchas eram depositados junto à cabeça do morto pode apontar para ornamentos do cabelo, do pescoço, do corpo ou para máscaras que tivessem usado. Os ornamentos ou joias, por seu turno, obtidos a partir das presas de caça, poderiam ainda indicar a pertença a determinada tribo. O tingimento dos mortos e das sepulturas tem vindo a ser interpretado pelos participantes de um longo debate científico, em parte pela sua qualidade simbólica – vermelho para sangue, em parte pela sua função de conservação. Alguns mortos chegam mesmo a estar como que embebidos em ocre – como o esqueleto de *II Principe* em Arene Candide, na Ligúria[27].

Os objetos colocados junto aos mortos são indicadores confiáveis de que se queria expressar algo por meio dos rituais funerários. Porém uma lança não tem de significar que o morto era caçador. Pode tratar-se simplesmente de um artesão de tais armas, pode ser a lança do seu pai ou o mais importante dos objetos para uma comunidade, pelo que se torna indicador de estatuto social. Os bens de prestígio que acompanham um morto, como dentes ornamentados de animais, seriam indicadores de riqueza de um indivíduo em vida ou da identidade do seu clã? Ou se trataria de uma espécie de deflação simbólica, uma vez que eram retirados ao comércio objetos de valor? Cada concha, cada conta depositada em uma sepultura, deixava de ter um papel na vida da comunidade. Se o morto que tivera certa importância social deixasse descendência, teriam de se criar novos ornamentos, símbolos, instrumentos para o uso por parte desses. Uma vez que a maior parte dos ornamentos obedece a um padrão que varia com a geografia – ferramentas em pedra e incisivos de veado no sul da Europa, marfim e dentes de raposa na Europa Oriental –, eles parecem referenciar uma origem cultural mais do que o estatuto social.

O caráter simbólico dos ornamentos funerários é especialmente marcado nos enterros nas grutas de Barma Grande (norte de Itália) e Dolní Věstonice (República Checa), onde se encontram, respectivamente, três adultos posicionados de uma forma simbólica que chama a atenção. Na gruta situada na República Checa, o braço esticado de um morto – nenhum processo sem intenção

---

27 Cf. a descrição geral de ornamentos funerários do Paleolítico Vanhaeren e D'Errico (2002).

poderia ter provocado um tal alongamento – encontra-se sobre o osso ilíaco do cadáver do meio, presumivelmente de uma pessoa do sexo feminino, que apresenta vários ferimentos e deformações nos ossos, e a sua mão situa-se entre as pernas desta, enquanto a terceira pessoa está de cabeça para baixo e se encontra de costas voltadas para as outras duas. Mesmo investigadores experientes, céticos em relação a interpretações que privilegiam a intencionalidade e que consideram sempre o mero acaso como uma possibilidade, ficaram surpreendidos – "esse não é um enterro normal", afirmou Paul Pettitt – com a semelhança dessa disposição dos cadáveres em ambos os casos, quando os separam 500 km e cerca de 1.000 anos. Qualquer observador fica com a impressão de se tratar de situações nas quais havia sempre um par e uma terceira pessoa.

Igualmente impressionantes são as chamadas Crianças de Sungir, um rapaz com 11 a 13 anos de idade e uma moça de 9 ou 10 anos, sepultados há cerca de 24 mil anos, que se encontram alinhados cabeça com cabeça, no meio de milhares de pequenas contas em marfim, centenas de ossos de raposa e outras joias feitas especialmente para crianças, além de lanças em dentes de mamute, 200 km a nordeste da atual cidade de Moscou. Se calcularmos que a fabricação de apenas uma dessas contas teria demorado, pelo menos, uma hora, faz-nos pensar o quanto foi necessário apara a confecção de 5 mil. O mesmo se aplica às 1500 contas de conchas que foram encontradas na sepultura com 3 mil anos do Menino de La Madeleine (Dordonha), que se situa a 200 km da costa atlântica, onde as conchas devem ter sido obtidas.

Podemos, pois, ter a certeza de que enterros dessa natureza tinham um significado social, simplesmente não sabemos qual era. As máculas do morto que se encontra na posição do meio na sepultura de Dolní Věstonice levam-nos a concluir que frequentemente se trata de esqueletos fora do comum: fetos, bebês, crianças, adolescentes, deficientes, pessoas com nanismo e acidentados. Raramente se encontram testemunhos de sepulturas com esqueletos intactos de adultos mais velhos. Por outro lado, o hominídeo de estatura anã, enterrado na gruta de Romito, na Calábria, podia ter chegado à idade dos 17 anos, o que, dadas as condições difíceis por volta de 11 mil a.C., demonstra igualmente uma preocupação comunitária com membros que não podiam participar em atividades de caça[28].

Pode ser acertado concluir que os enterros eram uma prática ainda no seu início e não um dado adquirido; na Idade da Pedra tardia, situada entre 45 mil e 10 mil a.C., foram encontradas cinco sepulturas por cada mil anos na região da Euro-Ásia! Essas sepulturas estavam frequentemente ligadas a casos de morte fora do comum, assim como testemunham uma espécie de sensibilidade para histórias relacionadas com a morte. "Talvez", escreve Paul Pettitt (2007), "os enterros reflitam más mortes", e podemos acrescentar: más mortes em um tempo, em que a vida, apesar de não solitária, era "pobre, nauseabunda, animalesca e breve", segundo Thomas Hobbes. Também se pode dar o caso de esses indivíduos anatomicamente desviantes terem sido adorados, e talvez possamos mesmo combinar ambas as possibilidades, a má morte e a adoração, se presumirmos tratar-se dos restos mortais de indivíduos destinados a sacrifícios humanos; isso explicaria o grande número de objetos que acompanham o morto, pois talvez se encontrassem preparados, quando do enterro, o qual, assim sendo, já estaria há muito previsto.

---

28 Contribuindo para o debate sobre se a existência dos esqueletos intactos e a respectiva idade pode indicar compaixão por parte dos hominídeos, cf. Trinkaus-Zimmerman (1982), Frayer et al. (1987) e Dettwyler (2000).

Com todo o cuidado a se considerar na atribuição de motivos aos comportamentos, é possível ler um impulso religioso nesses enterros: a forma funerária pretende sublinhar algo no modo de morte ou na anterior maneira de viver, algo que, sob as circunstâncias penosas de existência das espécies de hominídeos, era extraordinário. Não conhecemos as histórias que nos poderiam levar a perceber o que aconteceu exatamente de tão especial a esses mortos e nessas mortes, da mesma forma que não há razões para supor que todos os enterros se assemelhavam pela função motivadora dos sobreviventes. Mas também não podemos contornar o fato de ter havido esse tipo de justificação, que o ritual tenta trabalhar e evidenciar aquilo que não é óbvio ou percebido como um evento normal. Em um mundo cujos habitantes devem ser vistos como necessitados e ocupados com a sua sobrevivência, a distinção do extraordinário na morte documenta uma primeira consciência do que é contingente: algo ou alguém deveria ter sido de forma diferente, poderiam ainda se encontrar entre nós, que estamos vivos, mas eles morreram, eram diferentes e agora são mais do que nunca. Enterros como aqueles que estão documentados são testemunhos de uma consciência que não se limita a ser episódica, mas que pretende reter algo de particular.

Devemos, contudo, afastar qualquer sentimentalidade moderna do despertar lento da consciência simbólica da morte. Foi o interesse em dar-se significado aos mortos que levou, entre outras práticas fúnebres, à que se tornou dominante de esquartejar o cadáver e separar dele as partes simbolicamente relevantes. A sua ornamentação posterior é uma prática subsequente que duraria até a fase da formação dos primeiros aglomerados humanos. Associado a uma concepção de transformar despojos de guerra em troféus, chegava-se ao ponto de desmembrar os cadáveres antes do enterro, uma prática que em algumas localidades encontraria continuidade até 8 mil a.C. Perante os restos mortais encontrados, não se pode sequer excluir comportamentos de canibalismo que possam ter antecedido os sepultamentos[29].

Lugares de sepultura constituem, no seu sentido mais pragmático, campos de recordação, literalmente memoriais. Ainda antes de as comunidades se tornarem sedentárias, denominam e definem o seu espaço habitado, no sentido de uma ocupação invertida em relação ao critério posterior: as terras não lhes pertencem, são as pessoas que pertencem à terra. Os primeiros enterros funerários ocorreram em locais onde ou em cuja proximidade se habitava. Separar os mortos dos vivos é um ato simbólico, com influência na própria vida. Formulado de outra maneira: se o *habitat* era para o hominídeo algo concebido *in loco*, essa forma de vida situacional mudou com os rituais funerários. Para o muito posterior culto aos antepassados, era imprescindível a fixação em um espaço. A difusão de rituais funerários faz parte de uma fase da evolução cultural, na medida em que fomentou as primeiras obras protoartistícas e a ação simbólica em si. Nela, a humanidade aprende gradualmente, ao longo de 10 mil anos, a comunicar por meio dos objetos e da modelação dos mesmos. Os ornamentos funerários expressam bem essa circunstância, na qual não apenas o corpo é tratado como algo com significado, mas os utensílios criados com grande esforço são igualmente vistos como pertença do morto, de modo que para tirar-lhes deveria haver um motivo muito forte. Os mortos têm direitos que devem ser preservados, embora os seus titulares já não os possam reivindicar.

---

29 Cf. Orschiedt (2002).

Além do motivo alimentar – e, portanto, da sobrevivência – para um grupo de seres humanos primitivos voltar a determinados lugares, uma vez que ali se encontravam plantas ou a presa, fontes de água ou espaços apropriados para o acampamento, havia agora um motivo cultural genuíno a acrescentar. Nós pertencemos a esse lugar. A religião depende dessas determinações ritualísticas e, se quisermos, materiais, pois a circunstância de lidar com o invisível permite que uma afirmação se estabeleça com tanto fundamento quanto uma outra e porque inicialmente não estava disponível uma teologia estabelecendo os limites do que pode ser dito e do que se deve acreditar. Muito mais tarde, os motivos culturais para o enterro funerário seriam alargados à mitologia, pois o ser humano nasceu da mãe natureza e ao seu seio deve voltar. Mais adiante, os investigadores das migrações relatarão que os reformados alemães que fixaram residência em Espanha apenas voltariam à sua pátria por duas ocasiões: para levarem o carro à inspeção e para o seu próprio enterro. Parece que nem aqueles que, de resto, cortaram todas as relações com as suas origens conseguem viver com a ideia de serem sepultados em terra alheia. Os afetos fortemente nutridos por um determinado lugar podem ter razões variadas. A antropóloga Elisabeth Colson chamou a atenção para as práticas religiosas de tribos africanas, nas quais faria sentido distinguir entre "lugares de poder" onde estas comunidades simples presumem haver espíritos da natureza, e "templos da terra", onde veneram os seus antepassados. Parece mesmo fazer sentido falar-se de duas formas de surgimento da religião. Junto às fontes de água, árvores, cascatas e em cavernas habitadas pelos espíritos, nas quais o ser humano não construiu habitações próprias, é decisivo ir ao seu encontro. Contrariamente, os monumentos e santuários foram construídos pelo ser humano. Os espíritos que neles habitam pertencem à comunidade, eles não existiam antes dessa, não são intemporais. As construções são representativas não da força da natureza, segundo Colson (1997), mas da continuidade social da vida.

No lapso de tempo entre cerca de 15 mil a 12 mil a.c. alterou-se a tradição de enterrar os mortos. Enterrá-los no solo já constituía, em si, um passo em direção a uma nova forma de lidar com esses, perante tantas outras possibilidades de albergá-los em grutas, placas de rochas ou outros lugares. Abrir uma cova é bastante penoso em um mundo sem pás. Inicialmente, essa forma de os guardar apenas se destinava a alguns indivíduos, de modo que o motivo da preservação da higiene não é suficiente. Assim, começavam a surgir os cemitérios. As honras fúnebres desviam-se do que é preeminente, pois cada caso isolado é visto como único e memorável, merecedor de um ritual. Seguem-se reservas funcionais de determinados espaços, pouco antes de se criarem comunidades sedentárias. Os acampamentos de base dos grupos de caçadores-coletores já detinham um cunho de culto, com uma diferenciação espacial entre locais de residência para os vivos e outro para os mortos. O aumento de espaços fixos com intenção social deve ter tido influência na transição para a agricultura.

À medida que os locais para as sepulturas ganham essa função, a lembrança desvia-se do caso concreto e cria a memória, primeiro para o interior, pois os mortos transformam-se em antepassados. Depois para o exterior, pois os mortos e os locais em que são sepultados tornam-se o símbolo de coesão de uma comunidade, que se distingue não só do seu próprio passado, de quando os seus antepassados ainda eram vivos, como também de outras comunidades. Não existe sítio melhor para verificar isso do que os santuários naturais que, desde o quinto milénio a.C., foram criados no nordeste da Europa pelos colonos ao redor de sepulturas e locais de enterro. A sua localização, tamanho e fixação leva-nos a concluir se tratar de lugares centrais de culto, onde as tribos lembravam os seus antepassados no âmbito de celebrações funerárias.

Enquanto, na atualidade, podemos dizer que o cemitério se situa perto da igreja, na origem da religião verifica-se o oposto: o templo situava-se perto da necrópole. Muitos dos seus santuários são visíveis à distância. As características astronômicas e de calendarização de alguns desses lugares, construídos em concordância com determinadas constelações, não entravam em contradição com as suas outras funções, que exigiam mais do que um lugar destinado aos sacrifícios. Entre outros, sinalizavam reivindicações de toda uma comunidade em relação à sua terra, da qual se alimentavam. Os mortos fazem parte da terra, o lugar de culto pertence-lhes, eles são os nossos antepassados, uma vez que a terra e aquilo que ela oferece nos pertence. Os maiores monumentos funerários – como o de Newgrange, Irlanda (3150 a.C.) e o de Maes Howe, na Ilha de Mainland, Orkney (cerca de 3000 a. C.) – pressupõem uma grande utilização de mão de obra, o que poderá explicar a necessidade de demarcação da terra: um aumento de população devido à evolução da produção agrária, a qual contribui simultaneamente para o surgir do pensamento econômico e a procura dos respectivos pontos de vista políticos, ou seja, uma gestão dos recursos por compromisso de escolha coletiva[30].

Por vezes, tais conjuntos de megálitos monumentais bem visíveis erguem-se sobre sepulcros, como acontece na colina de West Kennt Long Barrow (5500 a.C.) ou no Pentre Ifan galês (3500 a.C.)

---

30 Cf. Renfrew (1973) e Capman (1995).

e, naturalmente, na mais famosa dessas formações em Stonehenge (2600 a.C.), onde se encontram pedras que pesam 1,5 t e foram arrastadas ao longo de 250 a 400 km do sul de Gales até o lugar da edificação. Não se tratou de um desempenho extraordinário, apenas a nível técnico e logístico, mas constituiu igualmente um notável processo religioso. Há muitos indícios para sustentar a tese de que o lugar de origem desses megálitos teria sido religioso, o que fundamentaria o enorme esforço empreendido para carregá-los até Stonehenge. A sacralidade continuava associada aos espaços e aos locais, o sagrado, porém, passou a surgir como móvel e transmissível. Isso era igualmente válido para as pessoas, uma vez que se podia comprovar que o gado que traziam consigo vinha de longe e que elas, portanto, eram peregrinas. Diz-se que, aos poucos, foram acrescentadas outras funções ritualísticas aos sepulcros, as quais nada tinha relação com a morte de antepassados, mas que, por exemplo, estavam relacionados com a força sagrada e o valor revelador das pedras. Em relação a determinados locais de presença de megálitos, foi comprovado que continuavam a ser utilizados, mesmo quando há muito não serviam propósitos funerários (BALTER, 2008; SCARRE, 2011).

Antes disso, foram criados locais de culto que não eram necrópoles. O topo artificial do monte de Göbekli Tepe (no sudeste de Anatólia), que remonta a 12 mil a.C., apresenta colunas em pedra, medindo até 7 m de altura e um peso que varia entre 800 kg e quase 10 t, dispostas em círculos medindo entre 10 e 30 m de diâmetro e rodeadas por paredes concêntricas. Trata-se de um desses locais de culto antigos que não tivera funções comprovadas de sepultura e junto ao qual não viveram grupos de dimensão considerável. São desconhecidas pedras com esse peso, utilizadas nas casas do início da Idade da Pedra, e não foram encontrados nem fogareiros, nem fornalhas. Ainda que novas escavações venham a revelar que há tempos se realizavam enterros no local, aqueles que erigiram o templo não eram agricultores, aldeãos ou mesmo citadinos que sepultavam os seus mortos na proximidade do seu aglomerado. Não existe nenhum rastro de fauna ou flora domesticada. O monte teria sido escolhido por oferecer pedras calcárias que eram adequadas aos fins de culto daqueles nômades. Talvez seja por isso que, no fundo, reconheçamos em Göbekli Tepe o primeiro lugar da história da humanidade que se destinava exclusivamente à prática religiosa, e tentemos encontrar nele o que eram e o que significavam esses fins[31].

A maioria das colunas massivas em forma de T, que caracterizam esse lugar, apresenta desenhos de animais em uma espécie de relevo, sobretudo, raposas, pássaros, cobras e escorpiões. Deixam, em parte, a impressão de figurarem como uma vestimenta sobre estátuas antropomórficas nas quais foram igualmente gravados lenços, cintos, pormenores de braços e de mãos. São, por outro lado, desenhos tão realistas, que os animais parecem caminhar ao longo das colunas com uma dimensão escultórica. Aqueles que trabalharam nessas colunas devem ter disposto de uma iconografia segundo a qual se retratava muitos dos animais consoantes a sua forma na natureza, enquanto as enormes estátuas humanas são apresentadas como símbolos abstratos, como uma espécie de pictograma em pedra, faltando-lhes, por exemplo, o desenho dos órgãos

---

31 A diferenciação entre casas e santuários não significa, segundo Edward B. Banning (2011), que aquelas não eram tratadas com sacralidade, mas apenas que, no santuário, foram encontrados poucos indícios de que tenha sido parte de um aglomerado. Quando uma casa tem quadros, isso não significa que seja um museu.

sexuais, que se encontram graficamente encobertos. A existência de bancos indica ter se tratado de um lugar de encontro. Achados abrangentes de ossos de animais testemunham festividades e banquetes com grande consumo de carne, podendo ter se tratado de uma forma de pagamento aos que erigiram o enorme santuário em pedra, período durante o qual não dispunham de tempo para caçar. Talvez a atividade de construção de templos desse tipo – em um perímetro de 200 km de Göbekli Tepe encontram-se muitos locais de culto de motivo semelhante – teria mesmo impelido à transição para a sedentarização. Os santuários teriam, assim, surgido diante das casas de habitação, possivelmente sob a orientação de sacerdotes xamânicos de tribos nômades[32].

De qualquer forma, o que esse santuário pressupunha era organização, e o que lhe faltava eram deuses. Tal como em outros locais de culto, não existem aqui indicações de aparições sobrenaturais, a não ser que as estátuas gigantescas fossem vistas como tal. O que também praticamente não existe são seres ambíguos. Apenas poucas cabras demoníacas ou um homem-pássaro. Porém encontram-se muitos animais selvagens, não apenas nas representações, mas também nos achados de ossos de toda a espécie, os quais testemunham a prática de sacrifícios de animais. Também se pode deduzir das pinturas rupestres, bem mais antigas, sobretudo da Europa Ocidental, que o ritual revela uma obsessão não só com os mortos, mas também com os animais e, em Göbekli Tepe, igualmente com aqueles que não eram caçados. Isso exclui a procura das origens da religião apenas na magia, ou seja, na tentativa de evocar a boa sorte na caça por meio de práticas ritualistas. Por sinal, os motivos de animais de culto mantêm-se após a transi-

---

32 Cf. a constituição dos santuários em Schmidt (2005).

ção para a agricultura, que trouxe consigo a domesticação desses – o que favorece a tese do interesse na separação entre o humano e o animal, que está para além dos motivos mais imediatos associados à caça. No caso de Göbekli Tepe e de santuários semelhantes, falava-se de uma domesticação da paisagem, a qual teria antecedido a das plantas e a dos animais. A paisagem não sofre apenas uma transformação instrumental – sob a forma de habitações, lugares de coleta, mais tarde lugares de cultivo – e não é apenas interpretada simbolicamente, como acontecia quando as pedras de certos montes eram consideradas sagradas. Mais do que isso, são postos símbolos na paisagem que tematizam a diferença entre o humano e o animal. Se lhes atribuíssemos uma afirmação, seria a seguinte: o ser humano destaca-se de uma forma muito clara do mundo animal[33].

O início documentado da religião contém esses dois motivos centrais: os animais e a morte. Na antiga gruta de La Régourdou (Montignac, Aquitânia), com cerca de 60 mil anos, jazia o esqueleto de um homem de Neandertal adulto, virado para o lado esquerdo, sobre uma base coberta por pedras lisas. Junto ao cadáver estavam duas tíbias de urso pardo, provavelmente, como objetos que acompanharam o morto. O corpo estava coberto de calcário e um montículo de pedras, sobre as quais havia uma camada de areia queimada com ossos de urso. Na proximidade, encontrava-se o esqueleto completo de uma cria de urso pardo. Para essa preparação da sepultura, talvez a mais antiga da história da humanidade, não foram só necessárias ações altamente coordenadas; ela revela igualmente uma consciência da relação entre o ser humano e o animal, a qual apenas voltaremos a encontrar nas pinturas rupestres. É difícil

---

33 Um pressuposto a essa impressão é que as colunas em forma de T não serviam simplesmente de suporte a uma cobertura, mas eram visíveis à distância.

libertarmo-nos da ideia de que a pergunta pela origem da religião se aproxima laboriosamente de saber até que ponto o hominídeo pertencia ao mundo que o circundava, quão vivo se afigurava entre os outros animais e deles se distinguia.

A distanciação da referência parece ter sido acompanhada por uma consciência dessa separação, à qual reagiriam os rituais. São criados lugares e tempos especiais para comunidades especiais, onde são celebradas ações especiais. Essas são coletivas, não apenas por o cenário em que se ocorrem necessitar de grandes esforços e preparativos; trata-se igualmente de ações de orientação da consciência coletiva. Elas começam sob a forma de enterros, da qual se vão libertando gradualmente, quando a ocasião para o ritual não é do foro fúnebre, mas relativa a outro tipo de cesura e esse é convocado pela comunidade para uma determinada data e lugar. Também ali o ser humano primitivo começa a diferenciar-se do animal e a refletir abertamente sobre esse assunto para muito mais tarde, no contexto da sedentarização e da hierarquia política, surgir, então, a ideia de divindade.

Acabamos deixando para trás o reverendo Buckland e a Dama de Vermelho de Paviland. Quem era ela? De acordo com o estado atual da investigação científica, não se tratava de uma mulher, mas de um homem jovem descendente dos primeiros humanos anatomicamente modernos, que há 29 mil anos começaram a estabelecer-se na Grã-Bretanha, e que lá fora enterrado, presumivelmente, há 26 mil anos. Os objetos que lhe foram colocados na sepultura apontam para práticas xamânicas: um crânio de mamute, pigmentos de cores simbólicas, paus finos em marfim, os quais eram utilizados em contextos de magia, ornamentos feitos de conchas que, tanto poderiam ter sido joias, como objetos de produzir som ou ambas as coisas. O lugar em si, uma caverna de acesso difícil e algo perigoso, deve ter parecido aos seus utilizadores bastante misterioso. Que a religião possa ter tido origem em cavernas e outros lugares escondidos ou à margem, não deve ser visto aqui como uma mera circunstância. "A caverna enquanto origem do mundo", escreve o filósofo Hans Blumenberg (1989, p. 27), "é um lugar de concentração da atenção, de vigília ainda atenuada durante o sono". Ela é o retiro sob cuja proteção, nem que seja apenas por momentos e desde que não se tema a visita de um urso, não se trata de sobrevivência ou da atenção oscilante da própria sobrevivência, tampouco da medição de forças. "Na proteção das cavernas", escreve Blumemberg, "surge a fantasia" e com ela a percepção de haver mais do que um só mundo, mas um interior e um exterior, um em cima e um embaixo, um mundo real e um mundo possível.

7

BABY, DON'T CRY, YOU'LL NEVER WALK ALONE

As origens da música e da dança

> *Movimenta-se o moinho no ribeiro murmurante.*
> Ernst Anschütz
>
> *A chuva, na Espanha, cai principalmente na planície.*
> Henry Higgins

No início da década de 1950, o compositor americano John Cage visitou uma câmara anecoica na Universidade de Harvard.

Anecoicas denominam-se as salas isoladas não apenas para o exterior, mas também no seu interior, pois estão cobertas de materiais absorvedores que não permitem refletir nenhum som, nem sequer o que é produzido pelo movimento das pessoas. A reflexão das ondas sonoras nas paredes, majoritariamente forradas de cunhas em lã de rocha, é, nesses espaços, semelhante à do ar. A energia sonora é quase completamente transformada em calor.

Cage, porém, consegue ouvir dois sons nessa câmara sem eco, um agudo e um grave. "Quando os descrevi ao técnico de som de serviço, esse informou-me de que o tom agudo era produzido pelo meu sistema nervoso e o grave pela minha circulação sanguínea". Cage (1961), que pouco depois comporia a sua peça 4'33, constituída pelo silêncio desta frequência a ser recitada "por qualquer instrumento ou combinação de instrumentos", acrescenta: "Até eu morrer haverá ruídos. Eles perdurarão após a minha morte. Não precisamos de nos preocupar com o futuro da música".

A música não é simplesmente ruído e o grande músico e pensador dos fundamentos da sua arte não quis certamente negar a diferença existente entre ambos. A música é o que soa antes e depois do silêncio e se constitui por proporções sonoras intencionais. Nesse sentido, a música é um caso excepcional, mesmo no domínio das artes. Em nosso cotidiano, lidamos muito com a matéria de que se faz a poesia, sendo isso também válido para as artes plásticas, cujos substratos materiais (pedra, tela, cor) encontram igualmente utilidade fora do contexto artístico. Porém aquele que canta no dia a dia já faz música, enquanto quem confecciona um bolo-mármore não está esculpindo, e quem pede um vinho não será visto como um poeta.

Contrariamente, nenhum pássaro consegue reproduzir o padrão que reconhecemos no seu canto – "a sequência de estrofes com uma probabilidade sequencial não casual" – em um outro tom (STUMPF, 1911). A natureza cria padrões desses, produz sons que se distinguem uns dos outros e que são reconhecidos como mais agudos ou mais graves, ritmos que são sentidos como semelhantes e que se repetem. Se escutarmos bem, o silêncio não existe; não existe uma câmara anecoica. Mesmo quando ninguém está fazendo música, segundo Cage, continua a haver aquilo de que é feita a música. Isso, por seu turno, torna possível que alguém faça música e, na verdade, essa contém em si todas as características da capacidade humana em geral para aprender melodias, de suster um som, memorizar sequências de sons e mover-se nelas. Essa experiência é significativa para a questão dos primórdios da música, uma vez que pode ser apresentada como uma pergunta pelo início da produção musical ou como uma pergunta pelo início da audição musical.

No que se diz respeito à produção de música, não temos na natureza, testemunhos do primeiro canto. Nem sequer sabemos se a primeira criação musical foi um canto ou talvez um tamborilar rítmico, uma dança ou um chamamento fraseado como no tirolês. Sabemos que há cerca de 1,5 milhões de anos começaram a desenvolver-se nos hominídeos os aspectos fisiológicos que são o pressuposto do canto, os quais estariam completos no *Homo heidelbergensis* há cerca de 400 mil a 300 mil anos. Nessa altura, o hominídeo ainda não dispunha de uma língua com um vocabulário formado e gramática. Chegamos, portanto, ao limiar entre padrões de ruído e música. Mas, seja qual for a perspectiva adotada, não se encontram indicações sobre quando e quem ultrapassou tal limiar originalmente.

O que existe são os primeiros instrumentos musicais conhecidos. Um deles é a flauta de osso com cerca de 40 mil anos. Ela mede 12,6 cm e foi criada a partir de um osso de rádio de um cisne. Foi encontrada na caverna de Geißenklösterle, em Blaubeuern, no sul da Alemanha. Todos os demais achados de flautas idênticas – como a de Isturits, nos Pireneus franceses – são igualmente oriundas do Paleolítico europeu, mais precisamente do período Aurignaciano, em que o homem de Neandertal e o *Homo sapiens*, que se deslocara para a Europa Central seguindo ao longo do Danúbio, viviam lado a lado. É também nesse período que surgem as primeiras atividades simbólicas do ser humano anatomicamente moderno: arte pictórica figurativa, ornamentos tridimensionais, representações mitológicas e, precisamente, os instrumentos musicais. A par das flautas em ossos de animais, foram ainda encontrados outros instrumentos musicais ou de som, como o rombo, de La Roche de Birol, uma peça com 18 cm de comprimento e 4 cm de largura, feita em haste de rena, do período Magdaleniano (datada de entre 17 mil e 11 mil anos), que era agitada no ar, produzindo sons, os quais tiveram um efeito interessante em uma caverna. A *Vênus de Laussel*, por sua vez, uma escultura em pedra com 25 mil anos, segura em um corno de bisonte à altura do ombro, como se fosse uma trompa de caça a emitir sons por si só.

A datação dos inícios musicais apenas fora realizada relativamente a objetos como os descritos, que se mantiveram em bom estado de conservação. Os primeiros instrumentos em madeira ou de outro material vegetal, como, por exemplo, tambores, não subsistiram até os nossos dias. Também não é certo se as conchas e as carapaças de tartarugas encontradas em sepulcros foram instrumentos musicais. A afirmação de John Cage, de que sempre existiu e existirá o material elementar da música, diz-nos, entre outras coisas, de forma implícita, que praticamente tudo poderá ter servido de instrumento musical e que, portanto, a coisa em si própria não necessita de o evidenciar. É difícil imaginar que um não tenha caído na tentação de tamborilar com um galho em um tronco de uma árvore. Acrescente-se a dificuldade de que nem todos os ossos achados que apresentem orifícios e que, como tal, foram classificados como flautas pré-históricas, o sejam na realidade, mesmo que se possam emitir sons por seu intermédio. Isso significa que em alguns achados arqueológicos da Pré-História, por exemplo, o de Divje Babel na Eslovénia, em que foi encontrado um osso de urso 10 mil anos mais antigo do que a flauta encontrada no sul da Alemanha, em Schwäbische Alb, de modo que fica a dúvida se as perfurações não teriam sido causadas por animais carnívoros. As discussões biomecânicas correspondentes sobre o comportamento de mastigação dos lobos e dos ursos competem em sutileza com as conclusões dedutivas de um Sherlock Holmes[34].

As flautas de osso, que indicam indubitavelmente trabalho humano, revelam um alto grau de perspicácia por parte de quem as fabricou. São tocadas a duas mãos, o que as distingue de forma vantajosa dos apitos. Têm uma extremidade que não pode ser simplesmente soprada, mas que devia ser envolvida pela boca humana, o que exigia do tocador um esforço substancial dos músculos da face. Além disso, algumas apresentam marcações não ornamentais, o que aponta para indicações sobre a forma de as tocar. Resumindo, trata-se dos achados mais antigos, mas não há dúvida de que houve instrumentos anteriores que não se preservaram até aos nossos dias.

A maioria das flautas de osso foram feitas a partir de ossos de ave que, como se sabe, são ocos, e presume-se que os hominídeos tenham descoberto a característica destes ossos produzirem sons ao limpá-los. Isso tem o seu lado irônico, na medida em que são os pássaros os seres vivos mais proeminentes na produção de sequências de sons na natureza e, como tal, são vistos como modelo da elaboração acústica humana. "Toda música é originalmente vocal", afirmou o sociólogo Herbert Spencer (1857), e toda

---

34 Cf. a estruturação dos respectivos momentos de suspeita, em D'Errico et al. (2003). Para uma discussão completa sobre as origens da música, cf. Morley (2003).

a investigação científica seguiu o pressuposto de que a primeira música teria sido uma espécie de canto sinalizador: um canto que se desenvolvera a partir da fala e constituía, portanto, o seu ponto mais alto, como, por exemplo, um falar mais alto e irritado, um canto que antecedeu a fala ou que com ela partilha uma origem conjunta.

Enquanto os biólogos da evolução conseguem atribuir vantagens claras ou, pelo menos, fáceis de imaginar, ao caminhar em posição ereta, à fala ou à monogamia em termos de sobrevivência da espécie, em relação ao canto pensam de forma diferente. Quais as razões para que seres cantantes tivessem uma maior possibilidade de sobrevivência? Qual a adaptação conseguida graças à capacidade musical? "Santa Cecília olha o céu", pode ler-se em Carl Stumpf, alusão à santa protetora da música sacra, "ela ajuda-nos em quê na luta pela existência?"

A primeira resposta da biologia indica que o canto dos pássaros é um sistema de sinais para os machos atraírem as fêmeas, que simultaneamente impressiona outros concorrentes. O canto é comunicação, afirma-se também na biologia, uma vez que influencia o comportamento do público. Ele consegue alterar comportamentos, porque aparenta desvendar algo sobre as qualidades e o proceder futuro do cantor. Quem canta revela pelo menos que existe, que se encontra a determinada distância, talvez até explicite onde e o que pretende comunicar, de que espécie é e provavelmente também o sexo a que pertence.

Isso é muita informação, cuja divulgação traz ao cantor a vantagem adicional de, comparativamente, gastar pouca energia para esse efeito, e que se comprova indiferente, tratar-se de um canto mais complexo ou mais simples. Mas por que razão o canto se torna informação para o destinatário – uma "diferença que faz a diferença" (Gregory Bateson)? Porque, na maioria das vezes, trata-se de uma recepção, consideram os biólogos. A par do canto, existem os chamamentos que alertam para a presença de um predador ou sinalizam que foram encontrados alimentos; os chamamentos de alarme têm um volume tal que os outros pássaros da mesma espécie os ouvem, enquanto as aves de rapina não. Porém a funcionalidade dos chamamentos e do canto dos pássaros, incisivos para a origem da música, são vistos justamente na qualidade estética resultante de sequências fomentadoras de vida.

De acordo com esse entendimento, o canto dos pássaros tem uma função semelhante ao jogo de cores das suas penas, simplesmente é sempre perceptível, mesmo com pouca luz ou à distância, ou seja, em circunstâncias que constrangem o contato visual entre os emissores de sinais e respectivos receptores. Foi Charles Darwin o primeiro a argumentar desta forma, e a investigação científica tem encontrado muitos comprovativos desse entendimento, principalmente desde que existem registos sonoros e espectrógrafos acústicos. O canto das carriças e escrevedeira-dos-caniços, pequenos rouxinóis dos caniços, aumenta claramente no período de fazer ninho e da postura dos ovos. Se separarmos o chapim-real da sua fêmea, canta seis vezes mais do que antes. A carriça, por seu turno, deixa de cantar durante o acasalamento. Em uma situação experimental, um grupo de subespécie da andorinha (*Ammodramus maritimus nigrescens*) deixou de poder cantar durante algum tempo, porque o ornitólogo havia perfurado a sua bolsa gutural, o que resultou em um maior número de intrusos no seu território. Alguns biólogos presumem que um grande repertório em padrões de canto serve para deixar nos concorrentes a impressão de que aquele lugar já está repleto de pássaros. Bastam gravações de chamamentos de outros pássaros para afastar a concorrência ou para provocar em outros machos comportamentos agressivos.

Está visto que se pode comunicar a presença por meio do canto. Porém qual é a vantagem que as fêmeas retiram da sua preferência por cantores? Que assim acontece com os pássaros está comprovado e foi observado, no caso do papa-moscas-preto e do papa-moscas-de-colar, corruíras, ferreirinhas e do estorninho-comum, entre outros. Cantos mais longos e mais complexos são preferidos ainda aos curtos e simples e as fêmeas reconhecem melhor do que os machos os cantos que lhes são relevantes[35].

O exemplo das aves canoras não só oferece um padrão suscetível de ser imitado pelos primitivos humanos para sinalizações, como contém igualmente um argumento sistemático que diz respeito à utilização do que aparentemente é inútil. Conseguimos imaginar que o conteúdo de um canto seja simples. O macho canta, por assim dizer, não mais do que o seu nome, a sua disponibilidade para acasalar e o lugar onde se encontra, por exemplo, o imitador-poliglota-de-dorso-vermelho canta "estou disponível", canta ainda "o meu território" e "eu consigo". É impressionante como algumas espécies de pássaros transmitem essa informação em múltiplas variações de tom. Nem todos o fazem, existem aves canoras monótonas e que mesmo assim sobreviveram. No caso do imitador-poliglota-de-dorso-vermelho (*Toxostoma rufum*), porém, foram observadas mais de 1800 padrões canoros, pelo que se encontra na mais alta posição entre os cantores na natureza. Isso leva-nos a fazer a pergunta premente pela utilidade evolutiva que um reper-

---

35 Os primeiros testemunhos documentados de fêmeas ao redor de lugares para ninho equipados com altifalantes estão em Eriksson e Wallin (1986).

tório tão abrangente possa ter para um pássaro que não viva em condições de concorrência intensiva pelo território e, além disso, é monógamo. Será verdade que, portanto, também no reino animal, a par da boa impressão sexual que se pretenda causar por meio da retórica plural, o que se releva do estético ultrapassa em importância o útil? Dito de outra forma: será a pluralidade a própria mensagem?

Uma vez que os custos da reprodução para as fêmeas são bem mais elevados do que para os machos, elas são mais seletivas do que eles. A informação contida no canto pode estar relacionada com o fato de cantar ser arriscado. Quem canta não pode simultaneamente procurar comida, quem canta expõe-se aos ladrões. Assim sendo, quem executa cantos longos e complexos sugere que se pode dar a esse luxo, por exemplo, pela circunstância de o seu território ser abundante em alimentos e por ele próprio ter a capacidade de sobrevivência. Isso vai ao encontro da teoria da seleção por meio de *handicap*, ou o princípio da desvantagem, segundo a qual os sinais apenas são informativos quando não podem ser emitidos por todos e, portanto, são difíceis de imitar [36]. Por outras palavras, a publicidade é credível quando é cara, pois somente os oferentes abastados a podem fazer e suportar as consequências nefastas que pode trazer para o sucesso conquistado. Quem canta com pompa e circunstância e continua presente, passa em um teste. A beleza não tem relação direta com a força, mas admite uma associação indireta quando o preço a pagar é tão alto que apenas os fortes podem correr o risco de investirem nela. Portanto, o canto dos pássaros transmite, entre outros aspectos, a impressão de saúde, a determinação de proteger o território, bem como a força e

---

36 Acerca da versão clássica da tese de que desvantagens são vantagens, cf. Zahavi (1975).

abastança alimentar para que tal se concretize. A tentativa de transpor isso para a comunicação musical humana não tem sido muito esclarecedora. Outras objeções a uma explicação análoga das vantagens evolutivas da expressão musical são as seguintes: o fato de os pássaros serem muito dissemelhantes do ser humano – o último antepassado comum a ambos existiu há 300 milhões de anos; as espécies que nos são próximas, pelo contrário, não cantam; a música não é para o ser humano, na maioria das vezes, um espetáculo de solistas, enquanto, no reino animal, por sua vez, mal se conhece a interpretação em coro. Às considerações, segundo as quais, existe um maior consumo de música durante a puberdade e uma correlação entre o envolvimento sexual e a percepção musical, podemos argumentar: apenas a partir do século XX e, certamente, não no Paleolítico. Quem toca piano tem sorte com as mulheres? É evidente que a função do canto das aves canoras não pode ser transposta de forma direta para o ser humano e para a origem histórico cultural da música. Acompanhar Darwin na tese de que o canto serve para "expressar diversas emoções como o amor, o ciúme ou o triunfo", é projetar no comportamento dos pássaros experiências musicais humanas. Os pássaros também cantam fora de contextos biológicos de excitação.

Darwin sustenta, ainda, ser o amor o sentimento mais cantado na história da canção humana, o que contraria de novo a hipótese de o canto ser movido pelo sexo, considerando que tais canções não são escutadas em situação de formação de casal. Não existem, porém, testemunhos da introdução do canto nesse contexto por parte dos antropoides ou de hominídeos, tal como não o há relativamente à formação de casal fora das respectivas comunidades e redes de casamento, sendo o contrário que permitiria uma comparação com os pássaros. A canção de amor interpretada para uma só pessoa permitiria igualmente uma analogia com o canto dos pássaros, mas trata-se de um aspecto tardio na história da humanidade. Ainda não foi levado em conta que a maioria das canções de amor fala de decepção. Diriam os partidários da tese da mobilidade afetiva descrita por Darwin que esse não estava pensando na letra das canções, mas na música, o que também não é um argumento válido, pois tornaria irrelevante a grande quantidade de canções de amor apresentada por Darwin como indício da função sexual, da mesma forma que levantaria a questão de saber como poderia a música despertar o desejo sexual, se as letras são tristes. Elevados são os custos intelectuais para a defesa de Darwin a respeito dessa tese. Ao fim do debate, fica apenas a ideia de que, nas canções de amor, se reservou "uma importante função emocional para indivíduos e comunidades", mesmo sem serem cantadas para o auditório constituído por uma só pessoa e sem que a audição dessas músicas despertasse desejo sexual pelo cantor ou pela cantora. Há ainda o argumento de que também a comunicação de desilusões amorosas pode "ajudar no processo de angariação sexual", uma vez que as dores partilhadas são dores aliviadas, o que aumentaria a possibilidade de não desesperar, de não desistir, de tentar novamente. Fica em aberto qual o *insight* que esse tipo de conselho condescendente oferece relativamente à evolução das formas estéticas e à vantagem seletiva das capacidades musicais.

Resumindo: o significado que o canto dos pássaros tem para essas aves canoras distingue-se do seu significado para a origem da música. Quando o hominídeo começou a fazer música, o canto já existia. Os seus fins evolutivos são incalculáveis perante a atenção humana que despertou. "Cucooo, cucooo, chamam do bosque";

para compreender o efeito de estruturas de sinalização simples, como essa, é indiferente quem está sendo chamado e porquê. Se escutarmos as comunidades de caçadores-coletores, verificamos que a sua música é predominantemente vocal, acompanhada por instrumentos como tambores de madeira e de pele de animal, chocalhos feitos a partir de abóboras, carapaças de tartaruga, flautas e instrumentos de sopro feitos de madeira. O que nessa música chama a atenção é a sua pertinência em todas as situações imagináveis. Ora carrega um sentido religioso, ora acompanha danças de guerra. Mas existem também cantos de caça, danças com uma função diplomática entre tribos vizinhas, danças de purificação, música para a transição de estatuto, como a circuncisão, puberdade e rituais funerários; e há, ainda, canções para crianças que, ora são introduzidas com fins pedagógicos, quando, por exemplo, se pretende explicar as propriedades do peixe aos esquimós mais jovens, ora para as embalar. Depois existem os cantos da coleta dos frutos silvestres e cantos de gracejo que servem para evitar disputas, oferecendo-se a um ofendido a oportunidade de cantar ao ofensor o que tem a dizer-lhe, tal como no mundo do hip-hop.

Com esse pano de fundo, não faz grande sentido procurar a origem da música em um determinado campo. A utilidade dela vai muito além da gabarolice com que se pretende agradar a uma mulher. As reflexões que questionam a vantagem que a comunicação melodiosa e rítmica poderia ter trazido ao ser humano são mais prometedoras. Uma cena original desse tipo de entendimento é a comunicação com os recém-nascidos. São reconhecidos universalmente o levantar da voz e o falar vagaroso no trato com os bebés. Essa forma de dar sinal, que é sobretudo altamente rítmica e muito repetitiva – tanto as mães como os pais repetem em uma sequência interativa mais de metade das suas mensagens aos recém-nascidos – tem grande receptibilidade por parte dos pequeninos, logo durante os primeiros meses de vida. Os bebês registam intervalos de tempo, respondem a movimentos e a sons ritmados, ao embalo e à canção. Os progenitores, por seu turno, comunicam à semelhança dos cantores com reforço gestual e mímico, como ao abrirem muito os olhos, ao anuírem ou negarem de forma acentuada com a cabeça, abrindo muito a boca e prolongando os sons vocálicos: oooooh, siiiiim, naaaão. Trata-se de microcoreografias e peças com duração de segundos que são representadas. O sociólogo Herbert Spencer veria aqui confirmada a sua tese, um plano ontogenético, segundo a qual a música é originariamente canto, e o canto uma maneira exagerada de falar.

Do ponto de vista da história evolutiva do ser humano, o caminhar em posição ereta fez com que a alteração anatômica do estreitamento do útero favorecesse aqueles que se desenvolvem mais tardiamente. Assim sendo, os recém-nascidos humanos são mais frágeis, mais necessitados de apoio do que os dos demais mamíferos, como, por exemplo, o macaco. Aos bebês humanos não é possível manterem um contato corporal estreito com a mãe a partir das suas próprias forças, envolvendo-a com os seus braços. Se a própria mãe precisa dos dois braços para colheita de alimentos, dissolve-se o contato imediato – pelo menos foi assim antes da invenção do suporte para crianças de colo. Essa é a reflexão fascinante levada a cabo pelas antropólogas norte-americanas Ellen Dissanayake (1999) e Dean Falk (2009). Segundo elas, nessas circunstâncias, os bebês humanos veem-se em uma situação em que se encontram imóveis e perdidos, necessitados em especial de sinais de que não foram abandonados. Em substituição dos braços que embalam a criança, é introduzida uma comunicação protomusical calmante. E como ela acalma o bebê? Por se tratar da voz da mãe, por reestabelecer expectativas devido à repetição e por indiciar segurança por meio da combinação do tom e da tranquilidade transmitida. Essa pacificação apoia igualmente a luta pela sobrevivência, na medida em que crianças, ao gritarem em um ambiente cheio de predadores, atraem o perigo para si e para as suas mães. Sob esse ponto de vista, a origem da música encontra-se no consolo.

Acrescente-se à qualidade calmante da voz outras características não verbais: expressar alarme, surpresa, afeto ou um convite para brincar. Nos cantos das comunidades de caçadores-coletores, as letras têm funções muito semelhantes. Muitas vezes são constituídas por sílabas sem significado ou por um refrão que é continuamente repetido ("sol significa cantar", "o bosque é bom"), como se cantar significasse transportar-se a si e aos outros para um determinado estado emocional por meio da canção cantada em conjunto. A comparação entre o perfil melodioso das canções de embalar, de guerra, de exaltação, das que pretendem sobretudo chamar a atenção em comunidades tribais e entre os tipos de comunicação correspondentes no tratamento maternal (pacificação, alarme, motivação, apelos ao olhar), revelam uma grande sintonia no perfil melodioso: quer dos apelos positivos que visam atrair, quer dos apelos negativos que visam afastar. Resumindo, as canções mais simples apresentam padrões coincidentes com aqueles que são seguidos na comunicação com recém-nascidos.

Por outro lado, já se afigura menos provável que o choro dos infantes necessitados de consolo constituísse um elemento musical em direção ao desenvolvimento de uma língua. Contudo, ele pode ser entendido como a primeira produção de som do ser humano, bem antes de dispor de fala. Diversas pesquisas demonstram não apenas que as crianças apreendem uma língua por meio de características acústicas, melodias e ritmos, como também revelam que, a partir da mais tenra idade, o choro se desenvolve em padrões cada vez mais complexos, compostos por um leque de melodias que anteriormente eram emitidas de forma isolada e que, com o avançar da idade, são articuladas em vários volumes, sequências e combinação de tons. Antes de essas técnicas serem aplicadas na fala, existe uma espécie de ensaios musicais em todas as variantes para expressar urgência e pedir ajuda.

A criança chama, a mãe canta. E é bom que o faça, apontam os estudos que comparam um discurso maternal em modo melodioso com uma canção maternal como reação a crianças que estão gritando. Quanto mais musical é a comunicação, maior a atenção do bebê e mais esse se envolve na emoção correspondente. Uma vez que o repertório cantado é menor do que o falado, rapidamente é alcançada a tranquilidade pelo reconhecimento da repetição. Além disso, o canto coloca, na maioria das vezes, a cantora em movimento, de maneira que a criança se sente igualmente envolvida por uma dança interpretativa. "Ouvimos a melodia, mas sentimos o compasso, e a forma como nos movimentamos vai influenciar o que estamos escutando", assim se resume o resultado de um estudo experimental relativamente à percepção rítmica de crianças de colo (PHILLIPS-SILVER; TRAINOR, 2005; TREHUB, et al., 2015).

Isso aponta para uma característica especial da música humana em relação à maioria das emissões acústicas animais: o fato de se basear com frequência em ações sincrônicas. A natureza conhece duetos, por exemplo, entre casais monogâmicos de gibões que, ao nascer do sol, cantam longas sequências em resposta um ao outro, esperando que o par termine para que possam recomeçar. Também, entre os pássaros, existem numerosas espécies que cantam em dueto – cerca de 400 espécies de aves canoras, o que perfaz quase 10 por cento do total – para defesa de todo o território. E as leoas rugem em coro para afugentarem os intrusos e protegerem as suas crias. Mas esses coros preconizam chamamentos, não cantos, enquanto uma coordenação social de vozes em um canto rítmico, sem ser para defesa do território, é uma raridade no mundo animal.

Em vez disso, é muito comum entre os seres humanos cantar-se em coro, sem que até à data fosse comprovado se são os homens ou as mulheres que melhor se adequam ao cântico conjunto. Trata-se de um comportamento que, sem dúvida, contribui para o bem-estar do grupo, mas nada mais. Quem canta transmite pouco mais informação além do fato de estar cantando. O canto de Pavarotti não nos revela se ele caçava bem ou era um bom pai. Porém um indivíduo pode transmitir, por meio da participação em danças de guerra, caça, chuva ou de casamento, a sua disponibilidade em relação a determinada comunidade, demonstrando, por essa via, que partilha de um mesmo sentimento de pertença. E um coletivo pode provar, por meio do canto, a si e a outros, que se trata de uma comunidade capaz de ação. Quando se canta e dança em conjunto, expressa-se raiva organizada, luto organizado e alegria organizada. A dança ao som de música é um caso de dupla sincronização: entre movimentos segundo um padrão no espaço e no tempo dirigidos pela música – um passo longo e duas respostas curtas a uma acentuação forte e duas fracas, a valsa – e entre movimentos corporais de pessoas diferentes: *"Dançar é a arte de não se queimar"* (como dizia Cunningham). Dito em linguagem sociobiológica: a música e a dança expressam a "qualidade de associação". Conseguem-no, porque ambas são não apenas formas de extravasar emoções ou energias, mas também de domínio das emoções, uma vez que constituem o paroxismo de exaltação, de paixão controlada. O oscilar da voz emocionada forma-se no canto, o sentimento é conduzido, a exaltação ocorre gradualmente, a repetição calculada, estranha à fala, é aqui parte da forma. Como tal, cantar significa também escutar e comparar o canto com as expectativas sentidas. A dança significa, ainda, estabelecer a relação entre aquilo que foi ouvido, aquilo que foi visto e o próprio movimento. As regiões do cérebro ativadas por comportamentos imitativos são as mesmas que são estimuladas, quando os pés reagem à música. A imitação reforça ligações sociais, e os aspectos críticos e temporais dos movimentos sincronizados exigem muito mais a capacidade de se tomar cuidado com o outro do que a mera imitação (HAGEN; BRYANT, 2003).

Tal ideia conduz-nos, por último, a uma hipótese mais antiga para a origem da música que a posiciona, enquanto arte, no contexto inabitual do trabalho. O economista Karl Bücher contrapô-la, no início do século XX, à tese de cunho colonialista de que a capacidade de labuta constante e de esforço permanente era uma característica do ser humano ocidental moderno. Porém, segundo Bücher, tal era contraditado pelas danças extenuantes tribais, que existiam desde sempre. Assim que o esforço passava a ser ritmado, muito se perdia do seu aspecto assustador. Na visão de Bücher, muitos tipos de trabalho eram pontuados por um ritmo próprio, o qual aliviava a carga extenuante da sua execução: quando, ao marchar, os passos seguiam conscientemente no espaço determinado padrão rítmico; o martelo trabalhava em um mesmo compasso o metal; o malho batia no milho de forma regular etc. O que se repete, afirmava, torna-se mais fácil, quando a repetição pode ser ritmada. O que requer esforço torna-se menos penoso se for feito com sonoridade. Para Bücher, uma das palavras de origem da civilização humana poderia ter sido: força. Seguiram-se os tambores a marcarem o ritmo dos remos ou o compasso do puxar de carga, também as flautas que, entre os etruscos, teriam acompanhado o amassar do pão, e ainda o canto das costureiras. Aqui, o canto volta a consolar – do trabalho sofrido ou do tédio. Medições revelaram que o remar sincrônico alarga o limiar da dor relativamente ao remar isolado ou não sincronizado, independentemente de a equipe ser constituída por estranhos ou por um grupo habituado a remar em conjunto. O mesmo foi verificado na dança, em que os participantes se movimentavam de forma sincrônica, em relação à música e entre si, mesmo quando, colocados os auscultadores, ouviam músicas diferentes e, portanto, não estavam tendo a mesma experiência musical. A dança responde ao tambor, e esse, na ideia de Bücher, segue o ritmo próprio do trabalho: "O canto é impelido pelo decorrer rítmico do trabalho e adapta-se ao seu compasso".

Para Bücher, a história da civilização tem uma natureza tal que vai diluindo essa relação, delega o ritmo do trabalho na máquina e transforma a música cada vez mais em uma arte privada, que acaba mesmo por perder a sua ligação com a dança. Allemande, Courante, Sarabande, Menuett, Gigue – as danças que deram nome às suítes para violoncelo de Bach já não eram dançadas quando ele as compôs, e mesmo o *jazz* teve rapidamente um destino semelhante, quando, devido à sofisticação da sua estrutura musical, foi transferido dos salões de dança para as salas de concerto. Um destino que talvez tenha principiado com as primeiras músicas a serem interpretadas nas igrejas cristãs, em que ninguém se movimentava ao seu ritmo.

Também aqui se encontra, no cerne do argumento, a música enquanto meio intermediário social, pondo um indivíduo diante de outro, com o qual deve chegar a um acordo sobre a ação a empreender para obter um apoio, e simultaneamente reforçar a própria existência. A função evolucionária da melodia baseava-se na qualidade calmante da voz maternal, a função evolucionária do ritmo na qualidade de fusão do eu e do outro por meio da ação coletiva. Na música, desvanecem-se as diferenças de humor, porque aqueles que a escutam se sintonizam com o estado de espírito dela. Isso poderia ter sido vantajoso para grupos de primitivos, principalmente, quando a sua dimensão aumentava.

Será que se pode dizer algo sobre o período de tempo em que se teria desenvolvido uma maior sociabilidade por meio da música e da dança? Em um contributo ensaístico muito debatido, os antropólogos Leslie Aiello e Robin Dunbar (1993) chamaram a atenção para o fato de haver nos hominídeos uma relação entre o tamanho do neocórtex – a parte do córtex cerebral responsável pelas funções sensorial, associativa e motora –, o tamanho do grupo a que pertenciam e o tempo despendido no cultivo das relações de reforço dos laços sociais [*social grooming*]. Se calcularmos os valores correspondentes para o ser humano anatomicamente moderno e os seus antepassados, chegamos ao resultado de 300 mil anos de evolução com um aumento contínuo: o número médio de constituintes de um grupo de chimpanzés está calculado em cerca de 53, o que resulta em uma necessidade de tempo para se juntarem amistosamente que corresponde sensivelmente ao que foi calculado para o *Homo habilis* e o *Homo rudolfensis*, que existiram há cerca de 2 milhões de anos; para o *Homo sapiens* estima-se um grupo com mais de 150 membros. Essa evolução tornou, a dada altura, necessário assegurar a integridade do grupo por outros meios que não somente o contato corporal imediato, cuidados mútuos de higiene e gestos indicadores de intenção, uma vez que o tempo já não era suficiente para isso. As vantagens de um aumento gradual do número de elementos de um grupo que participam na busca de alimentos, uma existência na savana e um estilo de vida nômade tinham de ser compensadas por meios comunicativos. A interação linguística de um membro do grupo com outros dois ou três é o bastante para se conseguir esse equilíbrio. Aiello e Dunbar empregavam, nesse contexto, a expressão *vocal grooming*, traduzível por simpatia vocalizada.

Essa simpatia vocalizada, que mais tarde se desenvolveria em língua e música, devia ser semelhante à comunicação da criança gritando e a voz calmante materna e apresentar as mesmas limitações. Para substituir as qualidades de confiabilidade do contato corporal, as características melódicas e rítmicas da interação vocal constituíam, sem dúvida, um grande apoio. A imagem de um grupo primitivo deambulando pela savana cantando e murmurando melodias, para depois, ao cair da noite, estar junto à fogueira cantando canções, como expressou o arqueólogo Steven Mithen (2007), no seu livro sobre o homem de Neandertal cantante, é uma imagem ousada. Mas, na verdade, o fogo prolongou de fato o período de tempo em que era possível a uma comunidade de caçadores-coletores interagir enquanto se alimentava. Estima-se que este intervalo adicional tomaria quatro horas do seu dia. Caso habitassem espaços protegidos ou cavernas, podemos acrescentar à imagem da interação social primitiva um pano de fundo acústico de qualidade. De uma forma ou de outra, não é de descurar uma relação primordial entre o fogo, a sociabilidade, a narrativa e a singela melodia noturna condicionando evolução para o ser humano comunicativo.

8

O TRIGO, OS CÃES E A NÃO VIAGEM A JERUSALÉM

As origens da agricultura

O ano nunca descansa.
Virgílio

Os agricultores encontram-se entre os caçadores e os habitantes da cidade. Por um lado, diferenciam-se dos nômades, por outro, daqueles que não geram o produto do seu próprio sustento. Essa circunstância levou a descrições menos elogiosas. O agricultor carece do brilho romântico, que envolve sobretudo a caça, a partir do momento em que essa deixou de estar ao serviço da autossubsistência. "Caçar", escreve Ortega y Gasset, "permite tirar umas férias temporárias da civilização". O sentimento de excesso a ela associado tem conquistado muitos amantes para a caça.

Em comparação com a caça, a atividade do agricultor parece menos aventureira. Os caçadores e os nômades veem-no como uma figura ligada a um determinado lugar e a um determinado trabalho, cujo ganha-pão é obtido, sobretudo, do cultivo de plantas. Heródoto menciona nas suas *Histórias* como os etíopes se enojaram ao saberem que o rei da Pérsia comia pão. Em muitos mitos, os nômades e os caçadores são gigantes, enquanto apenas os anões se ocupam da agricultura e do trabalho mineiro. Os achados arqueológicos posteriores poderiam ter sido explicados com base nesse preconceito, ao afirmar-se que a transição de um modo de vida, baseado na caça, para outro baseado na agricultura acarretara, além de mais trabalho, uma pior nutrição e uma diminuição da altura. Ou talvez essa afirmação contivesse ainda o sentimento de a caça ser uma medição de forças com um desfecho em aberto: não se pode caçar vacas. Os habitantes da Ilha de *Utopia*, livro de Thomas More, constituem a exceção: castigam os criminosos, obrigando-os a caçarem para proveito próprio, pois a caça é vista como a sede humana pela morte de animais e, como tal, uma das atividades mais baixas que pode ser exercida[37].

Não é só do ponto de vista dos nômades que os agricultores são malvistos. Falta à sua forma de vida igualmente a variedade da existência citadina. Os citadinos lembram-se, talvez, da vida do campo quando vão de férias para a brisa do verão e aí se deixam servir, ou quando o excesso urbano começa a incomodá-los. Os guerreiros a cavalo sempre consideraram os animais de carga como de segunda classe. "O agricultor também é um ser humano, por assim dizer", afirma um arqueiro na peça *Wallenstein*, de Schiller. A personagem heroica nunca é um agricultor. Durante séculos, o teatro europeu destinou às figuras rurais apenas papéis cômicos, tal como aos escravos, pois, do ponto de vista citadino dominante, o agricultor não é uma pessoa civilizada. A designação de lavrador

---

37 Cf. Diamond (2002) e Cartmill (1995).

constitui já uma insinuação de que se tem maneiras duvidosas. Os agricultores vivem em uma espécie de país de fundo, pois até mesmo a paisagem é pensada a partir da cidade. Eles providenciam o necessário à vida no mundo urbanizado, caracterizado pela técnica, a gestão, o comércio, a arte, a ciência e a política. Os lavradores são, nessa perspectiva, responsáveis pela matéria-prima, não pela matéria transformada.

Quando o antropólogo inglês Henry Ling Roth publicou, em 1887, o seu ensaio *Sobre as origens da agricultura*, motivou-o o fato de quase todos os aspectos da história primitiva da humanidade terem sido já explorados, menos a agricultura, esse rebaixamento da *peaceful art*, da arte pacífica do cultivo da terra. Não estava exagerando. Tirando alguns estudos – poucos, no início do século XX –, era escassa a investigação científica sobre as origens da agricultura. E isso apesar de, segundo Roth, a domesticação dos animais ter sido bem mais fácil do que o cultivo de cereais, no fundamental, a maior conquista civilizacional. Precisamente essa improbabilidade da agricultura resultou em inúmeras divindades do cultivo, que teriam sido adoradas pelas comunidades primitivas. Para essas era digno de aplauso e gratidão que a terra, juntamente às condições climatéricas favoráveis, oferecesse regularmente abastança em alimentos[38].

Também existem divindades da caça, porém os grandes caçadores podem contar com o reconhecimento do seu sucesso. O caçador tem um efeito carismático, enquanto portador de um dom, enquanto herói. Existem caçadores isolados, mas não lavradores isolados. Uma agricultura bem-sucedida é desenvolvida em grupo

---

38 A outra razão residiria na circunstância de serem poucos os estudantes de Antropologia oriundos de um meio agrícola, de modo que lhes faltaria a empatia com os lavradores. Cf. Roth (1887).

e depende muito das condições do meio circundante: um clima propício, solos férteis, controle sobre fatores destruidores das culturas, prevenção do roubo – seja perpetrado por animais ou por humanos–, muito trabalho, visão a longo prazo, perseverança e estabilidade, capacidade de poupança – pois uma parte da colheita não deve ser consumida–, e é preciso saber esperar. Além disso, aqueles que se sedentarizam em um certo lugar, vivendo em conjunto com os outros e com os animais, estão mais expostos a doenças contagiosas do que os nômades.

Assim, não se pode contar a mesma história com uma ênfase diferente. O primeiro a dar conta disso foi o arqueólogo norte--americano Vere Gordon Childe. Quando, em 1936, empregou o conceito de Revolução Neolítica, pôs os agricultores no princípio de uma história da civilização que, com a Revolução Urbana que se lhe seguiu, iniciaria uma segunda grande fase, mais tarde, com a Revolução Industrial, uma terceira. Trata-se da história da civilização, como hoje a conhecemos: a história de uma espécie que se atreve a tomar o controle sobre a natureza ou que, como Childe acrescenta, pelo menos foi bem-sucedida em controlar a natureza por meio da cooperação. O começo do Neolítico, a Idade da Pedra, que passou a ter aquela denominação a partir do livro de John Lubbock, de 1865, sobre o tempo da Pré-História em que não havia ainda instrumentos em metal – está hoje datado em cerca de 9500 a.C. Antes disso, o ser humano havia aceito, durante 2,6 milhões de anos, o que o meio ambiente lhe oferecia, aprendendo apenas a melhorar a arte de obtenção do que a natureza disponibiliza, das técnicas de caça e respectivos instrumentos, a confecção e conservação das peças de caça e dos produtos comestíveis colhidos e a distingui-los do que não é ingerível ou mesmo tóxico.

Porém, há cerca de 14 mil anos, em uma época um pouco anterior ao Neolítico, o ser humano começou a determinar cada vez mais o meio circundante e aquilo que esse tinha para lhe oferecer. Não só modificou a sua ação, como também os objetos relativos a ela. Desde então, existe – contestado por muitos, aplaudido por outros – cada vez menos natureza. E esse processo começou com a agricultura, primeiro por meio do cultivo, depois graças à criação de animais. Os agricultores foram os primeiros engenheiros da história da humanidade, porque não se limitaram a introduzir a técnica pontualmente, mas criaram também uma forma de vida baseada no melhoramento sistemático e contínuo de técnicas que se influenciam mutuamente. A população mundial pôde crescer de 10 milhões para os atuais 7 bilhões de habitantes, quase 5 bilhões de ha de terra são cultivados, cuja rega perfaz 7% do consumo de água mundial.

Antes de se poder analisar como se deu a transição para essa forma de vida baseada na agricultura sedentária e na vida de aldeia, acompanhada da criação de animais e do cultivo de plantas, cheia de pressupostos e de um dinamismo próprio, há que responder primeiro a duas perguntas: quando e onde se deu esse processo? Pois chamar-lhe "revolução" leva ao mal-entendido de se ter tratado de um evento ou, pelo menos, de uma curta sucessão de eventos. Na verdade, trata-se de um processo de tentativa e erro, com condições climatéricas em constante mutação, que decorreu em diferentes lugares ao longo de milhares de anos.

Um pouco mais tarde do que no Oriente Médio, onde teria o papel principal, há cerca de 8 mil anos, na América Central, começou-se a cultivar como planta principal o milho, em terrenos úmidos no verão, e secos no inverno dos vales do México Ocidental. Esses vales oferecem uma variedade de fauna e flora, a qual foi necessária para que os criadores da agricultura pudessem ser temporariamente caçadores e jardineiros, no período de transição para a agricultura. Para ser mais preciso, a passagem para a agricultura acarretava maiores riscos, quer pelo tempo requerido, quer pelo desconhecimento desta forma de vida. Há 3 mil anos, as espigas de milho cresciam, em média, até 6 cm, o que dá argumentos a uma linha de investigação segundo a qual o plantio de milho não visava inicialmente a obtenção dos respectivos grãos, mas a extração de açúcar de toda a planta. Contrariamente ao que sucedeu no Oriente Médio, na América Central e do Sul, o sedentarismo não antecedeu a agricultura[39].

Hoje, temos presente que o plantio, pelo menos no Oriente Médio e no Crescente Fértil, entre 13000 e 9500 a.C., veio depois do sedentarismo a uma distância considerável, e não se deu em simultâneo com ele. Entre a Mesopotâmia superior, o sudoeste da atual Turquia, o vale do Jordão e o Sinai, viveram os primeiros seres humanos que se encontravam, não apenas sazonalmente, mas na maior parte do tempo em um determinado lugar, levando a cabo um armazenamento sistemático de alimentos. Antes de seguirmos a investigação sobre a razão pela qual mantinham essa prática, é importante enunciar um problema cujo reconhecimento por parte da arqueologia é fundamental, uma vez que todos consideram que nessa região se deu o início da agricultura, e foi igualmente nela que houve maior investimento arqueológico em escavações, medições e na elaboração de teorias explicativas. A proximidade com a Europa, abastada e curiosa, também foi bastante vantajoso para o

---

39 Uma visão abrangente em relação à arqueologia biológica na América Central e do Sul é dada por Piperno (2011).

interesse por esta região. Se compararmos com a China, verificamos que o início do cultivo do arroz está muito menos investigado que a plantação de trigo ou a criação de ovelhas. Tal circunstância não é muito significativa, mas torna claro do que depende o conhecimento atual das origens: de acessos e de caminhos já percorridos.

Mas voltemos ao Levante. Temos de imaginar essa região biograficamente diferente no Pleistoceno daquilo que é hoje, nomeadamente como uma área habitada por todas as espécies de animais, com carvalhos, amendoeiras e pistácias. Restos antigos de almofarizes, pequenas foices em pedra e pilões indicam que as plantas transportadas eram transformadas posteriormente. Já não se vivia exclusivamente do que acabava de ser colhido. Eram escolhidos locais com uma flora selvagem variada durante todas as estações do ano, permitindo a colheita de trigo e cevada, rica em cabras, mulas, ovelhas e gazelas. Os primeiros colonos continuaram, portanto, a caçar e à atividade coletora, e voltaram a pôr-se em movimento, quando o clima, entre 10700 e 9700 a.C., passou a ser marcadamente mais seco e frio.

Somente após o fim desse período, começam a surgir aglomerados humanos de maior dimensão, com edifícios construídos para durarem. Encontram-se, sobretudo no vale do Jordão, restos antigos de armazéns de trigo e de despensas em casas de habitação, onde os alimentos seriam posteriormente guardados, em vez de ficarem no exterior. Como se consegue saber da utilidade dessas construções? Em parte, graças aos achados de ossos de ratos e outros animais domésticos, bem como também por meio de pedras de moagem; em parte ainda pela arquitetura que apresenta o chão em placas de madeira suportadas por pedras que o mantinham suspenso e o lugar arejado, qual silo que protege da umidade os bens alimentares armazenados.

A transição para a agricultura se deu, possivelmente, primeiro no Crescente Fértil, entre a Mesopotâmia, a Ásia Menor e o Oriente Médio. Independentemente desse processo, ela ocorreu ainda em outras partes do globo: na América do Sul, onde se cultivaram a batata, o amendoim e a mandioca; na América Central, cujo plantio de milho já foi mencionado; no Sudeste Asiático, na região do Yangtzé, onde se cultivou o arroz, antes de os cereais encontrarem o seu caminho pelo mundo inteiro. Os nômades estudavam as propriedades das plantas antes ainda de começarem a cultivá-las e a criarem animais. Ao invés, pelo menos no Oriente Médio e no Sudeste Asiático, o sedentarismo foi um pressuposto para a agricultura, uma vez que esta exigia muito tempo de observação das plantas. Já para o armazenamento, as plantas selvagens eram separadas consoante o interesse na sua utilização – principalmente a cevada e a lentilha –, criando os pressupostos para o cultivo, que ocorreria mais tarde. Os cereais selvagens eram colhidos e de novo semeados, sem que houvesse, então, o menor indício de mutação vantajosa. Como diriam os arqueólogos botânicos: algumas plantas foram cultivadas, antes de serem criadas. Outras, por exemplo, o centeio e a aveia, foram cultivadas, sem que posteriormente o voltassem a ser na região, onde o plantio teria ocorrido pela primeira vez. Outras ainda nem sequer foram cultivadas, como o carvalho cujo fruto comestível, a bolota, contrariamente à amêndoa, nunca perde o seu travo amargo de origem, mesmo quando pertencente à variedade adocicada. A gazela, a reserva proteica preferida do caçador do Levante, é um caso semelhante, mas pertencente ao reino animal: era demasiado tímida para ser criada em cativeiro. Foram necessárias diversas tentativas até se descobrirem as propriedades dos potenciais alimentos. Entre 2 mil espécies de plantas selvagens de valor superior, acabaram por ser domesticadas apenas cerca de cem[40].

Recapitulando: primeiro surgiram aglomerados humanos, sem que se prescindisse da caça e da atividade coletora como forma antecessora da recolha de alimentos, tal como já havia o cultivo de plantas e a criação de animais. Isso é igualmente válido em relação ao cultivo do milho-painço e do arroz na Ásia, cerca de 4 mil a.C., tendo havido anteriormente a produção das plantas selvagens, em que já se procedia à sua colheita e armazenamento, sobretudo o arroz era cultivado por comunidades de caçadores-coletores, as quais, durante muito tempo, não conheceram a separação sistemática de espécies selvagens e de cultivo. De qualquer forma, as primeiras aldeias foram constituídas na China há mais de 4 mil anos, sob a influência do arrefecimento do clima. Portanto, também aqui não fora linear e simultâneo o surgimento do sedentarismo, do cultivo agrícola e da criação de animais.

O que teria, então, motivado a transição para o sedentarismo e o primeiro passo para a agricultura? Há de ter em consideração que se tratou de uma decisão muito arriscada, uma vez que a renúncia à deslocação permanente reduzia a área territorial percorrida e, consequentemente, a quantidade de alimentos alcançável. Caso isso fosse compensado, por exemplo, por uma exploração mais intensiva do meio ambiente circundante, aumentaria a necessidade de consumo de energia por parte da comunidade. Assim, os sedentários, ao resgatarem sucessivamente os frutos da terra, acabavam

---

40 Cf. Munro (2004) Weiss at al. (2006).

por percorrer o mesmo número de quilômetros que os nômades na sua busca pela caça e pelo que havia para recolher: assim sendo, qual a razão que os levou a optar por um estilo de vida sedentário?

O botânico Jack Harlan, há 50 anos na Turquia, ceifou trigo bravio em solo pedregoso com uma foicinha pré-histórica. Demorava uma hora para recolher um quilo de sementes, o que levou a concluir que uma família conseguiria obter em três semanas o trigo necessário para todo o ano. O fato de, na época em que se deu a Revolução Industrial, cerca de um quinto da população mundial pertencer a uma comunidade destas de caçadores-coletores demonstra que, mesmo sob condições climatéricas propícias, a agricultura não foi para muitos a primeira escolha. As comunidades de coletores do Hemisfério Sul, do século XX e XXI, por exemplo, não vivem sob condições adversas.

Duas teorias opostas procuram explicar a transição de 10 mil anos para a agricultura. Presume-se que foram alterações climatéricas que forçaram os nômades ao sedentarismo. Períodos de seca extrema teriam levado à escassez de plantas e animais, ao que se seguiu a retirada da presença humana para os oásis e os vales fluviais, onde havia ainda alimentos; aí, acabaria por se habituar à vida permanente em um lugar, ocupando-se cada vez mais da flora e da fauna. Consequentemente, o clima levou o ser humano para os lugares onde podia aprender a estar menos exposto às alterações da natureza, desde que houvesse a vontade de estudá-la[41].

Essa teoria do oásis contradizia geógrafos e arqueólogos, não apenas por não se encontrar testemunhos suficientes para a referida seca transformadora. Esses queriam falar igualmente de outros

---

41 É algo precipitado esse determinismo do meio ambiente, formulado por Huntington e Sumner Cushing (1922).

fenômenos, que não do tempo. A transição para a forma de vida sedentária não lhes parecia ter sido forçada pela natureza, até porque já havia três períodos anteriores em que o clima se apresentara muito seco, sem que esse fenômeno tivesse resultado no cultivo de plantas e na criação de animais em oásis. Alguns investigadores, porém, acabaram meramente por substituir o clima pela pressão demográfica como fator determinante. Presumido que as comunidades de 20 mil anos, muitas vezes constituídas apenas por 25 membros e abrangendo uma rede de entre 250 e 500 pessoas para a formação de casais, tivessem crescido além dos seus recursos alimentares – novamente devido ao bom tempo! – e se viram obrigadas a alterarem a forma de obtenção de alimentos. A reação ao vivenciado e, portanto, a mais imediata à escassez era a migração, a qual já não podia ser efetiva em 10000 a.C. com o aumento da densidade demográfica. Havia de seguir outras estratégias: o alargamento da base alimentar, o armazenamento dos excedentes momentâneos, ou seja, a formação da poupança, e, para os teóricos da evolução e partidários da teoria do gene egoísta como *ultima ratio*, a redução da taxa de reprodutiva. Outros representantes da teoria do oásis consideravam a própria maneira sedentária de viver uma consequência do aumento da fertilidade, da menor taxa de mortalidade infantil e de uma maior esperança média de vida. Juntamente com uma alimentação mais homogênea, oriunda da flora e fauna locais, teria gerado a escassez gradual de alimentos e obrigado a uma gestão inovadora dos recursos.

Qual a vantagem que o sedentarismo pode ter representado, apesar da escassez alimentar? Territórios limitados são mais fáceis de defender, pelo que, na escolha entre áreas de caça ricas, mas longínquas, e áreas menos ricas em caça, porém mais próximas, a última ganharia a preferência. Comparou-se essa estratégia com o ficar sentado sem permissão no jogo das cadeiras: quanto maior a relação entre jogadores e cadeiras – na primeira ronda, dez para nove, por exemplo, na última, dois para um –, maior a atração em ir contra a regra da mobilidade e permanecer no lugar em que se está. Por mais limitada que seja essa comparação, uma vez que, no conflito por recursos nos tempos primitivos, cada grupo desejava alargar o seu território o máximo possível (ter o maior número de cadeiras), por haver cada vez mais tribos (jogadores) de fora a se juntarem, e também pela circunstância de os territórios (cadeiras) terem uma diferente atratividade – a comparação até faz sentido: quem é sedentário, ocupa um território e reduz simultaneamente o espaço de manobra dos outros, o que os fará seguirem a mesma estratégia, até que, de repente, ninguém mais se move[42].

Também esses modelos acabam por depender do clima como causa primeira. De fato, tem sentido que o clima seja um elemento de influência primária na riqueza de recursos de uma região e, como tal, figure como fator importante no crescimento demográfico e tenha um papel decisivo no surgimento da agricultura. Na última Idade do Gelo, por exemplo, a agricultura não era possível devido às fortes oscilações climatéricas que não permitiam uma aprendizagem a respeito das plantas e das colheitas. Uma certa estabilidade do clima é um pressuposto dos processos morosos de seleção de sementes e da apreensão máxima de toda a informação que dita o bom ou mau sucesso de uma colheita. É de salientar que, nas teorias sobre a origem da agricultura, tenha permanecido controverso se foi um clima estável, favorável ou desfavorável que levou à forma de vida sedentária e agrária. Parece mais viável ter sido

---

42 Cf. Rosenberg (1998).

o tempo bom, relativamente quente e úmido, que facilitou ao ser humano, provavelmente graças a colheitas proveitosas, transpor o tão difícil limiar da vida nômade para o sedentarismo. Podemos, porém perguntar, por que razão os caçadores-coletores haviam de mudar de vida de uma maneira radical justamente em tempos bons? Ao que é possível argumentar: no início, não teriam mudado assim tanto de vida, mas substituído o caminhar linear pelo caminhar em círculo, ao redor de um armazém de base, porque as boas condições climatéricas tornavam suficiente caçar, lavrar e colher nas suas redondezas.

A hipótese de se estar discutindo uma falsa alternativa é igualmente válida. Nem o clima bom, nem o clima adverso poderiam ter levado à vida sedentária, mas antes a necessidade de as populações se adaptarem a períodos longos de grandes oscilações climatéricas. Reagiu-se com o sedentarismo a uma certa mudança do clima e, quando surgiram novas alterações, tornou-se imperativo lidar com elas da melhor forma possível. Relativamente ao Levante, verificou-se – principalmente por meio da análise de minerais de cavernas e sementes de plantas – que há cerca de 19.000 anos o clima se tornou mais quente e úmido. O nível máximo de precipitação foi atingido há 14.000 anos, seguindo-se um período de seca rigorosa e depois de frio extremo há cerca de 12.500 anos ao qual sobreveio, passadas poucas gerações, um período de aquecimento que atingiu o seu valor máximo há 8.200 anos. As primeiras colônias foram formadas durante um período quente, a estabilização sedentária, porém, durante o período frio que teria levado a problemas de alimentação e deixado sem perspectivas o nomadismo. Esses grupos procuravam pontos de apoio relativamente vantajosos, bases a partir das quais caçavam, pescavam e colhiam, nas quais começaram a preparar os seus alimentos e a enterrar os seus mortos. Estima-se que tais colônias tivessem entre 75 e 100 habitantes. Essas comunidades já não eram bandos, e as atividades do domínio do simbólico aumentaram muito. Quanto maior a dimensão do grupo, mais esforço se fazia para, por um lado, determinar e assegurar a posição de cada indivíduo nele e, por outro, reforçar a unidade do grupo. Com o sedentarismo, desenvolveu-se o culto funerário e também a ideia de propriedade privada. Quanto mais todos são, menos tudo pode ser de todos.

Presume-se igualmente que a vida sedentária levou à ampliação da base alimentar em tais comunidades, uma vez que o biótopo de sedentários é mais bem analisado e explorado de uma forma mais sistemática do que o dos nômades, que sabem sempre o que procurar em determinado lugar ou em certa área de caça. É o prêmio da natureza que resulta da paciência e da atenção, mesmo que em contribuições reduzidas, que cabe aos sedentários nas circunstâncias menos favoráveis de suas vidas. Assim, mudaram-se no Levante os métodos de colheita de cereais selvagens, da malha para a ceifa: malhar resulta em uma maior colheita por unidade de tempo, ceifar resulta em uma colheita mais abundante por metro quadrado, o que é vantajoso. Com o sedentarismo, surge o trabalho sistemático, que depressa se estenderia a todos os objetos no círculo social, quer se trate de alimentos crus, quer de ferramentas em osso ou caveiras ornamentais. O ser humano começa a cuidar das coisas.

Os altos e baixos do clima, que obrigava os membros dessas comunidades a reaprenderem constantemente, salienta na teoria dos inícios agrários a alternativa de que esses devem ser procurados ou na escassez ou na abundância oferecida pelo meio circundante. Ambas as situações resultaram em passos dirigidos para a produção agrícola, porque às oscilações do clima correspondiam variações nos hábitos alimentares e na mobilidade, tal como no desenvolvimento populacional daquelas pequenas comunidades que, acima de tudo, dependendo dos seus pontos de apoio, seguiam forçosamente estratégias de sobrevivência diferentes. Na cultura natufiana tardia, por exemplo, é intensificada a caça, passando a vir para a mesa gazelas e coelhos; o domínio do fogo é desenvolvido; surgem as foicinhas; progridem as técnicas de colher e de preparar as plantas. Posteriormente (entre 11700 e 10500 anos a.C.) formam-se estruturas aldeãs mais estáveis em áreas de distribuição que podiam ocupar 2,5 ha, conter armazéns e ter até 300 habitantes.

Assim sendo, os primeiros agricultores a norte do Levante viveram no fim do período mais recente da tundra (entre 11000 e 9500 a.C.). Um dos maiores indícios disso é o fato de se terem encontrado entre os restos antigos das suas plantas, ervas daninhas, que crescem preferencialmente em áreas de cultivo. Eram cultivados o centeio, a espelta-menor e a espelta-maior, a cevada e a aveia, ainda a lentilha, lentilha canadense, ervilhaca e ervilha; grão-de--linho e grão-de-bico também foram encontrados; tudo isso em uma mesma zona, próxima do curso superior dos rios Eufrates e Tigre, no ponto superior do Crescente Fértil, no atual sudoeste da Turquia e ao norte do Iraque. Em todas as outras regiões, as formas domesticadas dessas plantas, correspondentes aos anos entre 9000 e 7500 a.C., surgem apenas entre 7300 e 7000 a.C.

Após um a dois anos de cultivo doméstico, formaram-se variedades de cereais, cujas espigas maduras não se abriam e das quais não caíam as sementes. Tal circunstância possibilitou adiar as colheitas até a maturação de todas as espigas, quando antes se era obrigado a colher mesmo que algumas sementes ainda não estivessem amadurecidas, porque, de outra forma, muitas já teriam caído no solo. Além disso, as variedades cultivadas tinham sementes claramente maiores e germinavam assim que plantadas. A primeira variedade de um cereal, de que se encontrou uma variedade de cultivo, foi o centeio, em Abu Hureyra, por volta de 11100 a 10500 a.C., porém permaneceu a dúvida se as sementes teriam sido retiradas das camadas mais antigas do sítio arqueológico ou das mais recentes. Os primeiros testemunhos inegáveis do cultivo de plantas não foram encontrados no Levante, mas no Sudeste da atual Turquia, no aglomerado de Nevali Çori, datado de 9200 a.C., tratando-se de espelta-menor e maior.

A reprodução dos cereais tornou-se dependente do ser humano, por meio da criação de espigas que não partiam; e as espigas mais estáveis, por seu turno, tornaram necessária a debulha. Mas mesmo esse trabalho adicional de debulhar, joeirar e peneirar, tende para o lado mais vantajoso da história da evolução humana. Trata-se de um bom exemplo de como os efeitos secundários das novas técnicas, ora o cultivo, ora a debulha, acabam por serem desejáveis e suscetíveis de melhoramento. O foco na espiga inteira madura reduziu o período de colheita para poucas semanas, o que deu sentido aos prazos: o ser humano deixou de pensar em termos de estações e passou a fazê-lo com base em datas previstas. Se diferentes variedades de plantas amadureciam simultaneamente, era imperativo elaborar um plano de trabalhos. A colheita de arroz na China antiga dava-se na mesma altura que a das nozes selvagens. O trigo e a cevada estão prontos para a colheita durante a época alta da caça à gazela e ao burro selvagem. A debulha pode ser feita antes ou depois do armazenamento. Os ritmos da natureza e da sociedade encontravam-se cada vez mais interligados. A agricultura multiplicou os pontos de vista de observação em favor de uma dialética entre ambos. Esse argumento também surgiu em relação ao cultivo do feijão e do milho na América Central. Por meio da alteração genética, algumas variedades de plantas tornam-se especialmente atraentes para o cultivo e a colheita em comunidades, que adaptam as suas vidas ao ritmo de crescimento e biótopo dessas, tentando compensar as renúncias que essa ação exige com uma agricultura ainda mais intensiva. A dada altura, a única fuga possível foi em direção ao progresso tecnológico. Por fim, as plantas são levadas das regiões onde cresceram para outras, onde o solo lhes é mais propício, e dá-se início à rega, ou seja, também o que se encontra em um determinado território passa a ser visto como modificável. Por outras palavras, o ser humano tornou-se aquilo que é, com ou sem vontade própria, experimentando e organizando.

O primeiro cultivo de cereais teria sido, portanto, da espelta, uma variedade do trigo, depois viriam as lentilhas e as ervilhas. E os animais? Sem informação arqueológica que esclarecesse o início da domesticação e criação desses, a partir do século XVIII começou a surgir a pergunta, primeiro por parte da filosofia da história – com Turgot, Ferguson, Condorcet –, depois da antropologia, sobre a ordem pela qual o ser humano teria transformado em servos as plantas e os animais. Uma das teses supunha que, com a submissão dos animais que os nômades traziam consigo em manadas e rebanhos – bovinos, ovelhas, cavalos –, teria começado a agricultura. Teria sido devido à necessidade de grandes quantidades de alimento para os animais que se começou a distinguir as plantas úteis das que não o são. A contra-argumentação afirma que existe agricultura sem criação de gado (América, Oceania), tal como há a criação de animais que se destina apenas ao transporte (Peru) ou à caça (os cães na América do Norte e na Austrália) e não à agricultura.

O primeiro animal a ser domesticado não fornecia carne nem leite, tampouco couro ou adubo, pois tratou-se comprovadamente do cão. O achado mais antigo a documentá-lo foi descoberto em Oberkassel, próximo de Bona, onde foram encontradas ossadas de um canino domesticado, em uma sepultura com cerca de 14 mil anos. Em outro sítio arqueológico, em Ein Mallaha, o Norte de Israel, encontrou-se um esqueleto de cão doméstico. Trata-se de um animal muito pequeno que foi enterrado debaixo da mão do defunto. Esses são também os únicos animais de companhia que, juntamente com os primeiros migrantes, encontraram o caminho da Euro-Ásia para a América do Norte e a América do Sul, atravessando o Estreito de Bering entre 14 mil a 12 mil anos. Os próximos animais a serem domesticados seriam os gatos, há cerca de 10 mil anos, depois as cabras e as ovelhas, há 9 mil anos. Bovinos e porcos de morfologia modificada surgiram pela primeira vez no Levante e na Pérsia em 8500 a.C[43].

Com a domesticação dos cães, alterou-se o ciclo de vida em que se moviam a sua alimentação e reprodução. Entre as consequências, a redução de tamanho é a mais demarcada, enquanto a sua habituação ao ser humano, a mais surpreendente. Em uma primeira fase, devia tratar-se de jovens lobos que, alimentando-se de carcaças de animais, se acercavam de acampamentos humanos; foram ao encontro deles e mudaram a alimentação, passando a consumir mais plantas e presas menores. Por meio do acasalamento de lobas domésticas com lobos selvagens, que haviam permanecido sem par e que não eram machos alfa, o banco genético pôde ser alimentado

---

43 Cf. Morey (1994), Tschernov e Valla (1997), Leonard (2002) et. al. e Driscoll et a. (2009).

de fora durante um longo tempo, sem que os efeitos da domesticação voltassem a regredir. Os gatos, por seu turno, devem ter-se tornado menos selvagens na proximidade de aglomerados humanos, graças ao processo da seleção natural. As cabras, as ovelhas e os bovinos passaram pela seleção natural muito antes da criação animal em si, por meio da chamada gestão de gado, dando-se preferência aos elementos femininos por uma questão de controle, uma vez que as fêmeas se deixam conduzir melhor do que os machos[44].

Nesse caso, as interpretações do sedentarismo e da agricultura presumem um incentivo exterior. As explicações evolucionárias para as conquistas sociais contradizem-se. Contudo, muitas vezes, quando incidem sobre um fator único, como o clima ou a relação da demografia com a quantidade de recursos disponíveis, por exemplo. O novo não surge no mundo como a solução para um problema, mas como um encontro coincidente entre vários problemas e várias soluções. Outros arqueólogos veem, no período em que comunidades se tornaram gradualmente sedentárias e, por fim, viviam maioritariamente da exploração agrária, menos uma revolução técnica e econômica, mas antes simbólica. O fato de a transição para a agricultura exigir uma atitude completamente diferente em relação à natureza foi salientado, sobretudo, por Jacques Cauvin em uma teoria que vai muito além da enunciação dessa tese. Ela introduz observações do gênero de que mesmo após a criação de caprinos, documentável a partir de 8200 a.C., a presença desse tipo de carne na alimentação humana continuou a ser baixa. Isso significa que a domesticação dos animais não levou diretamente ao aumento da oferta proteica, apenas modificou a base da sua obtenção. Não se passa a comer em maior quantidade, produz-

---

44 Cf. Zeder (2008).

-se de forma diferente. Ao invés, os coletores, cerca de 10000 a.C., reagiram à escassez das variedades habituais de cereais selvagens em resultado de condições climatéricas adversas, voltando-se para plantas como a centinódia e o tragacanto. Assim sendo, o cultivo posterior daqueles cereais não pode se relacionar às vantagens da seleção natural. Essa teoria defende, portanto, que a agricultura não foi uma adaptação técnica e econômica à escassez de recursos, mas resultou de uma vontade cultural. Antes da revolução agrária teria ocorrido uma revolução da mentalidade.

Cauvin (2007) refere-se a essa revolução como transformação da forma de construção observável nos aglomerados humanos, mudando da traça circular ou oval para retangular ao longo dos tempos, embora para essa estrutura não se encontre um modelo na natureza. Nas representações pictóricas, são centrais os animais que não costumam estar no cardápio humano e cuja domesticação, quando aconteceu, ocorreu bem mais tarde: alguns bovinos e carnívoros ou, em Göbekli Tepe, animais perigosos de pequeno porte: como cobras, escorpiões, lagartos e aves de grande porte. Os animais úteis, como cabras, ovelhas e porcos são muito difíceis de encontrar na arte pictórica de então. As técnicas de armamento progridem, apesar de não haver indícios de um aumento de conflitualidade armada ou das práticas de caça. Caveiras são preparadas e ornamentadas, como que para reconstruir os rostos dos mortos contra a desintegração natural. Também nas estátuas, a face humana começa a ter um papel preponderante. Surgem as primeiras máscaras em pedra. Principalmente, porém, emerge uma religião, em cuja vanguarda se encontram as divindades femininas, visíveis em inúmeras pequenas obras de arte escultórica em barro, juntamente com as suas características primárias e secundárias. Encontram-se igualmente figuras de bois no mesmo estilo de representação.

Segundo a interpretação de Cauvin (2007), o ser humano abandona a época da coexistência com os animais e torna a terra súdita, vive na sensação de poder, com uma consciência construtiva. Insinua-se o conceito da dominância, que inclui o autodomínio. Como tal, de acordo com Cauvin, não aumenta, para já, o consumo de carne de animais domésticos, uma vez que se tratava, em primeira linha, do domínio dos mesmos, não de sua utilidade. A ação inicial de capturar animais e de os manter em manadas não deve ser confundida com a criação de gado, à qual conduziu. Tal como afirmou um dia Claude Lévi-Strauss (2004), que havia animais bons para a alimentação e outros bons para a reflexão, existem de acordo com Cauvin, ainda aqueles que são bons para a afirmação do homem primitivo. Essa autoafirmação encontra a sua expressão mais evidente na casa – o ponto de referência de domesticação – enquanto lar, na aldeia enquanto aglomerado de lares, de lugares e demais edifícios funcionais, como armazéns e cemitérios. Se as comunidades de caçadores-coletores focam a atenção em saber onde se encontram os seus membros naquele instante e fazendo o quê, tal deve-se, sobretudo, à delimitação das fronteiras exteriores da colônia em última instância, porque a dimensão populacional já não permite um pensar em uma família homogênea.

Cauvin analisou o imenso material arqueológico sobre o início da agricultura a partir de uma perspectiva algo unilateral e poderia igualmente ter presumido demasiada preparação no período do Neolítico para constelações problemáticas posteriores – o Bezerro de Ouro, Baal, o monoteísmo judaico, o sacrifício de bois entre os gregos, Zeus como touro e assim sucessivamente. Alguns críticos das suas teses duvidam, e por boas razões, que os achados pictóricos e as ossadas em que elas se baseiam, fossem realmente de espécimes bovinos masculinos, bois, e que a masculinidade constituísse mesmo o cerne da religião neolítica. Também foi chamada a atenção para o fato de o período entre o décimo milênio a.c., em que se teria dado a Revolução Simbólica, até a data do sítio arqueológico mais recente de Çatal Hüyük, cerca de 2 mil anos, ser um tempo muito longo para se poder falar de uma religião neolítica. Aplica-se igualmente à teoria sobre uma revolução simbólica a ideia de que toda e qualquer assunção de um fator determinante para a mudança social, tal como a conhecemos, é desviante. Contudo, mesmo os arqueólogos mais clarividentes e ponderados, com uma visão ampla da investigação científica tocante à origem da agricultura, aceitam que se ceda ao impulso de procurar pressupostos sociais internos que expliquem o início da atividade agrária e, nesse processo, se conceda à religião um peso decisivo[45].

Importa reter o seguinte: existe mudança social e é difícil imaginá-la sem pressupor que tivesse havido tomada de consciência por parte dos seus intervenientes ou que esses a escolheram e provocaram. Não significa que as intenções tenham sido determinantes para a mudança em si ou para a direção por essa tomada, mas é a própria experiência da mudança que é assimilada e nela se perpetua. E esse é o argumento de Cauvin: assim que se faz a diferenciação entre natureza e cultura, que, para a autoafirmação de comunidades sedentárias, é um pressuposto contra tudo o que se situa no exterior dos limites da comunidade, surgem as divindades que reconstroem a ponte entre essas duas dimensões, representativas da fertilidade, montadas em panteras e com leões de estimação em seu redor. A obsessão pelo selvagem denota-se justamente no momento, em que a fronteira da sua definição é alargada.

---

45 Apresentando um resumo da investigação, Zeder (2008, 2011).

9

ALGUÉM TEVE A INTENÇÃO DE
CONSTRUIR UM MURO

As origens da cidade

Foram construídas cidades, para medir o tempo, para resgatar a natureza. Elas são uma interminável contagem decrescente.
Don DeLillo

Jericó estava rigorosamente fechada por causa dos israelitas. Ninguém saía nem entrava. O Senhor disse então a Josué: "Vê, eu estou entregando em tua mão Jericó, junto com o rei e seus guerreiros. Vós, todos os homens de guerra, rodeai a cidade dando uma volta ao redor dela; assim fareis por seis dias. Sete sacerdotes levarão sete trombetas de chifre de carneiro diante da arca. No sétimo dia rodeareis a cidade sete vezes, e os sacerdotes tocarão as trombetas. (Livro de Josué 6,1-4).

É conhecido o desfecho desse episódio. Os Israelitas que, após o Êxodo do Egito, tencionavam tomar terras a ocidente do Rio Jordão, fazem cerca de 1200 a.C. com o seu chefe, sucessor de Moisés, o que o seu Deus lhes ordena. São tocadas as trombetas, caem as muralhas de Jericó, é conquistada a cidade e os seus habitantes são expulsos. Quem a reconstruísse, corria a palavra, seria amaldiçoado. Por vezes, sabemos da existência de certas cidades, Troia, por exemplo, somente por meio dos relatos da sua destruição. Contudo, não existe nenhum indício arqueológico de que Jericó fosse tomada no século XIII a.C., após o Êxodo do Egito. Nesse tempo, a cidade junto ao Rio Jordão (então, Tell es-Sultan) não tinha muralhas. Como muitos outros centros, permaneceu sem fortificação, uma vez que a hegemonia egípcia naquela região era indiscutível, e os poderes locais sob a forma política de domínios senhoriais garantiam a segurança graças às suas estruturas administrativas.

A conquista de uma cidade vassala, como essa, por um exército de refugiados carece de prova. Parece que por altura da sua alegada conquista, Jericó não seria sequer habitada[46].

Porém, 7 mil anos antes, no Neolítico, era uma cidade habitada. Maioritariamente constituída por casas redondas, cujos muros em tijolo assentavam sobre fundamentos em pedra e em cujo interior se encontravam fornos e despensas. E Jericó tinha igualmente uma muralha de proteção com paredes massivas em pedra. Estas tinham originariamente 3,6 m de altura, com uma espessura de 1,8 m na parte inferior e de 1,1 m na parte superior. Na fase final da sua construção tinha 7 m de altura e uma espessura na base de 3 m. Dizem as estimativas que se precisou de 100 homens durante 100 dias para concluir o trabalho. No interior da muralha havia

---

46 Cf. Finkelstein e Silberman (2006).

uma torre de 8 m de altura e 8 m² de superfície. A muralha cobria cerca de 2,4 ha de terra, o que perfaz 2 campos de futebol, para uma população entre 400 e 900 pessoas, o que correspondia a uma densidade populacional de 3 mil habitantes por km².

Em Londres, vivem atualmente em média 6 vezes menos habitantes em uma área equivalente. Em Weimar, contam-se presentemente 800 pessoas por km² e, se olharmos para a densidade populacional de uma urbanização atual com cerca de 800 moradores, como em Grünmettstetten, na região da Floresta Negra, calculamos cerca de 700 ha partilhados pelos seus habitantes: quase 300 vezes mais do que a terra que coube aos habitantes de Jericó.

Teria sido Jericó, além do primeiro aglomerado humano conhecido com uma muralha, também a primeira cidade? Teremos de esclarecer o que isso significa – cidade –, pois os conceitos atuais de cidade e de campo, cidade e aldeia não nos ajudarão a progredir, quando se trata de compreender em que sentido uma comunidade rodeada por um muro, a ocidente do Jordão, entre 9500 e 8000 a.C., pudesse constituir uma cidade. A breve comparação foi suficiente para mostrar que uma definição de cidade com base na dimensão não é suficiente. Na verdade, não é o tamanho de Londres e de Weimar que as torna um caso idêntico, nem nos nossos dias, nem em termos históricos. Por volta do início do século XIX, Weimar tinha 6000 habitantes, Londres 1,1 milhão – não necessitaremos, portanto, de dois conceitos diferentes para estas duas comunidades? Grünmettstetten, por seu turno, com uma área maior do que a Jericó de então, não é, de acordo com a bitola atual, uma cidade, mas uma aldeia. Se, em vez disso, deixarmos de considerar o número de habitantes como critério, para passar a ser a densidade demográfica, esses lugares seriam uma cidade, principalmente,

Jericó. Lá, as pessoas partilhavam um espaço mais exíguo do que os habitantes atuais de metrópoles.

Portanto, há que proceder de outra forma. Investigadores que se ocuparam dessa questão elaboraram conceitos de cidade que, em uma primeira instância, não consideram nem a área, nem a densidade populacional. Em vez disso, concebem a cidade como um aglomerado dependente da produção agrária exterior ou que satisfaz essa necessidade por meio de um mercado fornecido por residentes e não residentes. Poderia dizer-se que a área e a densidade populacional são informações como a vista noturna da cidade, porém, para a formação do seu conceito, são determinantes, sobretudo, as características que se revelam durante o dia, uma vez que definem a vida pública. As cidades distinguem-se pelo horizonte territorial que as suas funções política, econômica e religiosa atingem. São lugares centrais que protegem o aglomerado humano e o comércio, controlam os subúrbios e os membros no seio da comunidade. O mercado, a fortificação, a comunidade – são esses os elementos citadinos. Acresce ainda o pressuposto de que a cidade deve ser determinada por uma maior variedade social do que as aldeias. Isso significa, entre outras coisas, que são locais com uma divisão social do trabalho crescente e onde habitam especialistas de várias atividades[47].

Será isso igualmente válido para as origens das cidades? As cidades surgem a partir de aglomerados humanos, os quais, por sua vez, se formam quando a flora e a fauna de determinado lugar permitem o sedentarismo. Por volta de 8 mil a.C., as consequências do aquecimento terrestre, que se verificava desde 10 mil a.C., fizeram-se sentir sobretudo no Sudoeste Asiático. A disponibilidade

---

47 Cf. Breuer (1998) e Smith (2009).

de plantas comestíveis e de caça deveria ter limitado, inicialmente, a comunidade de caçadores. Permanecia-se mais tempo em determinado lugar e montava-se um acampamento provisório. Antes das casas, construíram-se barracas. O sedentarismo temporário foi beneficiado por paisagens com nichos ecológicos, onde se desenvolve uma multiplicidade de espécies. As montanhas são favoráveis, assim como os rios que não transbordem de forma destruidora quando chove muito, e que contenham muito peixe. Vantajosos são ainda os bosques, onde se pode caçar e, assim, compensar uma colheita fraca ou manter a alimentação variada. As atividades de caçadores-coletores e da agricultura são conciliáveis e existem igualmente provas etnográficas desse fato, por exemplo, quando, no centro do Brasil, grupos pequenos de nômades se juntam no tempo das chuvas para cultivarem hortas, formando aldeias com um número de habitantes que chega a 1400 pessoas. Também a criação de animais domésticos (ovelhas, caprinos) no século VIII a.C. e a posterior criação de gado bovino não substituíam a caça, mas complementavam-na. As sociedades primitivas não podiam ser monótonas nas suas atividades. E, da mesma forma, as primeiras cidades não podiam ainda afastar-se da natureza, característica que viria a ser a mais marcante na vida citadina: o afastamento drástico do ser humano da natureza orgânica.

Quando o sedentarismo vinga, as comunidades conseguem lançar as primeiras bases para a divisão do trabalho. Existem nelas, então, membros que preferem ocupar-se da manufatura de instrumentos, e outros que se dedicam a atividades de culto. Comunidades assim crescem por dois motivos: pela redução da taxa de mortalidade infantil e, simultaneamente, pela entrada de imigrantes. O aumento populacional permite, por seu turno, diferenciações adicionais. Podem, por exemplo, ser confiadas atividades com fraca probabilidade de sucesso, mas com a possibilidade de bom retorno financeiro, a pessoas prontas a experimentarem algo novo, como o cultivo de plantas ou técnicas de artesanato. O crescimento exige organização, sobretudo em aglomerados maiores, ou seja, a harmonização das diferentes atividades entre si.

A partir de que dimensão populacional se pode falar em cidade? Estudos comparativos da coesão dos grupos e do desenvolvimento da organização hierárquica indicam que os grupos com mais de seis membros "orientados para tarefas" tendem a um consenso cada vez menor nas decisões que digam respeito a todos; os grupos de menor dimensão vivenciam o aumento do número de membros de uma forma muito positiva, pois tal fenômeno significa que será mais fácil executar as tarefas. Não nos podemos fixar no número de habitantes, para entender esse argumento. Com o aumento do número de membros de um grupo aumentam também as discussões, tanto entre indivíduos, como entre famílias. Os clãs de parentesco, que constituíam a estrutura das cidades primitivas, tinham com frequência um porta-voz, que filtrava as dissidências, impedindo que fossem levadas para fora do grupo, pois os clãs funcionavam como indivíduos na relação com o exterior. Isso significa, do ponto de vista inverso, que, quanto menor for o número de membros de uma comunidade com laços de parentesco, maior é a probabilidade de haver dissensão pública, criando desta forma a necessidade de uma sequência de decisões coletivas para ultrapassar o conflito. É preciso criá-lo primeiro no seio de famílias pequenas, depois nas grandes, constituídas, afinal, por núcleos familiares com um número menor de membros e, por fim, ao nível da comunidade, constituída por famílias de maior dimensão. Com o crescimento da dimensão do grupo, aumentam também os rituais que reforçam as decisões e atenuam as dissonâncias. Quando os arqueólogos descobrem os primeiros templos, estes podem ser o indício de um aumento populacional; a religião e a hierarquia foram meios para conter a discórdia.

Regressemos a Jericó. O canal de água construído ao redor da muralha da cidade tinha 9 m de largura e 3 de profundidade. Para podermos fazer uma estimativa correta do que significa a sua dimensão, devemos ter presente que naquela época não havia pás para o escavar; as ferramentas em metal surgiriam apenas 5 mil anos mais tarde. Também a construção da torre no interior da cidade exigiu um esforço coletivo tremendo; com 24 degraus, presume-se que a respectiva escada de acesso é a primeira da história da arquitetura[48].

Foi, então, Jericó a primeira cidade, uma vez que é característico dessas terem uma fortificação? Porém aqui os muros não teriam servido a defesa, pois nenhum achado arqueológico aponta para conflitos guerreiros no vale do Jordão, naquele período histórico. E mesmo o bom estado de conservação e a localização central da torre, não em uma extremidade da cidade, semeia a dúvida se teria realmente servido de bastião contra ataques militares, em vez de ter uma função religiosa. Junto ao fundo da escada foram encontrados esqueletos ornamentados, assim como crânios cobertos de gesso e com conchas no lugar das órbitas, que indiciam um culto aos mortos e a tentativa de reconstrução de rostos de defuntos; os blocos em pedra encontrados poderiam ter servido de apoio a postes totem para cultos religiosos. É ainda saliente, que o muro tem uma construção mais sólida na parte ocidental do que a norte ou a

---

48 Cf. O'Sullivan (2006).

sul da cidade. Se tivesse sido erigido contra possíveis atacantes, Isso não faria sentido. A guerra pode ser a origem de muita coisa, mas não da cidade. A muralha afigura-se antes ter sido construída contra aquilo que, simultaneamente, permitiu o aglomerado humano: inundações regulares, as quais originaram terras férteis e que não se davam a partir de todas as orientações, mas sobretudo de ocidente. Em outros sítios arqueológicos neolíticos no vale do Jordão, foram encontrados muros com estrutura em terraço, como proteção contra deslizamentos de terras provocados por inundações.

Determinante no muro de Jericó é aquilo que partilha com a torre e com as inúmeras despensas no exterior das casas de habitação: parece tratar-se de obras coletivas erigidas com um propósito coletivo. A cidade é, portanto, mais do que um mero aglomerado de famílias que se juntam com fins alimentares. A constituição da cidade significa que, em lugar de comportamentos desviantes, – por exemplo, nomadismo renovado, os membros da comunidade separam-se – a comunidade desintegra-se – surgem esforços políticos para fortalecer o lugar central de vida escolhido, e esforços religiosos para fortalecer a unidade da comunidade e o culto dos seus mortos. Também em outros sítios arqueológicos, cuja datação é próxima de 9 mil a.C. – Çayönü, Nevali Çori, Göbekli Tepe –, que atualmente se situam ao sudeste da Turquia, foram encontradas provas de comunidades de culto coletivo, que surgiram na transição para a agricultura e o sedentarismo. Deve se tratar de locais atraentes para os caçadores-coletores, para se equiparem, observarem e distribuírem as presas, terem filhos, responderem a questões comunitárias, construírem os primeiros pontos fixos espaciais, de onde surgiriam mais tarde as colônias. Pois tais lugares tinham de ser escolhidos pelos caçadores-coletores pela situação ecológica vantajosa. Simultaneamente, alguns desses locais tornaram-se lugares sagrados, cujo reconhecimento e projeção exigia um grande esforço coletivo. Se temos de associar a formação de aglomerados humanos a festas que pressupunham o aprovisionamento independente de uma caçada bem-sucedida, fica em aberto. O que sabemos a partir dos achados arqueológicos é que as funções religiosas, políticas e econômicas associadas ao sedentarismo se reforçavam reciprocamente.

Contudo, a maioria dos arqueólogos já não se refere atualmente à Jericó de então como cidade, porque lhe falta a característica de lugar central com arredores dissemelhantes. O conceito de cidade pressupõe que estivesse relacionada a outros aglomerados humanos, outras cidades, aldeias e aglomerados exteriores. Jericó não era uma cidade de comércio, a base da sua existência econômica era de subsistência. Tratava-se de um oásis à beira-rio, não de uma parte central de um sistema de aglomerados. Além disso, faltam indícios de uma divisão hierárquica social ou de divisão de atividades profissionais. E, uma vez que o muro de Jericó não tinha uma função de defesa, também não se presume que sustentasse uma forma social privilegiada. Os muros representam uma delimitação: a cidade mal poderia crescer, de modo que os problemas resultantes de uma população cada vez mais densa tinham de ser solucionados de uma maneira diferente que não por meio da expansão espacial. O muro construído contra a água, a lama e as inundações levou a uma alteração social no seio do lugar protegido, porém não permitiu a expansão da cidade.

Jericó era, portanto, um aglomerado com fortificação, em cujos restos antigos se encontram vestígios daquilo que 4 mil anos mais tarde estaria na origem das grandes cidades. Essas origens situam-se mais a ocidente, na Mesopotâmia, que significa "terra entre os rios", entre o Eufrates e o Tigre, incluindo a região que entremeia o Tigre e a cordilheira de Zagros. Ali, na região que mais tarde viria a ser designada por Babilônia, surgiu, em 5500 a.C., não só a primeira cidade, mas em seguida, até 3500 a.C., um sistema inteiro de cidades, o qual incluía o norte da Mesopotâmia, a Assíria. Considerando as inúmeras cidades mesopotâmicas que existiram nesse período, pode-se falar da primeira civilização urbana. Uma vez que logo disporia da escrita, hoje sabemos muito acerca dela, o que contribui para nos podermos rever nela. Por mais que o surgimento da cidade tenha pressuposto a transição para o sedentarismo e estivesse dependente dos ganhos da agricultura, tanto mais se ergueria o que vinha agora acima das condições previsíveis de vida dos colonos. Pois o que surgiria posteriormente não era somente a escrita, mas também a administração, o Estado, a arquitetura, a assistência social, o direito escrito, a poesia, o consumo de luxo, o comércio com o exterior, o planeamento urbano, a prostituição – só para referir alguns dos inícios estreitamente ligadas à existência da cidade. Quem se ocupa da história da Mesopotâmia debate-se com a questão da diferença entre a grande cidade de então e as cidades atuais, se é que existe.

A primeira grande cidade foi Uruk, próxima ao Golfo Pérsico. Os rios foram importantes para a sua constituição, na medida em que as inundações e a subsequente libertação do sul da Mesopotâmia das massas de água possibilitaram a formação de novas colônias nessas terras, sem que os aglomerados já existentes se sentissem ameaçados. Havia pastos e peixe em abundância, flora e fauna diversificadas e, no lado do Eufrates, um sistema fluvial de pouca profundidade, que era utilizado como via de transporte.

Não existia escassez de solo fértil no sul da Mesopotâmia, pelo que a decisão de se estabelecerem em uma zona de distribuição – o que levou a uma maior densidade social nesses locais –, teria se baseado em razões de qualidade do ecossistema circundante. Os novos colonos, oriundos do norte do Crescente Fértil e detentores de tecnologia agrária já experimentada no lugar de origem, afluíram a este ecossistema interessante, cheio de novos desafios, repleto de oportunidades. Mesmo a escassez de determinadas matérias-primas, como madeira, pedra, óleo, acabou por favorecer o desenvolvimento citadino, na medida em que estimulou o comércio.

O mesmo aconteceu com o comportamento irregular dos rios que, tal como a escassez de chuva, levou os seres humanos a construírem canais e cidades, uma organização de alto nível, que não apenas disponibilizava mão de obra disciplinada, como qualificada. Fundamentalmente, repetiu-se o que já observáramos na transição para o sedentarismo: as dificuldades advindas de catástrofes levam a uma alteração da estrutura social. Essa mudança ocorreu da forma seguinte: a seca obriga à rega, essa possibilita uma maior densidade populacional, porque, em uma área menor, podiam ser alimentadas mais pessoas; uma maior densidade populacional permite avançar na diferenciação do trabalho, ao mesmo tempo que põe os seres humanos diante de tarefas de coordenação, o que traz conflitos que não podem ser simplesmente resolvidos pela separação, devido à grande densidade populacional, exigindo mecanismos de decisão coletivos e uma centralização econômico-política ao nível da alimentação e dos cuidados da comunidade[49].

Uruk cresceu no tempo ao qual deu o seu nome, "o período de Uruk", portanto entre 3600 e 3100 a.C., em uma área que cobria 2,5

---

49 Cf. Nissen (1966) e McCorriston e Hole (1991).

km² e albergava 20 mil habitantes, mais tarde, entre 2900 e 2300 a.C., em uma área urbana com cerca de 6 km, com um número de habitantes estimado em 50.000. A densidade populacional ao longo de toda a sua história foi de 8000 citadinos por quilômetro quadrado. Uruk era, assim, 10 vezes maior do que segunda maior cidade da Mesopotâmia e a densidade da sua população era uma vez e meia superior à de Londres, perfazendo o dobro do número de habitantes de Berlim por quilômetro quadrado. Que tipo de "supernovas" (Norman Yoffee) explodiam aqui sob as respectivas condições locais, mostram-nos ainda outros números: na cidade egípcia de Hieracômpolis, viviam cerca de 10 mil pessoas em 3300 a.C., e Mênfis, relativamente próxima, albergava mais de 30 mil. Lagash, porém, uma cidade-estado mesopotâmica, que existiu entre 2500 e 2000 a.C., cobria uma área territorial de cerca de 3 mil km², abrangendo mais de 20 povoações e um total populacional de 120 mil pessoas. Em Kish havia, naquela altura, 60 mil habitantes em uma área de 5,5 km²; em Al-Hiba, uma área suburbana de Lagash, moravam 75 mil pessoas. Relativamente a Jericó, chegamos a um número 100 vezes superior e a uma área 200 vezes maior. Parece claro que estes aglomerados humanos em nada se assemelhavam já a aldeias fortificadas.

Também Uruk era fortificada. No início do terceiro milênio, foi construída ao redor da cidade uma muralha de 9,5 km, a mesma que reencontramos na *Epopeia de Gilgamesh*. O que encerravam esses muros? As cidades-Estado mesopotâmicas, habitadas no século III a.C. por cerca de 80% de toda a população da Mesopotâmia, constituíam uma mistura linguística e, se o quisermos designar dessa forma, étnica. O crescimento populacional devia-se essencialmente à imigração. Nelas, viviam sumérios, acádios, amoritas, caldeus e cassitas, para designar apenas alguns dos grupos principais. O estrangeiro já não era aquele que não pertencia à comunidade, aquele que não se entendia, que se afigurava perigoso. Desconhece-se o que constituía o estatuto de cidadania, se era, por exemplo, morar no interior da cidade e não nos subúrbios. Encontravam-se, em todo o caso, institucionalizados a escravatura e o hilotismo, o pessoal servente advinha maioritariamente das guerras entre as cidades. Os bairros das cidades que dispunham de um tribunal próprio, uma vez que todo o mesopotâmio – exceto os escravos – tinha o direito a ser julgado pelos seus, eram frequentemente ordenados pela atividade profissional dos seus habitantes. Pelo menos nesse período, vivia-se próximo do lugar do trabalho que se exercia. Outros bairros eram controlados por etnias, uma constante da história das cidades que dura até os dias de hoje. Dentro dos muros da cidade, não se encontravam somente bairros de habitação, templos, paços, como também canais, campos de cultivo, jardins, silos, padarias, cervejarias, olarias e ofícios diversos[50].

Como isso aconteceu? É interessante verificar que as cidades da Mesopotâmia não têm fundadores; os reis que as governavam prescindiam da afirmação de as terem construído ou sequer de serem descendentes de quem as fundara. Tal estado de coisas pode estar relacionado com o número significativo de cidades cuja dominância nunca foi questionada, como também com o ecossistema demasiadamente dependente de muitas circunstâncias para que lhes possamos atribuir uma certidão de nascimento mitológica. É preferível não retirar aos deuses o poder de dispor sobre as circunstâncias; melhor ainda é sustentar que foi um deus que as fundou ou que existem desde os tempos mais remotos. Na verdade, a cidade

---

50 Cf. Walther (1917) e Jacobsen (1943).

grande surge apenas quando o crescimento da população não conduz a um maior número de aglomerados, mas a um só aglomerado de maior dimensão. Isso, por sua vez, apenas é possível porque a terra cultivada produz um excedente relativamente ao que os seus colonos consomem, de forma que o aumento demográfico não crie uma população de pessoas que comam em demasia e se vejam na obrigação de fundar uma colônia nova na proximidade de outras fontes de alimentação. Pelo contrário, a urbanização vai a par da transformação dos subúrbios; desenvolve-se um sistema completo de aglomerados populacionais em relação com a cidade, até porque os citadinos possuem terras – também por grandes latifundiários terem se mudado para lá –, mas, sobretudo, devido a uma produção agrária especializada dependente da procura citadina. A cidade, por seu turno, abastece os subúrbios com o que nela se torna possível: decisões políticas e econômicas. Em meados do século III a.C., estima-se que quase 80 por cento dos aglomerados populacionais no sul da Mesopotâmia tinham uma área superior a 10 ha. Urbanização significa também a ruralização das terras restantes, de modo que a explosão demográfica das cidades anda a par da implosão demográfica em outros territórios.

No quarto milénio a.C., tornam-se possíveis tais excedentes na terra localizada entre os rios. O pressuposto para transformar campos, em tempos inundados, em terrenos férteis foi manter um sistema de rega, onde se cultivasse os cereais, as leguminosas, árvores de fruto, a partir dos muitos braços de água do Eufrates, pois, como se sabe, chove pouco nas planícies junto ao Golfo Pérsico. Os rios e a proximidade do mar permitiam ainda a pesca como fonte alimentar, enquanto a formação de lagos beneficiava a criação de porcos e de bovinos. Outro meio de produção alimentar importante era constituído pelas tâmaras e praticava-se igualmente a apicultura. A influência de uma alimentação assim variada no crescimento populacional não é de subestimar. Também não deve ser motivo de espanto que um dos motivos centrais da religião mesopotâmica fosse, dadas as circunstâncias, a fertilidade e simultaneamente a preocupação com a preservação por parte das divindades dos pressupostos ecológicos da civilização.

Os excedentes, que permitiram a imigração e estimularam o crescimento populacional, beneficiavam atividades que visavam a obtenção de alimentos por via indireta. Historicamente reconhecido é o surgimento da indústria cerâmica, com a salvaguarda justificada de não se retirarem conclusões precipitadas acerca da sua utilidade para a conservação e preparação de alimentos. A circunstância de as peças de cerâmica se terem mantido em bom estado e serem datáveis com rigor, permite-nos saber quão importantes foram, tal como a sua função de ornamento para o desenvolvimento social. Imaginemos que alguém escrevesse a história do século XX com base em restos arqueológicos que deixássemos, como celulares. Por mais informativo que fosse, seria um relato de vistas curtas e algo unilateral. Da mesma forma, podemos verificar, por meio do estado da técnica de cerâmica e seus ornamentos, o progresso e as propriedades de uma produção especializada, a qual não servia diretamente à obtenção de alimentos, mas visava o lado prestigiante da alimentação: a refeição conjunta e respectiva preparação enquanto ritual, por um lado; por outro, o fornecimento de grandes círculos populacionais com recipientes padrão que serviam de medida para o pagamento dos salários em rações de cereais. Quem ainda se lembra da queixa constante de Robinson Crusoé por dispor de tudo na sua ilha, menos de um pote, pode melhor avaliar a importância de tais recipientes para as primeiras culturas altas.

Portanto, poderíamos representar as profissões citadinas em uma pirâmide, cuja base seria constituída pela produção alimentar, a qual é gerada nas redondezas, mas organizada e equipada com a mão de obra e os meios necessários a partir da cidade. Esses meios e a sua manufatura constituem o segundo nível da pirâmide. Devido à grande procura destes artesãos – por exemplo, pela atividade constante de construção junto aos sistemas de rega –, esses trabalhos devem ser coordenados, talvez se precise de expedições comerciais para a aquisição de matéria-prima, para dar outro exemplo. A cerâmica constitui a terceira camada da pirâmide, pertencendo igualmente às profissões de manufatura que, se por um lado, visam o escoamento local, por outro, se dirigem à troca comercial com diferentes aglomerados. No mesmo plano encontram-se as profissões que se destinam à preparação dos alimentos e, finalmente, temos a camada dos prestadores de serviços, como os médicos, escrivães, juízes, sacerdotes e os funcionários públicos pertencentes ao aparelho administrativo da cidade. Esses são os que se encontram em uma posição social mais distanciada da agricultura e a sua existência documenta o significativo desenvolvimento social das circunstâncias urbanas, no que diz respeito à consciência da preservação e da subsistência coletiva.

Quando as atividades que se destinam a uma produção genérica são institucionalizadas, o excedente em produtos agrícolas deve ser tão suscetível de ser armazenado, quanto a cidade precisa de ser fortificada, alimentados os seus guardas e soldados. Cria-se uma economia contributiva; são construídos armazéns para os cereais; forma-se um grupo de administradores destes; há sacerdotes que mantêm o contato sobrenatural com aqueles que podem garantir a preservação da natureza e que cuidam simultaneamente da unidade comunitária. Essa multiplicidade de atividades e, se quisermos, da agitação geral das grandes cidades veio acompanhada por uma outra alteração da estrutura social. A par da origem dos habitantes e dos seus clãs familiares, a profissão passou a constituir a segunda grande fonte de estatuto e apreciação social, consoante a camada hierárquica de que era proveniente. No fundo, começou-se a servir duas ordens religiosas: aos antepassados e aos deuses da cidade. No decorrer do tempo, a pertença a determinada tribo ancestral ou mesmo a uma profissão específica tornou-se cada vez mais fictícia, uma vez que o sobrenome revelava cada vez menos quem era descendente de quem. Conhecemos a situação: nem todos os Ferreiras são parentes e moldam o ferro para as rodas, as carroças e as carroçarias.

Em relação ao mundo do primeiro sedentarismo, modificou-se praticamente tudo. A sociedade passou a ser constituída por diferenças inegáveis sejam elas profissionais, de poder, econômicas e também entre cidade e campo. Assim começa, por exemplo, a variar, de forma mais acentuada, o tamanho das casas, alguns serviços começam a ser pagos com cevada, outros com metais preciosos; entre os idosos desprotegidos, vivendo sem apoio da família, surgem problemas de assistência; de resto, já ninguém vive no regime de chapa ganha, chapa gasta, mas com base na organização de pressupostos minuciosamente calculados pela economia. Isso espelha-se nas teorias arqueológicas acerca de Uruk: para uns, a cidade é uma burocracia enorme ou um complexo religioso de assistência social; para outros, trata-se do início de uma sociedade dividida em classes; outros ainda reconhecem nela a origem do estado autoritário ou de um colonialismo comercial na Mesopotâmia, ou veem, no princípio da cidade, uma sociedade igualitária com manifestações primitivas de democracia. Nada disso se exclui mutuamente, mas fica a impressão de que é justamente essa indeterminação de uma formação social, que não podia ela própria saber o que era, que constitui a característica principal da cidade em desenvolvimento.

Um segundo desenvolvimento é constituído pelos espaços centrais de culto nesses aglomerados, como se demarcaram em Jericó. Ali, porém, os mortos permaneceram na proximidade dos vivos, os lugares de culto ligados às casas de habitação. Com a transição para a cidade, a habitação e o lugar de culto religioso tornam-se mais diferenciados. A religião passa a representar uma esfera própria na cidade, acima dos clãs, que a compõem. Ela liberta-se do culto aos antepassados. Também em outros espaços culturais em que esse processo se desenrolou mais tarde – na América Central, junto ao Ganges, no Egito e na China, por exemplo – a cidade arcaica mais do que um mercado ou uma fortificação, era um templo. A característica comum das cidades mesopotâmicas é o seu centro ser ocupado por construções sagradas, na maioria das vezes elevadas em forma de terraço, visíveis ao longe na geografia plana da terra entre os rios, ao redor de Uruk. As cidades devotavam-se sempre a um deus, Uruk a An (deus do Céu) e a Eanna (deusa do Amor, da Sexualidade e da Guerra). Não será um acaso que o universo dos mitos mesopotâmicos tenha o seu início com a construção de um templo na cidade de Eridu, que se situa um pouco a sul de Uruk e, naquele tempo, presumivelmente junto ao Golfo Pérsico: "o Éden mesopotâmico não é um jardim, mas uma cidade" (LEICK, 2001). A lista real, datada cerca de 2000 a.C., que enumera os reis sumérios, também começa em Eridu, onde era adorado Enki, o deus da Água Doce e, tratando-se da terra entre os rios, o deus da civilização: "após a descida do domínio real do céu, esse fez de Eridu a sua morada". As divindades são deuses da cidade, pois, fora dessa, não existem locais de culto nem a adoração de aparições da natureza. Essa era representada por divindades que tinham residência na cidade.

Se levarmos em conta o ecossistema variado da Mesopotâmia, marcado por rios com comportamentos imprevisíveis, um deserto de areias e ventos de monção e, se refletirmos na sensibilidade dessa sociedade às alterações climatéricas, percebemos claramente a adoração de estruturas estáveis, como os templos. Além disso, a religião dos citadinos destinava-se à preservação da existência da própria cidade, a qual se afigurava necessariamente como um milagre, por cuja longevidade zelavam os sacerdotes. Em resultado de tanto ter aumentado a consciência daquilo que era impensável há uma ou duas centenas de anos, chegou-se ao culto dos resultados da própria transformação. Nada existia que não tivesse uma divindade a si dedicada. O templo, como o que confere unidade a tudo o que é bom, ou seja, à cidade, era reverenciado como um índice de que toda a mudança é sagrada e de que, no fundo, nada lhe está submetido sem a alegria da segurança divina. O templo enquanto imagem da cidade, na cidade, e enquanto sede da residência de um deus, torna-o palpável: é algo que parece não sofrer qualquer alteração com a mudança – como um monumento.

A identificação da cidade com os deuses trazia consigo a questão de saber, a médio prazo, quais as conclusões teológicas a retirar da respectiva queda. Surgiam agora as guerras entre as cidades, guerras entre e para os deuses. Colocar a cidade e um deus no mesmo plano andou, a prazo curto e paradoxalmente, a par da ânsia, quase que se diria moderna, de uma religião fixada na estabilidade, mas que estava constantemente confrontada com desconstruções. Pois, até aos dias de hoje, as cidades são justamente isto: estruturas sempre a renascerem de uma espécie de vontade incontrolável de um melhoramento de si mesmas. Já em Uruk, os templos foram erigidos sobre templos mais antigos, antes de estes caírem em ruínas pela ação do tempo; destruía-se o antigo pelo novo, movido pelo desejo de grandeza. Alguns edifícios em Uruk eram mesmo de grande dimensão: 76 por 30 m era a dimensão do templo central, construído em pedra calcária, na colina de Eanna, perfazendo o seu diâmetro um total de 6 a 7 ha. O terraço, construído em camadas para mais tarde unir todos os complexos templários, teria, calculado por alto, ocupado 1500 trabalhadores durante um período de cinco anos.

Ao que tudo indica, estava-se sempre reconstruindo, melhorando. Se a cidade significa diferenças em termos sociais e excedentes em termos econômicos, no plano temporal significa desassossego. A arquitetura tornou-se experimental, segundo a antropóloga Gwendolyn Leick. Surgiram novos materiais de construção, novos ornamentos, novas formas de construção, apesar de exigirem um grande esforço e nem sempre serem acompanhados pela eficiência. Parece ter se tratado mais de uma estética simbólica que, a par da multifuncionalidade do templo enquanto centro religioso, separava a unidade administrativa, o armazenamento de bens e o espaço econômico e a respectiva acessibilidade.

Além de An, o deus do céu, era venerada outra divindade em Uruk: Eanna (na religião babilónica Ishtar), a deusa da guerra e da sexualidade. Segundo o mito, ela teria roubado o divino Me, uma força cósmica, seduzindo o deus da água doce, Enki, e levando-o de Eridu para Uruk. Essa força é tida como inerente a todas as estruturas sociais e a tudo o que seja de importância – à regência, aos ofícios públicos, às suas funções e insígnias, ao artesanato, à música, também à sexualidade, à justiça e ao silêncio –, unindo tudo isto na sua essência. Tendemos a interpretar o mito como a própria história da cidade cujo bem-estar teria surgido, por um lado, em concorrência e em conflito com as demais cidades, e cuja urbanidade se expressava, por outro, nas festas, na vida em tabernas e em bordéis, juntamente com a promiscuidade que lhes são característica – mais tarde a designação Babel do pecado haveria de lhe fazer jus –, quando mais não fosse na fantasia que despertam as mulheres que vivem sozinhas, sem a proteção de um pai ou de um marido. O aumento da densidade material na cidade submete as normas a uma prova constante, até porque a cidade lucra com a dinâmica da desordem, que é simultaneamente combatida por aqueles que confrontados com bens de luxo e festas, comportamentos desviantes e a tentação da riqueza e do poder, mais se preocupam com a ordem, a moral e a justiça. A apologia da cidade – "aquele que vive na Babilônia viverá por mais tempo", segundo reza uma ode contemporânea – era transbordante, a sensibilidade a uma ação desviante, grande. A cidade é uma constelação em constante autointerpretação.

Quanto mais o sedentarismo tomava forma, mais eram os vestígios da existência de um tipo de economia na qual se pretende o controle operativo sobre os processos orçamentais. Cria-se, por um lado, uma produção de têxteis e de cerâmica em massa e a respectiva organização comercial com que se trocava estes produtos, por exemplo, por pedras preciosas, matérias-primas e bens de luxo.

Algumas peças de cerâmica viajaram até ao Paquistão. A cidade fundou satélites e filiais que formavam uma rede inteira de pequenas cidades a dinamizarem o comércio dos produtos citadinos ou para as quais eram transferidos os excedentes[51].

Por outro lado, a propriedade começa a ser registrada: são introduzidos números de identificação, os recipientes são selados. Começa-se a formação de poupanças, tanto privadas como coletivas, e com o crescimento de aglomerados densos, também com o progresso dos sistemas de rega que constituem a sua base, cresce a consciência não apenas da parte, mas de o todo carecer de uma supervisão e regulamentação econômicas. Os debates arqueológicos sobre se a cidade mesopotâmica pode ter tido um carácter mais individualista ou mais coletivista, no que diz respeito às suas leis, processo de decisão e de propriedade fazem sentido em casos concretos – terrenos, planeamento urbano, expedições comerciais –, porém falham ao tentar encontrar alternativas para o todo, uma vez que a urbanização incorpora tanto o aumento da complexidade, como a necessidade de simplificação. A cidade, enquanto unidade administrativa e uma configuração semelhante à do Estado, surge como resposta à sua própria dinâmica. No início, tanto a realeza como o templo tomavam as decisões pelo todo, o que provocaria conflitos entre as duas instituições, que o "complexo militar" decidia a seu favor. Primeiro é o templo que organiza a distribuição econômica, recolhe contribuições, trata da contabilidade e também produz – além de tudo predestinado à administração dos sacrifícios, pelo fato de, ao contrário da corte, não figurar como grande orçamento privado, como clã de uma família importante. Mais tarde, os chefes militares tomaram para si, juntamente com

---

51 Cf. Algaze (2008) e Breuer (2014).

o seu próprio séquito, a proteção do todo. São os conflitos entre as cidades – e talvez no seio delas, onde cada vez mais pessoas procuram refúgio em tempos de crise alimentar – que levam ao sucessivo domínio do poder monárquico sobre o sacerdotal. Quando, na *Epopeia de Gilgamesh*, esse recusa a proposta de casamento da deusa do Amor, Ishtar, a fim de tomar a sua própria decisão na assembleia dos *gurush*, ou seja, dos seus soldados e tropas de apoio, assistimos à cesura entre a realeza e o templo, traduzida em imagem mitológica[52].

É quase caso para se afirmar, que a guerra fez da cidade um Estado, impelindo simultaneamente os sacerdotes para o desempenho de apoiantes dos seus senhores. Uma vez que na Mesopotâmia existiam vários centros urbanos, entre os quais a concorrência e o comércio terminaram em conflito, as cidades transformaram-se em sistemas de defesa com muralhas, portões e canais de água ao redor. A tarefa principal da organização política urbana era inicialmente clara: coordenar e reforçar o trabalho relativamente à agricultura e ao comércio, pagar salários e distribuir o produto social. Nesse ponto, assemelhavam-se todas as cidades mesopotâmicas que se interrelacionavam por meio do comércio e da migração. Porém, em caso de conflito, decidir quem tinha direito a determinada rota ou passagem, que destino dar a uma sede junto ao curso superior do rio, ou a quem competia uma zona situada entre territórios citadinos, foi a dada altura resolvido graças ao recurso às armas, pelo que as incumbências políticas, juntamente com os recursos do templo, foram sendo transferidas para a corte real.

Durante esse tempo, sustentou-se longamente a ideia de que a própria Mesopotâmia era um sistema – um mundo –, com um

---

52 Cf. Katz (1987).

núcleo de domínio político, mesmo que inconstante. A lista real suméria, cujo exemplar mais antigo data de cerca de 2000 a.C., identifica cada rei em associação com certa cidade, como se os seus autores ainda não se tivessem acostumado ao fato de ser possível o domínio político exercido sobre vários centros urbanos ou independentemente destes. Durante muito tempo, a cidade foi compreendida como a última instância em que o coletivo decidia. Capacidade do coletivo, porque a enorme cidade mesopotâmica não era, evidentemente, vista como uma constelação regida a partir do topo hierárquico por um único rei; uma grande parte dos conflitos urbanos e das decisões necessárias encontravam resolução nos quartéis das cidades isoladas. Estruturas políticas mais complexas do que a cidade, como impérios ou nações, surgiram do espaço mesopotâmico apenas após vencida a concorrência urbana. O primeiro chefe dominante, no sentido de um poder completo sobre todo o sistema urbano babilônico, foi Sargão de Acádia, por volta de 2350 a.C.; a despeito de Acádia ser uma cidade bastante insignificante para esse efeito, o déspota escolheu-a para sua residência, porque se lhe adequava. Desde então, é a política que dá à cidade a sua importância, e não o contrário.

10

A MÁFIA REAL

As origens do Estado

> *Em todas as épocas, seja qual for o nome dado ao seu regime, monarquia, república ou democracia, existe uma oligarquia à espreita por detrás das fachadas.*
> Ronald Syme

Aquele a quem a esposa tenha sido raptada por outro deve, antes de mais, oferecer um cão ao rei. Só então o rei terá a esposa de volta para ele. Essa é a anotação de David Malo (1898), no início do século XIX, acerca do antigo Havaí, onde os cães eram aquilo que os antropólogos designam por um alimento de prestígio. Malo acrescenta para os habitantes de Estados modernos, então seus leitores e com os quais se identifica, que fora, portanto, o cão, e não a lei, que trouxe a mulher de volta ao seu marido.

Não é essa a nossa ideia de Estado. Conhecemos Estados sob diferentes nomes. Chamam-se, por exemplo, Veneza, Saboia, São Marinho, Itália ou o Estado do Vaticano. Existem em diversas formas:

condado, cidade-estado, microestado, Estado-nação, Estado multinacional, Estado confessional e república. Em quase todos se encontram alfândegas, polícias, tribunais, repartições de finanças e um corpo militar. Quem atualmente pretende menos Estado, deseja menos burocracia e menos regulamentação legal, quem exige mais Estado, está pensando na redução do crime, na melhoria dos serviços públicos ou na proteção do meio ambiente. Quem, portanto, usa a palavra Estado, está se referindo a leis e não a negociações comerciais com um detentor do poder. Podemos definir o Estado de forma diferente: como um monopólio de poder político efetivo exercido em um território delimitado e provido de legitimidade, ou seja, de aceitação cujo alcance vai além da mera tolerância do povo. Ou, então, pode ser descrito como autodefinição de um sistema que cria decisões de compromisso coletivo. Por volta de 1789, na França, afirmara-se que o Estado é a sociedade que se intitula a si própria como o soberano da nação, da qual parte o seu poder. Não existe uma concordância geral sobre a melhor definição de Estado. Mas pode-se estabelecer o seguinte: quanto mais exigente for a sua definição, mais tardio, em termos históricos, é o reconhecimento do estatuto estatal. Pois é indiscutível que a ordem política dos romanos desconhecia o monopólio do poder e o direito administrativo, tal como a da Mesopotâmia desconhecia a polícia, e no Vale do Indo há 4 mil anos, não havia nação. Se bastar à definição do que é estatal a tomada regular de decisões centrais válidas em um dado território por um grupo para tal mandatado, o qual as impõe a uma população que o considera como legitimado para o exercício do poder, então, também os Astecas, os gregos e os romanos, tal como os havaianos, tinham um Estado[53].

---

53 Acerca dos conceitos de Estado referidos, cf. Jellinek (1976), Koselleck (1990) e Luhmann (2002).

Comecemos, portanto, com a pergunta sobre como surgiu o Estado, em vez de encetarmos uma discussão exigente sobre o seu conceito. É melhor seguirmos a sentença lacônica de Norman Yoffee (2005, p. 41): "Se, perante uma formação social, tivermos de indagar se estamos diante de um Estado, é porque não o é". Comecemos pelo Havaí. Até agora, procuramos sempre as conquistas civilizacionais naqueles lugares onde se teriam manifestado pela primeira vez. É certo que o Estado não foi uma invenção do Havaí, o que não nos impede de investigar como se formaram, nesse caso particular, os aspectos que melhor o permitem caracterizar. Afinal, existem, na história da civilização, duas formas distintas de se explicar o início dos diversos fenômenos. Algo pode nascer em determinado lugar e, a partir daí, espalhar-se para outras regiões: por meio da migração, do turismo, da exportação, por via do boato, de uma missão ou empréstimo à distância de trabalho ou de conhecimento, ou seja, por difusão. Ou, então, determinados fenômenos nascem em locais diferentes e em alturas distintas, independentemente uns os outros. A cidade surgiu primeiro na Mesopotâmia e mais tarde viria a surgir, sem influência mesopotâmica, no Peru, no México, na China. O mesmo se pode dizer da escrita e da religião, que também se formaram em lugares diferentes, entre os quais não houve intercâmbio. Os Indianos não haviam lido a *Epopeia de Gilgamesh* nem Homero, quando compilaram a sua primeira grande narrativa mitológica. Porém o caminhar em posição ereta, a fala e a domesticação do cão não tiveram o seu início, pelo menos temos de o presumir, em lugares do mundo muito distantes uns dos outros, entre os quais não houvesse comunicação: esses fenômenos do ser humano difundiram-se. Os Dez Mandamentos assemelham-se demais ao direito babilônico para não terem influenciado Israel. Porém é objeto de discussão entre os estudiosos se teria influenciado igualmente o direito romano. Na maioria das vezes, ambos os processos se misturam na história da civilização: algo nasce e difunde-se, mas não em todas as direções, pois nasceu também em outros lugares, em outros tempos.

No Havaí, nada se sabia sobre os seis primeiros Estados da história da Humanidade, os mais referidos: o mesopotâmico de Uruk, o egípcio, do Vale do Nilo, o de Moenjodaro e Harapa, no Vale do Indo, o da Dinastia Shang, junto ao Rio Amarelo, no norte da China, o da América Central, de Teotihuacan, e o de Chavín, nos Andes peruanos. No Havaí, nem sequer se tinha conhecimento da existência de Atenas, Roma ou do Império Britânico, quando lá se formaram, tardiamente na história da humanidade, entidades estatais. Os seis Estados mencionados eram também largamente independentes uns dos outros, apesar de haver, entre a Babilônia, o Egito e a Índia, algumas poucas, relações comerciais. Portanto, esses Estados levantam a questão de saber o que teria levado à constituição de semelhantes estruturas de exercício do poder central sobre grandes populações em regiões do mundo tão distanciadas entre si e sob condições ecológicas e geográficas tão diferentes.

O Havaí e as ilhas a noroeste situam-se a milhares de quilômetros de qualquer possibilidade de influência. A ilha no norte do Pacífico não esteve em contato com visitantes ocidentais antes do fim do século XVIII. Esses visitantes, o primeiro dos quais James Cook, em 1778, depararam com estruturas de domínio político estabelecidas há não muito tempo. E é por esse motivo que começamos no Havaí. Lá, o Estado não era apenas endógeno, ou seja, isento de qualquer modelo ou influência exterior. Ele surgiu tão tardiamente que podemos acompanhar a investigação e verificar como o início de um

Estado pode ser compreendido não apenas por um trabalho arqueológico detetivesco, mas por meio de relatos testemunhais e tradições documentadas dos habitantes do Havaí, cuja configuração estatal terminou em 1819 com a morte do rei Kamehameha I e a chegada de missionários protestantes. A grande vantagem do Havaí é, por outras palavras, existir já a escrita aquando da descoberta do Estado, o qual, comparativamente com outros, é jovem[54].

Como conseguiram os primeiros visitantes do Havaí reconhecer a forma política pela qual os seus habitantes mais antigos se haviam organizado? Talvez pela concentração do poder em uma só vontade, como já conhecemos do exemplo do cão: "tudo se regia pela vontade do rei, quer se tratasse da administração do país, do pagamento ou de contração de dívidas, de assuntos civis gerais ou de qualquer outro: não se seguia a lei". Ou pelo grande sentido dos havaianos para a estruturação da sociedade por camadas, o que impedia os titulares de cargos de chefia de se casarem abaixo do seu nível social: "Aos chefes que desempenhem altas-funções não é permitido, por motivos de linhagem e descendência, tomar como primeira esposa uma mulher de estrato social inferior, e em caso algum uma mulher do povo". Ou na rigidez das sanções em caso de incumprimento das regras estabelecidas:

> Quando um chefe-tabu comia, as pessoas em sua presença deviam ajoelhar-se; se alguém levantasse o joelho do chão, era imediatamente morto. Quando a sombra de um homem pousa na casa de um chefe-tabu, esse homem deve ser morto, tal como todo aquele cuja sombra pouse nas costas de um chefe-tabu ou nas roupas desse ou em qualquer coisa que lhe pertença (MALO, 1898, p. 80-84).

---

54 Cf. Spriggs (1988).

Pelo visto, reinavam expectativas muito rígidas no que diz respeito ao trato correto com os detentores de funções de poder.

Essas expectativas e as sanções aplicadas pelo não cumprimento das regras, para nós grotescamente violentas – não para os Astecas, Maias, mesopotâmios ou egípcios de então –, apontam para um uso não acidental do poder. O papel do detentor do poder era aqui publicamente sublinhado. O fato de haver chefes que eram literalmente tabu – palavra que tem origem em uma das línguas da Polinésia, e que se diz *kapu*, na língua havaiana da mesma família –, não só marcava uma competência técnica e funcional, como a sacralizava ainda. Eles eram supervisores das colheitas e tabu, militares e tabu, conselheiros e tabu, sacerdotes e tabu. E isso era demonstrado de forma expressiva e simbólica, assegurado como intocável, tal como em Estados posteriores um uniforme deixaria de ser um simples casaco, uma bandeira um simples pedaço de tecido. Os Estados rodeiam o poder de brilho, fazem da política uma questão de honra. É provável que tal elevação simbólica das funções políticas por meio de sanções extremamente duras tenha ocorrido pela circunstância de os chefes e o povo comum, como consta das anotações de David Malo, terem os mesmos antepassados. Entre reis e plebeus não havia de início qualquer diferença.

Esse fenômeno é decisivo para o início do sistema político que estamos levando em consideração. Naquela altura, havia no Havaí quatro reinos independentes uns dos outros, ligados pelo parentesco entre as respectivas classes de chefia, as quais se encontravam em constante conflito. Os seus centros situavam-se em ilhas diferentes: no próprio Havaí, com 140 mil habitantes, em Mauí, com 80 mil habitantes, assim como nas ilhas da mesma dimensão, Oahu e Kauai, que contavam com cerca 50 mil pessoas. Formações dessa dimensão –

em outros lugares foi nas cidades que se desenvolveram os Estados – não têm capacidade de ação coletiva sem uma estrutura de orientação hierárquica. Para se tratar de hierarquias político estatais que abranjam um território inteiro e não, por exemplo, de uma assembleia de tribos que envia emissários, a fim de tomarem decisões internas para que essa entidade possa negociar com o exterior, afigura-se necessária uma instituição central, onde são tomadas as decisões de compromisso coletivo. São ainda necessários administradores especializados na execução de tais decisões, os quais, por exemplo, recolhem os impostos, adjudicam trabalhos, aplicam sanções, coordenam ações bélicas. Isso não significa a existência de um monopólio de poder no sentido moderno da palavra, pois seria esperar muito de um Estado arcaico, uma vez que a existência do Estado pressupõe policiamento, jurisprudência, capacidade de investigar as infrações à lei – rixas, violência doméstica, mulheres raptadas. No Havaí, pelo contrário, tal como se verificou no Código de Hamurabi babilônico, era permitido à vítima, em dadas circunstâncias, fazer justiça por si própria. E o rei queria primeiro um cão, para só depois se ocupar da mulher raptada[55].

Quase todos os Estados arcaicos tinham reis. É verdade que os Astecas colocavam ao lado do seu rei, o grande porta-voz, um parente masculino com a denominação de mulher-cobra, mas a sua função era sobretudo supervisionar a administração. Também no Egito, no reino dos Incas, na realeza citadina da Mesopotâmia e na dinastia Shang da China, o poder era incontestavelmente de uma figura real, quase sempre um homem; no Egito, em períodos de transição, eram abertas exceções; no reino dos Maias, há relatos

---

55 Carneiro (1981) descreve o antigo Havaí como uma sociedade a caminho de se tornar um Estado, se não fosse já um.

isolados de soberanas femininas e, no poder da cidade de Kish, junto ao Rio Eufrates, estivera primordialmente uma mulher, a outrora taberneira, Kubaba. Na maioria das vezes, o reino e a realeza eram hereditários, mas houve igualmente exceções, por exemplo, entre os Astecas, quando era formado um conselho entre os irmãos e filhos de um falecido rei a fim de escolherem o seu sucessor.

Mesmo assim, a soberania ficava nas mãos de parentes. Nos Estados arcaicos, os detentores do Poder Executivo formavam uma camada social própria e à parte. Nascia-se, por assim dizer, como chefe responsável por um determinado posto. Assim sendo, os soberanos não se distinguiam da restante população apenas pelo poder de comando e o tabu que lhes estava destinado, como também pela sua ideologia e linhagem. Nas ilhas Polinésias, a partir das quais o Havaí fora colonizado, eram ainda os clãs cônicos a ordem mais importante da sociedade, tribos que remetiam a um antepassado comum e distribuíam de forma cônica o poder de decisão pelos descendentes mais próximos. Eles tinham um líder qualificado, tanto a nível político, como a nível religioso. A capacidade especial para tomar decisões lhes era atribuída com base em tal linhagem e devido ao sucesso obtido, fosse na caça, na colheita ou na guerra. Essas atribuições beneficiavam, posteriormente, em uma espécie de laço acompanhado de retorno, outros sucessos, como aquele agraciado pelos deuses a quem se oferece o melhor terreno de cultivo e bons partidos às filhas enquanto ele, chefe e representante de tudo isso, acumula prestígio social.

O Estado arcaico no Havaí pôs de lado essa estrutura, mantendo, contudo, elementos centrais dela. As pessoas com direito a terras por descendência, tornaram-se, assim, habitantes que colonizavam o solo pertencente ao rei. Eram da mesma origem as anotações de Malo, o que era válido para a camada social mais elevada, já não o deveria ser para seus filhos e netos. Pois, entre os três estratos sociais – chefes, povo, intocáveis –, não se casava; apenas às moças bonitas poderia vir a ser dada alguma possibilidade de ascensão social, mas somente como segunda esposa ou concubina. O mais importante era a mulher ser, pelo menos, do mesmo estrato social do homem. As genealogias apenas são cuidadas nas camadas sociais superiores, porém com muito empenho, porque os estratos intermediários da elite se definem a partir delas, tal como na aristocracia europeia, por meio de finas diferenças de estatuto desde o barão até ao príncipe – e tudo o mais que possa ser concebido de elevado e nobre, para poder ligar-se a outros membros desse estado elevado e nobre e às respectivas propriedades. No Havaí, portanto, os casamentos entre parentes ou mesmo irmãos – a poligamia criava inúmeros meios-irmãos – afigurava-se vantajosa ou mesmo desejável. Quanto mais incestuoso, melhor, pensava-se expressamente, porque assim se perpetuava sangue valioso. O povo comum havaiano, como qualquer outro povo, não tinha, contudo, grande motivação para lembrar os seus antepassados ou pisar a linha tabu do incesto. Os seus direitos não se baseavam na descendência. Citando o poeta Friedrich Schiller (1797): "As naturezas plebeias pagam com aquilo que fazem, as nobres com aquilo que são". O Estado arcaico surge com a autopromoção por parte de pessoas, que, a partir daí, se sentem enobrecidas.

Por que razão o povo comum permitia isso? Por ter sido forçado? Pela soberania ser melhor do que a guerra? A guerra certamente só poderia estar na origem do Estado, desde que o seu desencadear não levasse à destruição ou à dispersão de populações inteiras, mas à sua escravização e inclusão na camada social inferior. Portanto, teriam de ser cumpridas duas condições: os vencidos não poderiam ser mortos, nem fugir e, dominados que eram, teriam de permanecer domináveis. No melhor dos casos, não tinham apenas de se conformar com a sua situação, como ainda considerá-la normal. A primeira dessas condições levou o etnólogo Robert Carneiro (1970), há mais de 40 anos, a uma teoria sobre o início do Estado a partir da falta de possibilidades de fuga. Segundo essa teoria, o Estado forma-se com mais probabilidade em um lugar onde mares, rios, montanhas e desertos impedem as tribos atacadas e vencidas de se escaparem e colonizarem novas terras. Tal como a cidade só se desenvolve quando o crescimento populacional não se transforma em migração, mas no crescimento da própria colônia já existente, assim também tem de haver constrangimentos de mobilidade física ou social para que a fraqueza não se torne fuga, mas submissão. O crescimento populacional em um grupo de ilhas, como é o caso do Havaí, é um bom exemplo desta mecânica da criação de subjugados.

A segunda condição, a crença na legitimidade da subjugação, está cumprida quando a soberania política se apresenta como resolução de uma crise. Há sempre alguém – escreveu o antropólogo Patrick Vinton Kirch (2010) –, um jovem candidato na periferia do sistema central, à espera da oportunidade de provar que os titulares do direito antigo e consagrado a ocupar uma posição de chefia não são os mais adequados para exercerem essa função pela qual os deuses os favoreceram. Assim, a transição de um sistema tradicional tribal no Havaí, no século XVI, para um regime real centralizado coincidiu com o fim da possibilidade de expansão agrária na ilha, sendo elevado o número de habitantes; entre 1200 e 1550 a.C., a população duplicara a cada intervalo com a duração entre

40 a 60 anos. O controle dos conflitos daí emergentes, bem como a reorganização centralizada da economia da ilha foram efetuados pela realeza. O direito a plantar e colher no solo do rei era agora conseguido graças ao pagamento de contribuições. Palavras que anteriormente designavam "proprietários de terras" significavam agora no Havaí "população", "pessoas". Também se chamava o homem comum "homem avermelhado", uma vez que tinha de trabalhar ao sol. Depois ainda havia os intocáveis, com os quais não era possível comer em conjunto sem se tornar impuro, os quais tinham o estatuto de serviçais, mas que eram igualmente trazidos para rituais de sacrifício humano. A simples designação anterior de "chefe" tornou-se uma posição social que se elevava, percorrendo uma escala de vários graus (chefe, chefe-tabu, chefe de distrito, chefe de quartel etc.). Além disso, iniciava-se a separação entre as funções seculares e as religiosas: o ofício de sacerdote passou a ser especial, e na coroação do primeiro rei sacro teria já um papel preponderante. A justificação da nova ordem social, outra característica dos primeiros Estados primitivos, é dada por meio de uma religião feita por medida que declara o sistema de poder e os seus titulares como "tabu". O topo da pirâmide social é consequentemente ocupado por um regente com qualidades divinas[56].

É provável que James Cook, no Havaí, tenha se lembrado de alguns modelos europeus de organização da sociedade na corte. O mesmo teria sucedido com a organização religiosa que passou a ligar o poder de "mana", a força divina, ao sistema hierárquico social. Os membros do povo comum eram profanos, os aristocratas santos, o rei divino. Esse último, não residente, estava rodeado pelo seu séquito volumoso, pronto para o servir enquanto viajava pelo

---

56 Cf. Possehl (1998) e Hommon (2013).

reino, não lhe faltando sequer um carrasco ambulante, para que as execuções de todos os que perturbassem o efeito carismático do soberano fossem logo efetuadas no lugar: "quem, do povo comum, se aproximasse sem a devida autorização, era morto". James Cook, que também se aproximou sem permissão, teve o destino consequente.

Uma proteção tão rígida contra dúvidas levantadas ao poder do Estado arcaico não existia nessa forma em toda a parte. Contudo, também na Mesopotâmia, no Egito, na América Central e em outros lugares, teve um desenvolvimento semelhante, assim que surgiram desigualdades econômicas, o benefício de políticos e a ideologia de classe social apoiada pela religião: excedentes agrários que eram atribuídos a um determinado grupo tornavam outros dependentes, acentuando-se mais ainda a desigualdade pelo casamento, as redes de parentesco, a aquisição de terras e o comércio. O aumento de patrimônio permitia aos respectivos proprietários, por um lado, alcançarem poder militar e terem trabalhadores sob o seu controle, por outro, realizarem uma divisão do trabalho que, pela geração de excedentes, aumentava ainda mais as desigualdades. Simultaneamente assistia ao prestígio associado ao grandes patrimônios baseado na graça dos deuses. Para comprovarem esta correspondência, os grandes proprietários são introduzidos para consumo demonstrativo, como ornamentos da ordem social em festas, sacrifícios, construções cerimoniais, rituais fúnebres e outros.

Em que medida podemos designar por Estado esta combinação de cultura da corte, ditadura e superstição? Bando, tribo, chefia (*chiefdom*) e Estado, é assim que os antropólogos distinguiram, desde a década de 1960, os degraus da escada histórica primitiva da constelação política. Imaginaram os bandos como forma típica de comunidade há 10 mil anos, bastante igualitária, em termos comparativos, sem um papel formal de liderança e sem uma forte demarcação de território, com uma divisão do trabalho de acordo com a idade e o sexo dos seus membros e com fraca memória quanto às suas origens. As tribos, por seu turno, cuidam dessa memória, realizam o culto aos antepassados, conservam e ornamentam, por exemplo, as caveiras têm por base também o parentesco; a sua organização deste e do mundo, contudo, faz-se por meio de ritos, que repetem regularmente. Por vezes, as tribos vivem em aldeias. As dissensões que levam à tomada de decisões de compromisso e obrigam, portanto, à política, são aqui resolvidas em família; as dissonâncias entre tribos, em grêmios para decisões de litígio, recorrendo-se a um conselho constituído pelos membros mais velhos[57].

Estamos perante uma chefia quando a tarefa de decidir sobre conflitos pertence a uma pessoa e uma série de comunidades aldeãs estão sob seu controle, o qual constrói para o efeito o seu próprio grupo de apoio. No momento em que a decisão sobre divergências é tomada por uma única pessoa pertencente apenas a um dos sistemas de parentesco em conflito, ou que, em todo o caso, em uma fase de crescimento da formação comunitária, não se encontra em grau de parentesco igual com todos eles, é criado um papel político genuíno. Poderia se dizer igualmente que, naquele momento, aumenta a probabilidade de as decisões coletivas serem tomadas sem se ter em conta o parentesco. As chefias são especialistas na tomada de decisão, trata-se aqui de gestão.

Correspondentemente, a atenção desses chefes concentra-se nas desigualdades, que requerem a sua decisão – por exemplo, no

---

57 Relativamente aos níveis do desenvolvimento dos diferentes tipos de sociedade, cf. Service (1962) e Lewellen (2003).

caso de grupos de interesse, famílias, aldeias –, e que têm de ser equilibradas ou justificadas com razões de peso. Não se trata aqui de manobras indevidas, os beneficiários acreditam, de fato, terem acesso a fontes míticas. Não existe, para o seu sucesso, uma linguagem que não esteja repleta de interpretações mágicas. Decisivo não é aquilo em que acreditam, mas o que creem aqueles que cada vez menos representam, e sobre os quais começam agora a exercer o seu domínio. A sustentação necessária à crença legitimadora do equilíbrio entre as forças de controle e os interesses da sociedade é dada pelos próprios chefes, mais tarde pelas oligarquias ao redor do rei, graças a uma redistribuição de riqueza sob a forma de prebendas, festas, consumo ostentativo e privilégios. As melhores justificações são, contudo, sempre religiosas. Por que razão foi decidido assim e não de outra maneira? Porque os deuses assim o quiseram. Essa resposta aumenta a autonomia da decisão política, uma vez que empresta àquele momento de aleatoriedade, que este tipo de decisão sempre tem, um vocabulário além do poder exercido.

Cedo, pois, se projetou, dessa maneira, um sentido sacro na liderança política. A tese de alguns sociólogos da religião de não haver igrejas mágicas é aqui refutada; muitos Estados arcaicos são precisamente igrejas mágicas. Especialmente em caso de sucesso, quando, por exemplo, um sistema de rega adjudicado, cuja construção fora exigida ao clã, alimentava efetivamente a cidade, o carisma era atribuído como prêmio à chefia, que surgia agora ainda mais agraciada pelos deuses. Decisões políticas como apoio paramilitar, redistribuição econômica e justificações religiosas constituíram os registos mais importantes na transição de um regime de chefia para a realeza. Nessa transição modifica-se a forma da desigualdade social. Os líderes e os seus apresentam-se também em outros Estados arcaicos como se tivessem uma origem especial e fossem capazes de um contato privilegiado com os deuses.

O rei e o seu séquito referenciavam-se expressamente a antepassados diferentes dos do povo, estabelecendo uma descendência própria, reinventando, portanto, a sua origem, determinando uma estratificação social, ela própria apresentada como sagrada, o que justificava a introdução da violência por razões de segurança. Apropriam-se de patrimônio e de bens de prestígio e passam a reger não apenas uma comunidade, mas várias. Em parte, isso era remetido para as circunstâncias demográficas, uma vez que, com o aumento e a densificação populacional, as exigências de organização da vida comunitária cresciam. Têm de ser tomadas mais decisões, o que acarreta mais poder e mais religião. *Ora et labora*: especialmente há que assegurar a alimentação de uma população considerável, por meio de uma agricultura mais intensiva. No Havaí, isso aconteceu principalmente por meio de sistemas de rega para o plantio e de tanques em pedra destinados à aquacultura. Em outros lugares, a energia coletiva foi investida em caminhos para o comércio e o transporte de pessoas, úteis à própria produção e à acessibilidade de objetos de prestígio. A rede de estradas dos Incas abrangia 40 mil km. A construção de sumptuosas edificações sacras, os Maias erigiram, entre outras obras, uma pirâmide com 70 m de altura, o que teria levado 10 a 12 milhões de dias de trabalho, põe os detentores do poder perante as mesmas tarefas organizacionais e segue a mesma lógica, porque em tudo o que corre bem se manifestam as forças divinas. Levar a cabo obras dessa envergadura comprovava a graça divina extraordinária que assistia àquela comunidade.

O complexo ritualístico não é, portanto, mais do que um posto de transformação que alimenta a economia política de razões e que faz todos os membros dessa comunidade participarem do sentimento de mistério. No Havaí, a energia que fluía por esses canais era designada por "mana". Esse conceito de uma força divina que tudo atravessa teve várias traduções: "influência", "eletricidade", "tensão" sob a qual se encontra o universo, havendo ainda a tradução "autoridade", "prestígio" e "felicidade". Uma vez que essa palavra, segundo alguns etnólogos, é verbo e substantivo, pode-se ter e ser mana. Mas a força correspondente não foi definida de forma abstrata por aqueles que acreditavam nela, ela foi exemplificada: mana tem efeitos sobre o crescimento das plantas, o descer da febre, o êxito na caça, a potência sexual, a vitória em combate. "Nada do que é humano lhes era estranho – mas talvez o contrário fosse sempre válido", escreveu o antropólogo Marshall Sahlins (1985) acerca dos havaianos que queriam ter o mana de James Cook, matando-o. Uma vez que, nas sociedades arcaicas, o controle destas sobre o meio ambiente ainda é fraco, em todas as ações e comunicações intervinha quase sempre o mistério e, como tal, nada de estranho lhes seria humano. De certa forma, a religião e a crença nas forças mágicas do rei e dos elementos circundantes ultrapassavam tudo o que anteriormente foi posto em prática pelo culto aos antepassados, o qual passou a ser praticado apenas entre o povo. Impregnavam todas as relações sociais, e isto de forma irregular, de cima para baixo. A formulação relativa ao Estado Inca e a coextensividade entre política e religião também se adequa ao Havaí: onde estava uma, encontrava-se a outra.

Ao mesmo tempo, o antigo Havaí era violento. Havia sempre conflitos de disputa pela posição do rei. As rebeliões em que os chefes locais o matavam por se ocupar insuficientemente deles e do povo, não eram raras. Em caso de homicídio político, era tido em conta o calendário lunar, pois este devia ocorrer em data religiosa exata. Nos rituais, os sacrifícios humanos eram habituais, mesmo que não tão comuns como entre os Incas, em que a entronização do rei podia levar à morte de mais de 200 crianças. Já se falava igualmente de sanções drásticas contra os delitos, as quais não ficavam a dever nada às praticadas em outros Estados arcaicos. Existia guerra permanente entre a realeza das ilhas, que visava maioritariamente a expansão territorial e era levada a cabo por soldados recrutados entre o povo. Segundo o que se sabe, os conflitos de reconhecimento entre elites com grande necessidade de prestígio desempenhavam também aí um papel importante. É pertinente a observação de que o aumento da violência entre as ilhas tinha tanto a ver com a necessidade de alimentos, como com a escassez de penas coloridas. Quando Cook descobriu a ilha, viu-se diante de uma frota de cinco divisões, cada uma constituída por cerca de 300 canoas. Havia inúmeros templos erigidos à guerra – nas ilhas do Havaí e de Mauí contavam-se quase 60 – nos quais eram, por exemplo, sacrificados os presos pertencentes à camada social mais elevada dos opositores. Não se encontravam tão difundidos os sistemas de fortificação, mas existiam lugares considerados sagrados de refúgio para a violência da guerra.

Decisões centrais tomadas por grupos com acesso privilegiado a bens, a divindades e a meios de uso da violência, sendo ainda independentes de outro tipo de orientação – é esse o esboço exterior de regime estatal, o qual pode ser alcançado por várias vias e preenchido de formas diferentes. No Havaí não existiam, por exemplo, cidades, muito menos megacidades. Vivia-se em um mundo pouco homogêneo, com fontes de água bastante dispersas, cuja utilização para rega era alternada com áreas regadas pela chuva. A alimentação tinha por base primária raízes de plantas – batata-doce, taro, inhames – inadequadas ao armazenamento em clima tropical, no que afastou o fundamento para uma soberania centralizada em muitos Estados arcaicos: a chave do armazém. Ou, tal como formulou o arqueólogo Patrick Vinton Kirch, as proteínas das plantas eram armazenadas no Havaí em forma de carne de porco e de cão. O rei viajava constantemente com a sua corte, os seus conselheiros, supervisores e serviçais entre os aglomerados que controlava e nos quais se trabalhava para que lhe fossem entregues contribuições. Encontrava-se *in loco* com os seus subordinados, os chefes que supervisionavam a agricultura. Quando a dimensão de um território ideal do ponto de vista político corresponde a um diâmetro que, para ser percorrido, demora uma viagem de meio dia, do centro até às zonas periféricas, então se calcula, subtraindo a velocidade da marcha dos cavalos ou os rios navegáveis, um diâmetro de, aproximadamente, 50 km para uma entidade estatal dessa envergadura, caso a autoridade não seja delegada e o próprio chefe tiver sempre de verificar, se está tudo funcionando na devida ordem[58].

Foram feitas objeções a designar todas estas entidades por Estado, pois no Havaí o poder oscilara sempre entre uma monocracia, uma policracia e uma anarquia, se é possível atribuir-lhe essas designações. Pairou sempre a ameaça de separação das povoações que podiam mudar-se para a soberania de outras realezas. Houve ainda intrigas permanentes entre as oligarquias, que rivalizavam constantemente entre si nas costas do rei. Uma vez que não existia um exército permanente à disposição exclusiva do soberano, este tinha de provar repetidamente as suas qualidades divinas, para reafirmar os fundamentos do seu poder. Isso levaria os detento-

---

58 Acerca da especialização administrativa no Havaí, cf. Spencer (1990).

res do poder a guerras intermináveis conduzidas pelos sequazes fidelizados com cada êxito alcançado. Sempre que um rei morria, a sociedade caía em uma situação maníaca, devido à sucessão por preencher; as pessoas perdiam o controle e tornavam-se violentas, somente porque o seu lugar se encontrava vago por um dado tempo. Podemos ver essa situação como um testemunho da falta de institucionalização da continuidade dinástica, mas também como indício de que "mana" encontra, de fato, em "tensão elétrica" a sua melhor tradução, como escolheu a antropóloga Ruth Benedict (1938). Porém não mostraria justamente essa ordem, ao se encontrar constantemente à beira do tumulto, quais forças estão ligadas apenas temporariamente nos Estados arcaicos? E, correndo o risco de parecer um argumento anacrônico, a objeção de que uma formação oscilante entre monocracia, policracia e anarquia não se trata de um Estado não teria levantado as mesmas dúvidas quanto à natureza estatal da Rússia ou da Venezuela atuais?

O critério de uma organização centralizada com especialização interna considerado para os Estados arcaicos servia à máfia real do Havaí, da mesma forma que os sacrifícios humanos ritualísticos serviam de reforço à soberania do rei por graça divina ou para um poder sacerdotal em separado, verificando-se a existência de ambos em muitos Estados primordiais. A margem de manobra ou de variação para o surgimento de um Estado era, contudo, bastante grande, pelo que não se pode realmente falar de estágios forçados da evolução social. Diferente era a dimensão da burocracia, eventualmente apoiada pela escrita, como diferente era a direção tomada pela redistribuição econômica, levada a cabo por um templo, um paço real ou pela administração de uma cidade. Por vezes, a produção de determinados bens – a cerâmica na Mesopotâmia, por exemplo – constituía a chave para o desenvolvimento econômico, em outras vezes eram os centros religiosos – a povoação Pueblo, em Chaco Canyon, por exemplo –, que levavam à densidade urbanística e consequente alteração da organização política. Dependendo das circunstâncias ecológicas, demográficas e colono-geográficas, ora eram os motivos militares, ora os de culto, ora ainda as infraestruturas os mais determinantes para o exercício do poder regional. Por outras palavras, o controle político é diferente, conforme o território que se encontra sob o seu domínio seja uma ilha, um deserto, uma localidade junto ao rio ou uma região montanhosa. Quando as fontes de alimentação se encontram próximas umas das outras, é possível dispor-se diferentemente delas, o que não acontece em lugares como o Havaí, onde elas se encontram em parte junto à costa, em parte no interior da ilha. Já constituiu privilégio da camada social dos soberanos disporem dos solos mais férteis, ou das melhores construções, ou ainda do veio mais lucrativo do comércio. Houve Estados arcaicos, como o dos Astecas, que se definiam a partir do seu centro, outros, como o egípcio, que se entendiam a partir das suas fronteiras, e outros ainda, que foram designados "Estados do vale", no plural, porque a cada 30 km começava um novo reino, junto a um rio diferente. Por fim, houve também regiões do mundo em que as comunidades de caçadores-coletores não fizeram a vontade à teoria da evolução e não se transformaram em aglomerados populacionais e realezas hierarquicamente diferenciadas: um exemplo disso é a Austrália[59].

Determinante para a cesura que o Estado arcaico representa na história da civilização foi o desempenho construtivo, em todas as

---

59 Acerca dos critérios que definem Estado, cf. Wright (1977). Sobre a variedade de chefias, cf. Earle (1987).

suas variantes. Como no Havaí, foram criados múltiplos sistemas novos de parentesco aristocrático e oligárquico, incluindo o casamento, como forma de evitar rivalidades de estatuto. O parentesco é, portanto, politizado. Os rituais que, em toda a parte, tanto em Uruk, como em Teotihuacan – cujo nome traduzido à letra significa "onde nos transformamos em um deus" –, põem a soberania e o rei no centro, fazendo-o também no campo religioso. A monumentalidade das construções, onde eram edificadas, simbolizava mesmo a ruptura com todos os costumes. A política era um trunfo maior do que a tradição, ou melhor, estabelecia o que essa deveria ser. Os habitantes de cidades-Estado tinham graus de parentesco com aqueles que viviam nos subúrbios, mas a pertença ao Estado era para a sua forma de vida mais importante do que a origem étnica. Na Mesopotâmia e na China, os primeiros Estados eram multiétnicos e multilíngues. O comércio em desenvolvimento, uma vez que a economia era organizada pelo Estado e se tornou objeto das decisões políticas deste, que almejava os excedentes revalorizáveis, levou a uma maior mobilidade. A guerra teve o mesmo efeito. Mas talvez nada diga mais acerca da utilidade conseguida pelo regime estadual no seio da vida em sociedade do que a fundação da capital do Estado mexicano dos Zapotecas, Monte Albán. Ela foi erigida como capital libertada das frações da oligarquia reinante que rivalizavam entre si por razões puramente políticas, em uma região neutra situada na proximidade de um vale selvagem, longe de fontes de água e de alimentação.

As origens do Estado no sentido de um sistema político que se distancia do lugar comum, para redefinir parentesco, religião e economia, exigindo um grande esforço à população, andam a par com conflitos significativos. No Havaí, a transição do regime de chefia tribal para a soberania de um rei eleito pela graça divina, no fim do século XVI, foi levada a cabo pelo filho ilegítimo do chefe tribal até então, cuja mãe, contra todas as regras, provinha do povo; concretizado por um usurpador, portanto. Mandou apedrejar o meio-irmão até a morte, com a bênção dos sacerdotes, porque esse os destratara, tomando o poder como rei-deus, em nome da divindade da batata-doce e da chuva, Lono. Iniciou o seu poderio casando com a sua meia-irmã e com uma redistribuição do solo de lavradio, que foi executada à força e contra a vontade dos chefes subalternos, pois pretendiam ficar com as terras herdadas. Privilégios por tradição eram contra o mana comprovado, como formula Kirch (2010), e o titular desse mana não se limitava já ao papel de supremo administrador da comunidade ritualística, mas pôs mãos à obra política: reforma agrária, controle da economia, introdução de impostos, construção de estradas e elevação de templos novos e monumentais, divinização de si próprio, sacralização do aparelho de soberania e, simultaneamente, a invenção do povo. Provavelmente, Thomas Hobbes, com a sua ideia de soberano como deus mortal, teria se encantado com o Havaí.

11

CONTABILIDADE COM CONSEQUÊNCIAS GRAVADAS

As origens da escrita

> *A fala tem de ser aprendida. A escrita tem de ser estudada.*
> Peter J. Daniels

Como chegamos ao A e ao O, ao alfa e ao ômega, do A ao Z? A invenção da escrita representa uma cesura epocal específica na história da humanidade, pois a escrita não é apenas uma técnica que alterou muitas coisas; ela permite a comunicação, quando se está ausente, lembrar o que se havia esquecido, afirmar algo tido como inalterável, somente por estar escrito. A escrita substitui a comunicação, "apesar de continuar a exigir uma ação, nos seus efeitos sociais, a partir do momento da sua primeira aparição ou formulação" (LUHMANN, 1985, p. 128). Além de tudo isso, a escrita, quando transmitida em bom estado de conservação, descodifica o efêmero e o invisível. Ações, pensamentos, sentimentos, observações, experiências dependem dela, quando as testemunhas mediatas não estão presentes. Evidentemente, não havia nada disso em sociedades desprovidas da escrita ou, pelo menos, é possível presumi-lo, uma vez que não existem documentos que o comprovem. Só a existência da escrita tornou possível não apurarmos o passado meramente por meio de pedras, dentes, ossos e lugares de fogo. A escrita assegura o que, de outra forma, teríamos perdido; mas ela conserva igualmente o que nunca foi, pelo que podemos confiar tanto ou tão pouco nos depoimentos escritos sobre o início da escrita como em todo o resto.

> O A é a boca de uma carpa com barbilhões, pois quem diz "A" parece-se com uma carpa. O Y é o rabo de uma carpa, dado que a carpa não pode ter apenas uma boca. O "O" é um ovo, que a boca forma, quando o pronuncia. E a cobra faz "ssssss", pelo que o "S" se parece com uma cobra. "Yo" significa "água imprestável", "So" significa "vir comer" e "Shu-ya" quer dizer "chuva". Pelo menos é assim na língua de Taffy, da menina da Idade da Pedra que, na verdade, se chamava Taffimai Metallumai.

> E depois de milhares e milhares e milhares de anos, depois de hieroglíficos e demóticos e nilóticos e crípticos e cúficos e rúnicos e dóricos e jônicos e de todos os gêneros de outros riscos e rabiscos (porque os woons e os negus e os akhoonds e os repositórios da tradição nunca deixariam sossegada uma coisa boa quando dessem por ela) o velho e admirável, fácil e compreensível alfabeto – A, B, C, D, E, mais todo o resto – voltou a sua forma correta outra vez para todos os mais que tudo aprenderem quando tiverem idade para isso (KIPLING, 2001, p. 121).

Não foi um acaso que Kipling intitulasse o livro em que se insere a sua história por *Histórias assim*; porque se trata, na verdade, de uma história fantástica, que poderia ter sido exatamente assim, se bem que todos nós saibamos que talvez pudesse ter sido assim.

Outra história sobre as origens da escrita contavam os sumérios, que deviam saber muito da poda, porque foram os primeiros a inventá-la. Esperem – os primeiros a inventá-la? Isso não significa afirmar que a inventaram, e pronto, o caso está resolvido? Não, não significa. De qualquer forma, os sumérios contavam que houve um mensageiro do rei de Uruk, junto ao Eufrates, que de tanto correr estava sempre extenuado, de sorte que mal conseguia respirar ou falar: "`kig-gi-a ka-ni dugud schu nu-um-un-da-na-gi-gi`, o mensageiro sentia a boca pesada e nem conseguia repetir o que dissera", como reza a história. Por isso, o rei preferiu anotar em uma placa em argila a sua mensagem ao soberano de Aratta e entregá-la ao mensageiro. E zás, estava inventada a escrita.

A escrita foi inventada porque um porta-voz ficou sem fôlego e com a língua emperrada. Não se trata de uma simples narrativa, pois, durante muito tempo, foi esse o esquema comum utilizado para explicar a utilidade da escrita: servia para vencer as fraquezas da fala. Encontre o erro. Como poderia o rei de Aratta ter compreendido a mensagem, quando, na altura do seu envio, a escrita ainda não fora inventada?

Ambas as histórias apresentam falhas. Não tanto como a lenda segundo a qual o poeta Simónides teria inventado quatro letras do alfabeto grego: o eta, o xi, o psi e o ômega. No entanto, são boas histórias. A lenda suméria é boa, porque nos faz lembrar que a comunicação pressupõe a participação de pelo menos dois elementos. Por outras palavras, nunca faz sentido atribuir a origem de alguma coisa a um único acontecimento. Pois, quando se trata de comunicação, ou seja, de invenções sociais, a coisa inventada tem de ser recebida por alguém. A produção pressupõe o consumo, a narração um ouvinte, a arte requere um observador, a escrita quem a leia. Nesse sentido, afigura-se bastante provável que o primeiro escritor não tenha escrito para ninguém, senão para si mesmo.

E a explicação de Kipling é boa, porque inverte o que, durante anos, foi pensado acerca da escrita. Pois, durante séculos, pressupôs-se que ela iniciara como escrita pictórica e, a partir daí, desenvolvido e transformado na escrita fonética, de forma que as sílabas do alfabeto em que cada signo corresponde, aproximadamente, a um fonema ou som. O estudioso da cultura antiga do Oriente Médio, Ignace Jay Gelb, que, em 1952, apresentou o primeiro esboço da história da escrita, ainda pensava desta maneira. Estava também consciente do que se trata na escrita: de uma língua fixada. Escrever significa traduzir pensamentos e fonemas para letras, imagens e, se fizermos referência ao braile, para signos táteis compreensíveis. Palavras remetem a palavras. Quem quer decifrar uma escrita, teria de fazer a retroversão para o sistema oral de signos que ela representa. Dessa forma, foram descodificados muitos dos documentos escritos antigos, desde os hieróglifos egípcios até a escrita micênica linear B. A partir de signos em placas de pedra ou argila, remetia-se a uma língua, a respectiva gramática e vocabulário. Nesse contexto, a história da escrita surgia sempre como a representação linguística mais bem conseguida: primeiro por meio de imagens, pictogramas e sinais ideográficos – um crânio com dois ossos cruzados tanto representa pirata, como indica algo venenoso –, depois por meio de signos para palavras completas, logografia, a que se seguiram os silabários, escrita por sílabas e, finalmente, graças aos signos representativos de um ou vários sons ou fonemas: a escrita alfabética.

Isso são tipos ideais, pois praticamente nenhum sistema de escrita desenvolvido se constitui em exclusivo por uma dessas classes de signos. Vejamos a nossa escrita alfabética: também aqui existem sinais como "§" ou "&", que são logográficos, ou são introduzidos signos como os pertencentes a um silabário, por exemplo, "you2", "2fel", "MerryXmas". Em geral, contudo, a história das imagens que se desenvolveram para fonemas parecia correta. Os últimos hieróglifos conservados são originários do ano 394 d.C. Quando, há mais de 200 anos, os linguistas iniciaram a descodificação dos hieróglifos da famosa Pedra de Roseta, comprovou-se a suspeita de se tratar de signos fonéticos.

Um oficial francês havia-a encontrado em julho de 1799, durante a campanha napoleônica próxima da cidade egípcia portuária de Rashid (Roseta). Nessa pedra fora gravada em 196 a.C. três vezes o mesmo texto, uma espécie de decreto relativo a impostos e tocante às contribuições do templo: uma vez em grego, para os soberanos ptolemaicos no Egito, uma em demótico, surgida em 650 a.C., para os funcionários públicos egípcios e outra em hieróglifos, para os sacerdotes egípcios. Jean-François Champollion decifrou-as em 1822, remetendo de uma escrita para outra. Esse resultado acrescentou outras assunções, por exemplo, sobre a completude de uma língua. Se o grego tem uma palavra e respectiva representação gráfica para "rato", então teria de haver igualmente no egípcio uma sequência de signos ou um signo equivalente, partindo do princípio de que também existem ratos no Egito. Daqui resulta que a escrita pressupõe uma língua anterior completa, a qual vem apoiar e, por assim dizer, traduzir a oralidade.

Porém no início da escrita não estava a língua, no sentido de língua falada. Como formulou o historiador e investigador Peter

Damerow (1999), quanto mais recuarmos na história da escrita, mais soltos se tornam os fios que ligam os signos escritos à necessidade de substituírem mensagens orais. Pode mesmo tornar-se impossível reconstruir a língua de uma cultura a partir dos testemunhos escritos. E isso continua a ser válido quando são encontradas milhares de placas escritas em argila de uma determinada cultura.

Então, que tipo de informação está contido em tais escritos antigos? É indiscutível que a escrita é uma tecnologia de informação. Um exemplo do uso atual pode ajudar-nos a ilustrar a sua funcionalidade mais antiga. Verificamos que no frigorífico não há leite e anotamos em um papel a palavra "leite". Talvez lhe acrescentemos um ponto de exclamação ou uma indicação quantificadora. Talvez a coloquemos em uma lista, da qual constam igualmente "chicletes vermelhos", "beterraba", "dois pacotes de manteiga", "sacos de lixo, 40 l" e "leva encomenda aos Correios". Se um arqueólogo encontrasse de forma muito pouco provável estas anotações, muito tempo depois de a nossa sociedade ter desaparecido, não necessitaria, para as compreender, de reconstruir grande parte da gramática nem isso seria possível, mesmo que fizesse uma recolha local de listas de compras semelhantes. É claro que poderia descobrir, por meio de comparações, que "vermelho" é um adjetivo qualificativo e "pacotes" um nome comum que remete para a forma da embalagem, "dois" um quantificador e "litros" uma medida, que não é utilizada para chicletes nem beterrabas, mas com frequência para substâncias líquidas, apesar de "sacos de lixo" não ser um nome representativo de algo líquido. Se houvesse muitas listas de compras, talvez até se pudesse descobrir que "leva" é um verbo, o que significa um ponto de exclamação ou que "nos" é um indicador de lugar.

É certo, que continuaria ainda muito longe da gramática e do vocabulário da língua em questão. As listas de compras têm a característica de conterem muitos nomes comuns e quantificadores, sendo os nomes, por seu turno, quase exclusivamente unidades de medidas ou itens. Assim sendo, também não é preciso falar a língua para a compreender. Aspectos gramaticais importantíssimos para a compreensão de uma língua, como os pronomes pessoais, os tempos e as flexões verbais, os particípios e as conjunções não têm aqui um papel relevante. Mas ajuda ter uma noção do que se trata, quando se fala de frigorífico, de cesto de lixo, supermercado ou correios.

No início da escrita estiveram anotações semelhantes à lista de compras. As primeiras formas de escrita não visavam fixar o que fora dito. Eram anotações, apontamentos, apoios à memória para processos, que não eram linguisticamente muito complicados. Trata-se de uma invenção comparativamente jovem. Os textos que se presume serem os mais antigos são de há 35 mil anos na escrita chamada cuneiforme, gravados em placas de argila que se preservaram até aos nossos dias, provavelmente por duas razões: devido à dureza da argila e porque esta servia igualmente de material de enchimento para edifícios, após terem perdido o seu significado comunicativo. Essas placas são documentos de contabilidade mesopotâmica. A forma como estão preenchidas é o primeiro indício de não se tratar de frases – de canções, orações, ordens ou mitos, por exemplo. Porque os signos gravados com um estilete na argila não formam, na maioria dos casos, sequências, mas uma lista ordenada. "Escrever", teria dito no século I a.C. o gramático grego Dionísio da Trácia, "vem de arranhar."

Essa escrita teria surgido no século IV a. C. entre os sumérios, na atual região do sul do Iraque e do Kuwait, embora os sumérios fossem, por razões que se desconhecem, presumivelmente imigrantes oriundos de terra a sudeste dessa região. Os primeiros documentos escritos foram encontrados em Uruk, onde, em 1929, arqueólogos alemães depararam com uma grande quantidade de placas em argila. A escrita é uma filha da cidade. Naquele tempo, as bases econômicas citadinas eram o cultivo de cereais e a criação de gado. Era produzido sob supervisão central, procedia-se à gestão dos produtos armazenados e havia a obrigatoriedade contributiva. Os primeiros a recorrerem à escrita eram contabilistas e supervisores de armazéns de alimentos, por vezes sacerdotes, mas apenas quando cabia ao templo a supervisão dos bens alimentares e este constituía o centro de redistribuição das colheitas agrícolas. A escrita é, portanto, filha da gestão administrativa da cidade e os primeiros signos escritos apenas tiveram um significado neste contexto[60].

A contabilidade iniciou-se há 4.500 anos por meio de cálculos ou do uso de pedrinhas. Cada pequena pedra simbólica media de 1 a 3 cm, era feita de argila e figurava como representação de unidades de um determinado bem: 2 pedrinhas ovais e 3 cilíndricas representavam, por exemplo, 2 garrafas de óleo e 3 cestas de cereais. Este simbolismo detinha um aspecto linguístico – oval, cilíndrico, esfera, disco – apenas pelo fato de se ter de conhecer para que objeto remetiam, neste caso, respectivamente, para "garrafa" e "cesta". Trata-se, portanto, de um caso de contagem concreta, equivalente às nossas palavras para gêmeo ou quarteto: um número e aquilo que é contado (nascimentos, músicos, cartas) são interligados por meio de um símbolo, aqui uma palavra, ali um objeto. Se os marcadores de contagem com uma mesma forma apresentassem tamanhos diferentes, veiculavam ainda outra informação: "grande cesto

---

60 Cf. Goody (1987, 1990) e Bottéro (1992).

de cereais" na vez de "pequeno cesto de cereais", "litro", "manada", e assim por diante. O comércio de mercadorias tornou necessária a introdução de padrões de medida. Porém não existiam ainda signos numéricos que permitissem expressar um plural de forma diferente do seu singular repetido, tal como não havia a forma escrita para uma sintaxe que tornasse possível dizer algo mais sobre os objetos designados além do tipo, da quantidade e do tamanho. É por isso que, atualmente, quando encontramos, em determinado sítio, uma quantidade significativa de pedras de cálculo, não sabemos se 2 garrafas de óleo e 3 cestas de cereais foram fornecidas, ainda estão por pagar ou nos pertencem. Pensemos novamente na lista de compras: se nela se encontra o apontamento "500 g de farinha", "6 ovos" e "um quarto de litro de leite", também seria necessária mais alguma informação para se poder decidir se se está meramente diante de uma lista de artigos ou de ingredientes para uma receita.

A forma inicial de escrita era, portanto, um apoio à memória no trânsito de mercadorias. Esse foi centralizado a nível citadino e político, a partir de meados do século IV a.C., o que aumentou a necessidade de exatidão de cálculo. Com uma maior quantidade de mercadoria a circular, aumentavam igualmente as atas. Começou-se, por isso, a marcar os próprios marcadores de contagem, para torná-los portadores de mais informação: "disco com uma cruz gravada", "disco com um orifício", "disco com 3 riscos gravados", e assim por diante; só para Uruk, há o testemunho de 250 formas diferentes de pedras de cálculo, algumas delas já com a aparência de moedas, com função monetária que viriam mais tarde a circular. Surgiu, por outro lado, também a técnica de juntar marcadores de contagem em um invólucro esférico em argila, para, por exemplo, fixar a dívida ou os impostos a pagar por parte de determinada pessoa, sendo, por seu turno, gravado no invólucro um índice. Esse traduzia as formas geométricas em signos gravados, surgindo assim a escrita como lembrete gráfico bidimensional de objetos tridimensionais[61].

Uma variante anterior eram as etiquetas em que não se lia a designação da mercadoria nem números, mas presumivelmente o nome dos responsáveis por ela – eram uma espécie de referência. Por volta de 3200 a.C., começa-se a utilizar as pequenas placas em argila com signos numéricos em substituição dos invólucros, pois aprendera-se que o conteúdo e o escrito no invólucro continham a mesma informação, não sendo necessário recorrer ao interior, desde que estivesse assegurada uma contabilidade correta. A par disso, deu-se o progresso da escrita enquanto técnica de resumo, a qual permite fixar "sete cestas de cereais" de uma forma mais sucinta do que sete vezes a repetição do símbolo correspondente. Outras inovações diziam respeito à tecnologia das próprias placas e discos, em cuja argila era gravada uma espécie de assinatura por meio de selos de rolagem, que indicavam as partes envolvidas na transação. Além de símbolos referentes aos tipos de objetos, medidas e números, estabeleceram-se, dessa forma, também referências para pessoas. Nesse contexto, encontram-se placas com cálculos referentes, por exemplo, à área de responsabilidade de um determinado funcionário, quanto à produção de cerveja, repartidos de acordo com o tipo de cereal e as rações diárias. Outros textos contêm listas de nomes de profissões, levantamentos de terrenos, salários dos trabalhadores. Resumindo: a gestão dos meios de subsistência tornava-se mais complexa e, consequentemente, também o sistema de escrita. Além disso, a escrita continuou a desenvolver-se, porque escribas cada vez mais competentes iniciaram a escrita em

---

61 Cf. Nissen e Heine (2009).

linha reta, a partir de 2400 a.C. A escrita passou a ter uma remissão cada vez menor para as imagens, enquanto sinais indicadores de objetos, pois os profissionais escreventes sabiam do que se tratava em cada situação e orientavam o sistema de signos de acordo com o seu ponto de vista prático. O fato de não se poder desenhar e pintar na argila – ao contrário dos papiros, dos ossos e da madeira no Egito, na América Central e na China – logo contribuiria para esse desapego da imagem na escrita na Mesopotâmia.

Até 2800 a.C., a escrita era utilizada em Uruk apenas para fins político-econômicos. Cerca de 2700 a.C., surgiram as primeiras inscrições reais. Depois houve uma alteração de contexto: entre 2600 e 2500 a.C., emergem as narrativas e são anotados os nomes dos falecidos pela primeira vez – o que levou a uma escrita fonética, representativa dos sons – e acrescentadas pequenas orações, o que trouxe para a escrita a utilização de frases. As primeiras cartas mesopotâmicas são datadas de 2400 a.C. Decorreram mais de 800 anos até que de um sistema de registo se passasse para sequências linguísticas maiores e substitutivas da oralidade, em vez de se tratar apenas de um apoio à memorização de processos operacionais. Foram encontrados cerca de 1600 caracteres diferentes entre os 40 mil registos em placas de argila. Aproximadamente 100 deles foram reutilizados mais de 100 vezes, sendo os sinais mais frequentes aqueles que se referem à cerveja, ao pão, a vestuário, ovelhas e gado. Por oposição, aproximadamente, 500 caracteres aparecem uma única vez, por volta de 600 menos 10 vezes. Existia, portanto, um sistema de caracteres centrais, que eram substituídos por muitos outros raramente introduzidos. Talvez esses últimos sejam idiossincráticos, o que significa que eram utilizados somente por escribas específicos e que apenas eles tinham de os saber – como quem coloca na lista de compras sempre "car. veg." para "carvão vegetal". Quando se escreve meramente para se lembrar de algo para si mesmo, como em um diário, por exemplo, pode-se trabalhar muito bem com cifras e abreviaturas. Ao longo do desenvolvimento da escrita suméria, o número de caracteres reduz-se, em todo o caso, e o sistema de escrita fonético, que lentamente emerge, acaba por se impor pela sua capacidade de, por meio de menos elementos, produzir aleatoriamente muitas designações específicas.

Alguns cientistas não consideram o início da escrita cuneiforme sequer como um caso de escrita, porque escrever tem por base um sistema de sinais que representa a fala. Eles distinguem entre gravação e escrita. Essa, porém, é uma perspectiva limitada, na medida em que contorna o fato de também poder ser lido aquilo que não é ainda uma escrita. Ela não nasce apenas na Mesopotâmia, mas é inventada mundialmente quatro vezes, nunca a partir de um sistema de marcadores textuais, no sentido mais lato. Na China, a escrita apoiou-se na arte de prever o futuro, no Egito foi iniciada com uma burocracia religiosa, os Maias utilizaram-na em calendários, nos quais foi inaugurado o primeiro vocabulário escrito[62].

Na China, a escrita surge durante a dinastia Shang, cerca de 1200 a.C., na cidade de Anyang, onde foram encontradas gravuras em carapaças inferiores de tartarugas e em omoplatas de vacas, por vezes frases sábias dos reis, pintadas a tinta e pincel, com a intenção de servirem de protocolo das mensagens dos antepassados. Esses ossos de oráculo eram previamente aquecidos e os padrões das fissuras apresentadas eram, então, objeto de descrições. Indicavam datas de nascimento mais ou menos favoráveis, faziam previsões do tempo e afins. Aqui, a leitura do não escrito antecedeu os sinais

---

62 Cf. DeFrancis (1989).

gravados, ou seja, a escrita e a magia dissolveram o paradoxo da necessidade de existência de um leitor para aquilo que primeiramente se escreveu. Tal como na Mesopotâmia, não se tratou de fixar a oralidade por meio da escrita, mas de uma interpretação e tradução da mensagem mágica. Houve situações em que o escrivão reforçava as fissuras que o calor imprimira nos ossos, outras em que coloria as ranhuras e a as gravuras escritas, o que torna claro que, inicialmente, não se fazia distinção entre os sinais divinos e os elaborados por mão humana. A superfície sobre a qual se escrevia resultava do sacrifício de animais oferecidos aos antepassados. Escrever era comunicar com os mortos, e os signos tinham a mesma relação com as palavras que os vivos com os defuntos: necessitados de interpretação, uns, cheios de sabedoria, os outros.

Foram encontrados mais de 150 desses ossos de oráculo e presume-se tratar-se apenas de 10 por cento do acervo total. Apresentando muitos deles perfurações, provavelmente para serem arquivados, e muitas das fissuras eram enumeradas, não sendo raro o acrescento da observação do tempo decorrido entre a vidência e o acontecimento previsto – o rei jamais se enganava –, tratando-se, fundamentadamente, de uma piromancia Shang de caráter burocrático. Também aqui a escrita surgiu no âmbito de uma sistematização por parte da corte da vida social. As letras dessa escrita assinalavam sons, não imagens, era necessário lê-las, para os entender, não bastava olhá-los, para lhes abarcar o significado. Quem sabia lidar com a escrita, fazia parte de uma elite com um acesso privilegiado a segredos codificados. A própria escrita era parte da mensagem. É natural que na China se lhe juntasse, por consequência, a caligrafia[63].

---

63 Cf. Shaughnessy (2015).

Pensa-se que os hieróglifos egípcios nasceram por conhecimento das práticas mesopotâmicas, mesmo que o sistema de escrita se tenha desenvolvido de forma muito distinta, junto ao Nilo. A escrita numérica principiou por ser pictográfica – um signo redondo para representar algo circular – alargando-se depois por via de logogramas – símbolos para palavras inteiras, como § para "parágrafo" ou & para "e" –, assim como por meio de combinações segundo o princípio de rebus. Independentemente do sentido da palavra, são utilizadas as qualidades de sons de letras ou palavras para a formação de novas palavras ou frases inteiras, por exemplo assim: URYY4me = *You* (U) *are* (R) *too wise* (*two* Ys) *for* (4) *me*. Isso era pertinente para nomes de pessoas ou de localidades de fraca representatividade pictográfica. O princípio de rebus, mais adequado a tal pois orienta-se pelos fonemas, suplantou a escrita de imitação representativa da imagem por um silabário, tendo sido as palavras ambíguas reforçadas por mais signos.

Também no Egito a escrita começou por ser pictográfica e também lá se fez uso do princípio de rebus, pois os seus signos eram desde sempre mais pictóricos do que os da escrita cuneiforme, porque mais representativos. Foi antecedida, por um lado, pelo esboço de animais, de mensageiros e seres humanos nas paredes de cavernas, cerca de 3750 a 3500 a.C., por outro, pelas inscrições feitas em vasos de cerâmica, que devem remeter para o nome de seus produtores, tratando-se, portanto, de uma marca comercial. As etiquetas encontradas em uma sepultura datada de 3320 a.C. – a sepultura U-j no cemitério Umm el-Qaab, em Abidos, Egito Superior – são perfuradas, maioritariamente em marfim e mostram figuras humanas, pássaros, répteis, elefantes, mas igualmente símbolos da noite ou de um ponto cardeal. Cerca de um quarto dessas etiquetas apresentava números e presume-se tratar-se de indicações de tamanho dos tecidos que foram encontrados dentro de caixas em madeira de cedro, no interior do túmulo. Signos similares ornamentam vasos de cerâmica, mas de uma forma mais artística, nos quais podemos verificar a hesitação entre pintura e esquema. Parece que o desenhador estava indeciso entre apontar por meio da escrita para além do descrito ou em fascinar por meio dos detalhes do desenho. Em ambos os casos não se tratava de uma mera reprodução gráfica da oralidade. Os signos em si indicam nomes de divindades, de funcionários públicos ou de lugares. A relação da utilização de ambos é de natureza religiosa, não político-econômica, e mesmo o seu uso posterior na administração mantém a ligação ao sistema religioso de escrita.

A diferença a reter entre a escrita egípcia e a mesopotâmica é a objetividade mais rígida da última. O seu objeto de referência era, em primeira linha, as coisas, os tamanhos, as proporções, não nomes. Assim, ela desenvolveu-se com a dinâmica daquilo que representava: a economia e o direito. Contrariamente, o sistema egípcio de escrita tem no seu início um caráter bem mais cerimonioso, pois servia a articulação entre prestígio, hierarquia, enraizamento e pertença a um lugar, menos a propósitos burocráticos com a finalidade de resolver problemas de informação.

Por fim, a cultura escrita da América Central, que se desenvolveu independentemente da que ocorria na Mesopotâmia, para ser mais preciso, a escrita surgida na região entre o México Central e o Ocidente das Honduras, documenta o seu nascimento enquanto apoio à memória. Os documentos mais antigos aqui encontrados datam dos séculos II e III d.C., sendo os sistemas de anotação dos Maias, Zapotecos e dos que se denominam Olmecos, que em muito se assemelham, provavelmente um pouco mais antigos em cerca de 100 anos. Ainda estão longe de serem completamente decifrados, mas é do conhecimento geral, que surgiram para anotações cronológicas – serviam para contar os dias, os anos e as estações. Os escritos da América Central constituem uma mistura de pictogramas, ideogramas e silabário. Os seus signos estão gravados em forma oval ou retangular e assemelham-se a perfis ornamentais e esboços de crânios ou objetos. Por vezes ficamos com a impressão de estarmos diante de uma tapeçaria, uma parede com grafites ou um corpo tatuado. Escrevia-se, então, em colunas, de cima para baixo, com três ou mais signos em cada uma, porém não fica a impressão de linearidade, e isto durante ainda muito tempo, nesta tradição.

Impressionante é essa obsessão com as indicações temporais. O calendário maia marcava 360 dias, cada um com um número de 1 a 13 e com um nome diferente entre 20 possíveis. Além disso, havia o ano de 365 dias, sendo cada dia determinado por dois ciclos. Cada um era percebido como uma influência: sobre as pessoas que nele haviam nascido – os indivíduos chamavam-se, por exemplo, "7 crocodilo", "9 jaguar" ou "13 vento" – e sobre ações a serem executadas nesses dias. Um casamento, por exemplo, devia dar-se apenas entre pessoas pertencentes a certos dias. Uma placa guatemalteca do ano 320, elaborada para a ocasião de um ato de coroação, conta em forma de 5 signos numéricos, em concordância com o sistema de contagem complexo dos maias, 1.253.912 dias até a entronização do novo soberano, podendo ler-se igualmente sinais tocantes a "assento", "noite", "soberano" ou "mês". Outros calendários serviam para fixar eventos mitológicos e genealogias, eventos de sucesso, vitórias em guerras, casamentos, rituais de sacrifício e jogos, sendo também introduzidas constelações extraordinárias, quando existentes. Os maias pareciam viver na crença de que tudo o que fosse importante se relacionava entre si por meio de certos números, lapsos de tempo ou disposições astrais. Eles veneravam "as divindades do tempo" (LOUNSBURY, 1991) e o comportamento fiável dessas. Consequentemente, os números e os nomes figuram como elementos centrais de uma escrita antiga, que nunca se desapegou por completo da imagem.

Nesse ponto, regressamos de novo à questão inicial: como passamos do A ao O e do A ao Z? Afinal, a nossa escrita alfabética, as vogais e consoantes, não se assemelha praticamente nada aos hieróglifos egípcios ou à escrita cuneiforme. Para nos aproximarmos das suas origens, temos de nos voltar para a ilha de Creta em um período que data de 1900 a 1650 a.C., pois foi nesse tempo que existiram ali, paralelamente, dois sistemas de escrita. Um era hieroglífico, difundida ao redor de Cnossos e no nordeste da ilha, e encontra-se sobretudo em pedras-sinetes, feitas em material precioso, como jaspe, ametista ou ouro. Apresentavam gravuras de pictogramas. Por outro lado, a escrita chamada linear A, utilizada no Sul, ao redor de Festo, encontra-se documentada em placas de argila. Cnossos e Festo situam-se a uma mera distância de 60 km uma da outra, o que parece confirmar que os sistemas de escrita tenham sido introduzidos sobretudo para fins administrativos, pois não havia claramente a necessidade de adaptação mútua de ambos – teria sido, face ao anacronismo, como quando nos tempos atuais uma organização trabalha com SAP e uma outra com Oracle. A escrita linear A, que se escrevia e lia da esquerda para a direita e se assemelha a uma variante abstrata dos pictogramas do norte da ilha, era principalmente utilizada para a elaboração de listas de objetos e pessoas relativos à administração palaciana de Creta, enquanto a hieroglífica servia, presumivelmente, em primeira linha para se proceder à marcação de propriedade. Em ambos os casos, tratava-se de silabários, que até hoje não se conseguiu descodificar. À destruição dos primeiros palácios de Creta por volta de 1700 a.C. apenas sobreviveu a escrita Linear A[64].

Trezentos anos depois, essa escrita haveria de ser substituída pela linear B, da qual existem quase 4000 documentos, uma vez que o fogo que destruiu o palácio de Cnossos em 1380 a.C. endureceu, simultaneamente, as placas em argila, tornando-as aptas a serem transmitidas até aos nossos dias. A escrita linear B foi identificada pelo arquiteto britânico Michael Ventris e pelo filólogo clássico John Chadwick como silabário com cerca de 90 caracteres, que fixa em si uma forma micénica antiga do grego falado. O conteúdo da maioria das placas em argila, em que as palavras se encontram separadas por meio de traços verticais e as linhas marcadas com traços corridos horizontais, dizia respeito a transações económicas, ao rendimento palaciano, a dados de produção. Novamente, se trata aqui de uma escrita surgida de propósitos contabilísticos; fora de Cnossos não existe um único testemunho da escrita linear B.

Nos quatrocentos anos após a destruição do palácio de Cnossos, não existem testemunhos da utilização da escrita em todo o espaço grego! Juntamente com a contabilidade dos palácios, a escrita desapareceria por completo e de forma misteriosa. Quando voltou a surgir, os gregos passaram a utilizar um sistema de escrita que nada tinha em comum com o cretense. Também isso faz parte das origens da civilização: que alguns começos tenham de se repetir, para serem o início de algo duradouro. Em todo o caso, o segundo, terceiro ou, talvez mesmo, o quarto balanço tomado para uma escrita grega

---

64 Cf. Chadwick (1967).

tinha agora uma função comunicativa. Pois, enquanto não existe uma única inscrição, um só grafito em linear B, apenas notas administrativas, não se encontra na primeira escrita alfabética grega, em vez disso, qualquer processo contabilístico, mas sobretudo grafites. Não quer isso dizer que junto ao Egeu se tenha deixado de manter a contabilidade, porém isso deve ter ocorrido em materiais que não se conservaram até ao nosso tempo.

A própria escrita alfabética teria surgido da seguinte maneira: após a extinção da civilização Minoica, na ilha de Creta, e da Micênica, no restante da Grécia, dominante até cerca de 1100 a C., estreitaram-se cada vez mais, a partir de 900 a.C., os contatos entre os gregos e os fenícios, oriundos do Levante, os quais, então, se expandiam no espaço mediterrânico, tendo fundado ao longo do sul desta costa uma série de Estados de comércio intensivo.

Os fenícios habitavam a ilha de Creta e o Chipre, os gregos viviam na Síria do Norte, os barcos comerciais fenícios ancoravam na sua rota nas ilhas de Creta e de Rodes. No decorrer das trocas comerciais, o alfabeto fenício acabou por circular também entre os gregos, provavelmente graças a comerciantes viajantes, que deixavam nos templos gregos de Creta e de Rodes presentes votivos com dedicatórias. Alpha, beta, gamma, em grego trata-se apenas de letras, mas em semita aleph, bet e gaml significam boi, casa, camelo. A partir do valor pictográfico adicionado às letras no alfabeto fenício, podemos ler a direção da respectiva transmissão. O alfabeto fenício registava somente as consoantes, porém dispunha igualmente de consoantes inexistentes na língua grega. Por que não utilizá-las como vogais – o A, o I e o Y, mais propriamente? E pronto, estava inventado o alfabeto, tal como hoje o conhecemos[65].

---

65 Cf. Teodorsson (2006).

Assim surgiu, não sabemos graças a quem, nem exatamente quando, mas certamente entre 800 e 750 a.C., uma escrita, cujas letras apenas podiam ser pronunciadas de forma correta em combinação com outras letras. A escrita alfabética grega esforça-se por conseguir a aproximação fonética mais fiel possível à oralidade. Os seus primeiros utilizadores tinham disso consciência, pois muitas das inscrições encontram-se dispostas nos objetos de tal forma, que faz parecer que eles próprios diziam: "Barbax dança bem, e ele diverte-me" (encontrada na parede de uma rocha); "Mantikos dedicou-me àquele que tem encontros com o distante" (em uma estatueta); "Quem me roubar, será acometido pela cegueira" (em um vaso); "Eu sou o cálice delicioso de Nestor" (em um copo); e assim por diante. As primeiras fixações da língua grega eram dizeres, exclamações, gracejos, dedicatórias e versos curtos. Alguns cientistas chegaram mesmo a presumir que os gregos haviam adotado a escrita alfabética para poderem escrever as epopeias de Homero e outra poesia, dado que somente para tal finalidade seriam necessárias as suas qualidades fonéticas. Por outras palavras, para a contabilidade e outras funções quotidianas não teria sido necessário constituir um novo sistema de escrita. "Tirando alguns dizeres simples e nomes ocasionais", escreve o filólogo clássico Barry Powel (1991), após verificação de todas as inscrições datadas anteriormente a 650 a.C., "os primeiros gregos alfabetizados comportam-se como se apenas soubessem escrever em hexâmetros", ou seja, na métrica dos versos épicos. Esses tornaram-se, por meio da prática oral tornada escrita, em uma forma artística de uma complexidade impensável, de uma dimensão inimaginável, tanto quanto de extrema precisão – transformando-se em algo que não se limitava a ser um texto, mas que fazia surgir outros textos, como comentários, variantes, citações, traduções. O fato de a inscrição naquele cálice aludir a Nestor, o lendário soberano de Pilos e conselheiro de Agamémnon em Troia, constitui um claro testemunho do desenvolvimento de uma consciência literária por meio da escrita. Os textos começam a ter outros textos como conteúdo, fazendo surgir um segundo cosmos: o da escrita.

12

Perturbação do controle dos impulsos

As origens do direito escrito

> *Sem pessoas más não haveria*
> *bons advogados.*
> Charles Dickens

O furto desaconselha-se da seguinte forma: quem retirar a outrem um bem móvel, que não lhe pertence, com a intenção de dele se apropriar de maneira ilícita, para si ou para terceiros, será sancionado com pena de prisão até cinco anos ou com o pagamento de multa. A simples tentativa de o fazer é punível por lei.

Ou então como se segue: quando um homem roubar algo que pertence à divindade ou ao palácio, será morto; quem receber das suas mãos o que foi roubado, será morto […]. Quando um homem comprar ou tomar para si prata ou ouro, um escravo ou uma escrava, uma vaca, uma ovelha ou uma mula, ou qualquer outro pertence das mãos de homem livre ou de escravo de alguém, sem testemunhas e sem contrato, esse homem é considerado ladrão e será morto […]. Quando um homem roubar uma pessoa livre menor de idade, será morto.

Entre estes dois textos, há uma distância de 3.700 anos. As primeiras disposições encontram-se no artigo 242º do código penal alemão, e constavam já do Código Penal de 1871, quase sem nenhuma diferença. As outras normas são os artigos 6º e 7º do Código de Hamurabi, um dos primeiros documentos do direito escrito, elaborado em 1800 a.C., na Babilônia. Compilações mais antigas de regras de direito assemelham-se a esta e são, por exemplo, o código de Ur-Nammu (2100 a.C.), o código de Eshnunna (1920 a.C.) e código de Lipit-Ishtar (1870 a.C.), mas que chegaram aos nossos dias com lacunas e não contém, fundamentalmente, nada de muito diferente. Anterior a esses códigos, possivelmente o mais antigo documento de direito escrito, é o código de Urukagina de Lagash, rei sumério, que contém uma série de instruções para a burocracia da corte, incluindo perdão de dívidas, alívio de impostos e anistias. Porém, no caso de perdões dessa natureza, não se tratava de normas jurídicas, mas de medidas tomadas avulso, emanadas da vontade singular de um rei. Tratava-se de uma compilação de ordens e não de um código de direito[66].

Pelo contrário, o Código de Hamurabi representa um esforço sistemático em apresentar um direito que fosse mais do que meras ordens emanadas de fonte poderosa. Na sua totalidade, abrange 282 artigos, incluindo notas introdutórias e conclusivas, fixados em escrita cuneiforme em uma estela com mais de 2 m de altura. A pedra foi encontrada em uma escavação em 1901, em Susa, em tempos, capital da Pérsia, e apresentava-se em três partes separadas. Quem deu o nome a essa compilação de normas de direito fora Hamurabi, chefe militar e, posteriormente, o sexto rei da primeira dinastia babilônica, que reinou sobre a Mesopotâmia de 1792 a 1750 a.C. "O sol

---

66 Cf. (Westbrook, 2009).

cura", "o povo é grande" ou "o antepassado cura" são cognomes seus. É frequente atribuir-lhe a tentativa de impor, em todas as regiões do país, uma jurisprudência única. Uma vez que o texto do Código de Hamurabi apareceu repetidamente também em placas de argila – o que permitiu a reconstrução da parte inferior ilegível da estela –, presume-se que tenha servido de texto de base para copistas judiciais e, eventualmente, para o ensino. No Oriente Médio, foi copiado durante cerca de 1.000 anos. A própria estela teria tido uma outra função, o que é indiciado pelo material em que foi feita, diorito preto e brilhante, que na época era uma pedra cara importada, utilizada somente para imagens de soberanos, a fim de afirmar a imortalidade do retratado. Voltaremos a esse assunto.

Em comparação aos primeiros documentos do direito escrito, é patente a sua minúcia. O código penal da Alemanha, cujo artigo tocante ao furto continha já em 1871 as formulações atuais, era muito objetivo. Para quem quiser provar um furto, as indicações são claras: a coisa retirada era propriedade alheia? Era uma coisa móvel? Existia a intenção, por parte de quem furtou, de se apropriar do objeto pertencente ao lesado, o que significa que o infrator teria a intenção não apenas de levar o que não lhe pertence, mas de fazer algo com o objeto furtado? O seu propósito era ilícito, ou seja, o infrator não teria direito ao objeto furtado, como, por exemplo, a um vendedor a quem pagou a mercadoria, mas que não entregou? Todos esses passos para o esclarecimento da ocorrência efetiva de furto são deveras econômicos na lei. Nenhuma palavra da lei parece estar a mais, quando por meio da precisão conceptual se procura eliminar qualquer motivo de objeção ou dúvida e alcançar a verdade. As leis visam o futuro e tentam prever da forma mais completa possível todos os casos por si abarcáveis.

Por oposição, o direito mais antigo não procura uma formulação conceptual, simultaneamente econômica e abrangente. Ele toma a forma de uma lista de casos: o seu procedimento é casuístico. Desse modo, o Código de Hamurabi contém 14 artigos adicionais que se debruçam sobre as penas aplicáveis em caso de furto. Aqueles que foram elaborados em nome do rei Hamurabi fixam-se em circunstâncias concretas de incumprimento. Quando, por exemplo, o objeto de furto é definido como "uma vaca ou uma ovelha, ou uma mula ou qualquer outra coisa [...]" (artigo 7º), a designação "qualquer outra coisa" revela que, no essencial, não importa tanto o objeto furtado, mas se efetivamente houve furto. Porém são dados exemplos, para logo se estipular no artigo seguinte qual a sanção a aplicar, quando o ladrão levar "uma vaca ou uma ovelha, ou uma mula, ou um porco ou um barco [...]" (artigo 8º), tratando-se da propriedade de uma divindade ou pertença de um palácio. De forma semelhante, procede-se no conjunto de regras dos livros da lei no Antigo Testamento, em que, por exemplo, é clarificado em separado o que acontece no caso de se matar os próprios progenitores ou uma outra pessoa.

Essa característica do primeiro direito escrito, a de tratar isoladamente, artigo normativo por artigo, o que mais tarde surgirá de forma concisa e sintética na formulação de leis nos códigos judiciais, faz presumir uma grande afinidade entre o surgimento do direito nessa época e os processos judiciais. O código não contém qualquer lei dirigida ao futuro, mas inicia-se com sentenças passadas. Em disposições tais como: "Quando um homem pediu a mão de uma noiva para o seu filho, que mais tarde o reconhece, mas depois o homem dormiu no colo dela e foi apanhado em flagrante a fazê-lo, esse homem será amarrado e atirado à água" (artigo 155º), está-se mais perante o discorrer sobre uma determinada infração do que perante uma medida penal. A parte em que consta "e foi apanhado em flagrante" seria prescindível em um artigo legal que visa estabelecer uma norma jurídica. Afinal, ela não se aplicaria, se o infrator não tivesse sido visto nas circunstâncias descritas. Portanto, o direito antigo remete para casos-tipo e imagens de delitos. Esse apoia-se em ocorrências concretas e no protocolo de processos reais, documenta um direito imagético, que não releva de uma ordenação, mas de uma formulação mais trabalhada do cotidiano, confirmada pelas autoridades políticas. No sentido mais restrito de sentenças que foram fixadas e passaram a normas de comportamento social, as origens do direito escrito encontram-se nos tribunais[67]. A função desses, se considerarmos como exemplo o Código de Hamurabi, era sobretudo decidir sobre delitos envolvendo capital, bens e propriedades – "terreno, jardim ou casa" – e o cultivo de terras, problemas relativos a obrigações (compra e juros), adultério e violação dos direitos da família, assim como questões de heranças. Isso torna claro que o código não constituía uma abordagem completa de tudo o que era considerado como pertença da esfera do direito na Mesopotâmia.

Antes de passarmos às matérias do direito, debrucemo-nos, por um momento mais, sobre a forma como eram veiculadas. O grande assiriólogo francês Jean Bottéro chamou a atenção para o fato de os babilônios e os assírios pensarem em forma de lista, quando se tratava de uma questão de reconhecimento fácil. Quer se tratasse de assuntos de medicina, de magia ou do foro jurídico, um certo caso era sempre apresentado como singular para se encontrar a partir da comparação entre os vários casos de um certo tipo (sintomas,

---

67 Cf. Kraus (1960).

premonições, conflitos) a sentença certa. Para o efeito, era oculta-do o nome das pessoas envolvidas; aquela que foi acometida por um pressentimento ou a queixosa, por exemplo. No tocante às cir-cunstâncias, eram também anotadas somente as que fossem típicas do problema descrito. Posteriormente, era apresentada a solução para o caso-modelo, sob a forma de "se X, então Y". Em seguida, os peritos introduziam variações no problema dado a fim de apresen-tarem uma solução semelhante para casos com desvios em pontos importantes.

Nas listas babilônicas claramente abrangentes da interpretação de premonições – encontram-se nelas explicadas 2 mil –, o pro-cesso é o seguinte: "Quando uma mulher tem um filho cuja orelha direita é notoriamente pequena, os bens do pai serão totalmente dissipados", pelo que a interpretação de uma orelha direita menor que o normal é a pobreza, sendo uma orelha esquerda de tama-nho inferior ao normal sinal de riqueza, nessa sequência de ideias. Em tratados do foro médico é desenvolvido da mesma forma o conceito de causalidade a partir da sequência sintoma-doença: "Quando um homem treme constantemente na sua cama, e a sua libido o abandonou [...], deve então ingerir tremoços e plantas edu e harmunu. Quando tem dores na zona abdominal, febre e pele amarelada, assim como perda de apetite sofre então de uma doen-ça venérea. Quando tem muitos suores, mas que não chegam aos pés, então, [...]" e assim por diante. Podemos presumir que, com frequência, era mesmo somente o primeiro caso a ser decidido; o tratamento dos restantes podia ser uma construção por aplicação da lógica sequencial. Assim, o escrito sobre premonições faz pre-visões com base nas características dos recém-nascidos, as quais se estendem evidentemente a qualquer número de gêmeos.

O primeiro direito anotado também operou em forma de lista, no caminho da diferenciação conceptual. Um caso singular digno de realce é analisado no sentido de se verificar se, noutras circunstâncias, teria consequências legais diferentes. Consequentemente, o Código de Hamurabi introduz nos seus artigos 1º-5º uma variação temporal que visa as acusações sem provas. Primeiro, é estabelecido (artigo 1º) que o queixoso será ele próprio morto, se incriminar o réu por homicídio sem fundamento. Verifica-se a omissão a respeito das sanções previstas para alguém que acuse injustamente de furto, provavelmente por não se tratar de um caso importante na ideia dos escribas responsáveis pela elaboração do código. Em seguida (artigo 2º) é descrito um processo de decisão judicial em caso de acusação injusta por prática de magia – de resto difícil de provar –, que terminará igualmente com a execução do falso acusador, se o réu resistisse ao procedimento processual provando-se a sua inocência. Depois, no artigo 3º são tratados os falsos testemunhos em um "processo de vida ou de morte" e o artigo 4º em processos envolvendo pagamentos. Por fim, no artigo 5º é explicado o que fazer com um juiz que *a posteriori* altera a sua decisão. Consegue-se perceber perfeitamente, como os autores do Código de Hamurabi ordenaram os seus pensamentos passo a passo a respeito de uma manipulação do direito ao longo de um processo em tribunal: acusações falsas, recolha de provas, falsas declarações durante o processo, corrupção do juiz.

O que o pensamento mesopotâmico elaborava era constituído por duas categorias: analogia e necessidade. Não dispunha, na verdade, desses conceitos, mas das operações que eles designam: a partir de um segue-se forçosamente o outro, e os casos assemelham-se, de modo que um se torna significativo para o outro. As leis tendem a dirigir-se ao futuro e a reagir à incerteza que lhe é inerente por meio do uso de conceitos que requerem a abrangência de todas as ocorrências. A casuística do primeiro direito escrito, porém, olha para a realidade das ocorrências concretas e sentenças de fato do passado e tenta, por meio da dissecação de casos conhecidos, disponibilizar regras aos juízes para decisões futuras. Nesse momento, o pensamento ainda não se consegue libertar dos casos concretos, ou seja, os casos não são exemplos, mas pontos de partida. Bottéro remete, com razão, para a forma como aprendemos a gramática e o cálculo básico: não por meio da compreensão linguística ou teórico-numérica, mas por via da memorização das possibilidades. Ele furta, ele furtou, ele furtava.

A formação de uma lista pode dar-se por meio de várias características de casos diferentes. Segundo as medidas do artigo 8º, apenas será morto aquele ladrão que não puder pagar – 30 vezes o valor–, tratando-se de objetos sagrados ou de propriedade real, 10 vezes o valor, tratando-se de bens de pessoa dependente. Será que a designação geral de "propriedade" no já citado e mais incisivo artigo 6º, que exige a pena de morte em caso de furto, se refere a bens mais valiosos do que a prata e ouro na posse do templo ou do palácio, como presumem alguns comentadores? Talvez a resposta seja mais simples do que o sugerido. Provavelmente, trata-se de normas visando idades diferentes, que aqui foram compiladas. A uma determinada camada social, aplica-se a pena de morte, outra tem a possibilidade de lhe escapar, dependendo das posses. Isso corresponde ao fato de que para a sociedade babilônica o roubo e o furto de propriedade sacral ou da realeza constituir um delito mais grave do que o furto de bens das classes sociais mais altas. Assim sendo, o direito não é simplesmente válido por si, ele vigora em determinadas circunstâncias, as quais, por seu turno, determinam a avaliação diferenciada dos conflitos, dependendo das pessoas neles envolvidas. Enquanto o direito moderno não serve apenas para regular conflitos, mas para sancionar a conflitualidade das pessoas, ao direito antigo coube sobretudo a função de atenuar as querelas, evitando perturbações sociais. E, a esse respeito, levou-se claramente em conta as posições de poder e a oportunidade dos réus causarem mais problemas. Um olho negro de um membro da nobreza carece de compensação maior do que o de um comum homem livre, não falando sequer dos escravos (artigos 196º-199º). O direito antigo desconhece a imposição de normas sem preocupação com o estatuto social dos envolvidos. Em todos os conflitos surgidos, havia de pôr-se a questão sobre a origem familiar, sobre as posses, sobre a função e posição social dos intervenientes. O tribunal desconhecia a separação dos papéis sociais da pessoa a ser julgada. Quem perante ele comparecia como funcionário da corte era oficialmente visto de uma forma diferente da de um assalariado. A justiça, no seu início, não é cega, mas revela nos seus textos uma grande preocupação, por exemplo, com os interesses do rei e da corte, o bem-estar dos seus funcionários e a paz social. O que não significa simplesmente que os textos legais espelham as desigualdades sociais existentes na Mesopotâmia, mas também que a jurisprudência era maleável quando se tratava de manter a paz social com o recurso à aplicação de exceções à regra. Justamente por isso, o que em uma situação era punível com a morte, em outras circunstâncias podia resolver-se com um punhado de moedas de prata. Por que razão as penas draconianas têm um peso tão grande no direito antigo? O Código de Hamurabi estabelece constantemente ameaças de morte: contra mestres construtores que trabalham mal e, desse modo, prejudicam terceiros; contra oficiais que prejudiquem um soldado; contra prostitutas do templo, apanhadas em flagrante a beber cerveja. O código tem grande empenho ainda em estabelecer penas simétricas: a um filho que bata no pai será cortada a mão, quem partir ossos, verá os seus ossos partidos, a quem matar o filho de outrem por negligência, ser-lhe-á retirado o seu próprio filho.

Para se responder à questão de quão arcaico é o primeiro direito escrito, há que sublinhar primeiro que não se tratou do início do direito. No Código de Hamurabi, tal como em outros documentos mais antigos, não se trata de leis, mas de normas criadas politicamente por parte dos respectivos reis. No intervalo de tempo de 300 anos, tornara-se boa prática comum, na região da Mesopotâmia, estabelecer hábitos, muitos dos quais já anteriormente válidos[68]. O direito existe em todas as sociedades, também naquelas que ainda não dispõem da escrita. Pois, em todas as sociedades, as expectativas do coletivo são tratadas como vinculativas e estabelecidas como tal, mesmo que voltem a ser defraudadas. Um pouco mais tarde, era assim que se advertiria contra o furto: "Não roubarás; não cobiçarás a casa do próximo; não cobiçarás a mulher do próximo, nem o seu escravo ou a sua escrava, nem as suas vacas, nem a sua mula ou qualquer outra coisa que lhe pertença." De novo os "escravos, as vacas, ou a mula, ou qualquer outra coisa". O nono e décimo mandamentos do *Livro do Êxodo*, surgido presumivelmente entre 1500 e 1000 a.C., leem-se como um eco do Código de Hamurabi. E, no entanto, o que é acentuado difere nos dois casos, pois onde o direito babilônico esboça sanções para o desrespeito pela norma, no cerne dos mandamentos reside o dever: "Não rou-

---

68 Cf. Finkelstein (1968/1969).

barás", porém rouba-se. O que significa, então, o não "dever" nesse mandamento?

As normas não asseguram que o dever seja observado no concreto, mas reforçam expectativas. Não evitam os delitos – foram registados cerca de 2,4 milhões de roubos e furtos em um ano, segundo dados recentes da estatística anual da criminalidade na Alemanha, sendo a percentagem de casos resolvidos de 27 por cento –, mas apoiam aqueles que as cumprem, que se comprometem com o dever. Nesse sentido, "Não roubarás" significa: se caíres em uma situação de delito, não vamos relevar nem olhar para o lado, vamos apoiar-nos na nossa ideia do que está certo. Não fomos nós que criamos expectativas erradas, tu é que agiste de forma incorreta. "Dever" significa que algo é válido, mesmo que não suceda.

Expectativas não condescendentes existem a todos os níveis do comportamento social: por exemplo, enquanto regras de boa educação, do saber estar em público, do trato formal e informal. A circunstância de estas regras serem defraudadas pode levar a diferentes reações, aquém do direito. Fala-se, então, de mal-entendidos ou pedem-se explicações. É cortada a comunicação com os infratores e, em vez disso, há cada vez mais comunicação sobre os infratores, por vezes não lisonjeira; começam a ser tratados de uma forma estranha ou procuram-se razões para o seu comportamento: talvez a idade, a condição social ou o seu estado de saúde – o que, em um enquadramento legal, pode levar a uma atenuação da pena. Durante o século XIX, usava-se o conceito de cleptomania em casos obsessivos de delito por furto, hoje em dia a fórmula psiquiátrica denomina-se perturbação do controle dos impulsos. Sociedades mais antigas atribuíam os comportamentos desviantes dos indivíduos a artes mágicas, à influência diabólica, ou ao vício e ao pecado, e tinham dificuldade em daí retirar motivos para complacência –, uma situação recorrente e causas não identificáveis tornava o caso ainda mais estranho[69].

No tempo em que essas disposições legais foram escritas, essa forma de pensamento mágico não era invulgar. Nesse contexto, o Código de Hamurabi previa, em caso de suspeita de práticas de magia (artigo 2º) e de adultério por parte de uma mulher a quem fora apontado o dedo pelos demais (artigo 132º), sentenças do divino sob a forma dos chamados "ordálios" no rio ou provas de água: havendo falta de provas do delito, se as acusadas atiradas ao rio nele se afogassem, eram consideradas culpadas. Isso era muito cruel, de acordo com o pensamento atual, pois não acreditamos que a probabilidade de os inocentes se afogarem seja inferior à dos culpados. E, por que razão seria o rio a decidir e não um processo judicial, por que não poderia ser um deus castigador a punir o suspeito, a dada altura, com o seu raio fulminante?

A questão relevante era a comprovação da inocência pelo afogamento, porque, nesse caso, o falso denunciante podia ser morto e os seus bens passarem para a posse da vítima injustamente acusada. Perante versões mais primitivas de sentenças divinas, isto constitui um passo em frente civilizacional. Para sermos mais precisos, em comparação com Código de Hamurabi, houve passos regressivos no decorrer da história do direito. As sentenças divinas sob a forma de duelos que, a resolverem situações de dúvida em algumas culturas de direito, são apenas uma maneira de dar razão ao mais forte. Aqui, pelo contrário, tratava-se do fato de uma decisão desejável poder coexistir com a falta de bons fundamentos. Os tribu-

---

69 Relativamente à cleptomania no âmbito do estudo das monomanias, cf. Marc (1843); relativamente à perspectiva atual, cf. Möller et al (2003).

nais, cuja prática se refletia no código, afirmavam, portanto: deve-se decidir, mas nós não podemos decidir. O dever está associado a uma ideia do direito, em que determinados delitos (práticas de magia, adultério) são tidos como uma ofensa de tal ordem que não podemos ignorá-los. Porém a confissão de não haver fundamentos determinantes para se poder, efetivamente, decidir sobre eles e, assim sendo, delegar a sentença na prova de água no rio, documenta que estão dados os primeiros passos em direção ao princípio *in dubio pro reo*: em caso de dúvida, decide-se a favor do réu, já então, no âmbito do processo de decisão baseado na superstição e nas condenações divinas. No fim do processo, cabia ainda ao partido perdedor fazer o juramento de não voltar a suscitar o caso, o que também constitui um sinal de que o direito antigo se preocupava, sobretudo, em conter o conflito.

As práticas de magia e o adultério eram, portanto, no Código de Hamurabi, crimes sujeitos a pena de morte. Por outro lado, decidia-se por meio da própria magia e da crença supersticiosa nela que os desígnios sobrenaturais podiam ser forçados. As sanções eram drásticas porque os erros eram tidos como insuportáveis, porém, no caso de acusações falsa, as consequências recaíam sobre o acusador, de forma que, em muitos processos, no fim havia alguém executado. Tornava-se, por vezes, arriscado, recorrer ao direito, pois o uso indevido da faculdade de acusar alguém podia ser fatal. Em ambos os casos, tanto de crime como de falsa acusação, a injustiça afigurava-se como uma ameaça de tal forma poderosa que o processo judicial tomou para si a função de levar a cabo uma espécie de limpeza ritualística.

Tal situação foi comprovada até o mínimo detalhe na superstição babilônica. Nela, alimentava-se a ideia de haver premonições misteriosas de acontecimentos futuros que afetavam a pessoa a que diziam respeito com o infortúnio. Curiosamente, os babilônios viam nesta situação a possibilidade de se livrarem de maus prenúncios por meio dos seus próprios rituais. Para esse efeito, as pessoas visadas teriam de se voltar justamente para aquele deus que aparece na Estela de Hamurabi, o deus do Sol, Samas, também deus do Direito e da Justiça. A ele eram dirigidos os apelos, acompanhados de ações de purificação, de gestos de humildade, por vezes, também do dinheiro de resgate, para que desviasse a sentença desfavorável do destino de uma pessoa marcada por um mau prenúncio. O ritual correspondente assumia todos os aspectos de um processo judicial, o qual era acionado pelo visado contra os mensageiros e portadores dos maus prenúncios (cães, lagartixas, cobras). Concedida a anulação da primeira sentença, tudo terminava como em um processo de libertação de escravos: eram quebrados recipientes de argila.

O fato de os tratados sobre premonições, sintomas físicos de certas doenças e sobre disposições de direito assumirem a mesma forma não remete apenas para as disposições cognitivas dos escribas mesopotâmicos. Correspondia igualmente a uma semelhança fundamental que estes viam entre o destino, a saúde e o direito, uma vez que se tratava sempre de marcar as crises. As premonições, as doenças e os conflitos colocam as pessoas em um contexto de decisão obrigatória – em uma situação em que, sob grande tensão, não distinguem entre o certo e o errado, apenas presumem o que isso possa ser. O direito escrito apoia-se em técnicas de presunção, para daí extrair um fundamento. Pois faz parte das crises da alma, do corpo e da sociabilidade, por razões de consequência, a necessidade de ter uma justificação, mesmo que não estejam ao dispor explicações indiscutíveis. A sociedade, vendo-se em uma situação condicionada, opera por meio de analogias, de modelos, da casuística, na expectativa de as fundamentações resultarem de um sistema de casos, em vez de casos isolados. Enquanto técnica, a escrita tenta manter uma visão abrangente sobre tal sistema.

As primeiras disposições normativas revelam-se ainda como documentos de um tempo de transição para o que mais tarde viria a ser designada por alta cultura. Neste sentido, existe no Código de Hamurabi a noção de culpa pessoal, o que significa que o parentesco não acarretava automaticamente a responsabilidade partilhada. Quando um pai que, por negligência ou intencionalidade, matou o filho de outro pai, deve ser punido com a perda do próprio filho (artigos 116º, 210º, 230º), esta sanção não tem por base a ideia de que a criança seja corresponsável pelo sucedido. A sanção dirige-se antes contra um proprietário, que deve ser atingido de maneira decisiva e notória. É o que acontece de forma análoga no caso já referido de falso testemunho, em que aquele que mentiu recebe o castigo que teria cabido ao acusado (artigo 3º).

Tomemos novamente como exemplo um caso de conflito entre cônjuges. Era possível, por um lado, à mulher assumir o papel de chefe de família e as mulheres casadas tinham a possibilidade de gerir negócios. Por outro lado, assim consta do artigo 144º, se um marido se insurgisse contra a esposa quando ela se lhe negava – "Não podes possuir-me" –, teria de ser verificado se essa incorrera em algum erro culposo. Não sendo este o caso, e tendo sido o esposo a negligenciá-la, "ela poderia recuperar o seu dote e ir para a casa de seu pai". Caso tenha sido a esposa a "não cuidar de si" e a negligenciar tanto a casa como o marido, então "ela será atirada à água". Reconhece-se, portanto, uma certa simetria na distribuição de deveres, mas também uma assimetria entre os sexos: o marido arrisca-se a perder o dote e a esposa, enquanto essa, em caso de culpa, será atirada à água.

O primeiro direito escrito continha a premissa da coisificação dos escravos, conferindo-lhes a característica econômica de serem bens contabilísticos. Se alguém adquirisse um escravo fora da região, vindo posteriormente a saber-se que este havia escapado das mãos do seu verdadeiro dono, o escravo teria de ser devolvido sem direito a indemnização, desde que, tanto ele como o comprador fossem oriundos da mesma cidade. Neste caso, suponha-se que o comprador conhecia a proveniência do escravo, a sua pertença a outrem e, consequentemente, que havia fugido ou sido roubado[70]. O fato de, na Mesopotâmia, se considerar que uma pessoa livre e menor de idade é suscetível de ser roubada e não apenas raptada, ou seja, que o delito não consista na supressão de liberdade de um menor, mas na perda de autoridade de um pai, não revela uma falta de capacidade do direito de distinguir entre dois delitos. Revela antes, que o direito pertencia a uma sociedade cujos menores eram vistos como propriedade do respectivo pai, mesmo quando nasciam livres. Em uma sociedade em que existem escravos, as pessoas podem ser consideradas como objetos, o que é suscetível de incluir não escravos.

O dever jurídico era em conformidade complexo e pleno de formulações como "sim, mas" e "por norma é assim, mas há exceções". Com o direito escrito, surgiu uma reflexão consequente sobre conceitos como culpa, aceitabilidade, exceção, nível do conhecimento, medida e justiça. Esses eram igualmente tidos em conta nos processos, pelo que não constituía um paradoxo quando o mesmo artigo

---

70 Cf. Westbrook (1995).

previa duas sanções diferente para infrações análogas: ao prejudicado era, com frequência, dado a escolher entre a retaliação física ou uma compensação monetária, porque também os processos penais eram vistos como uma matéria entre infrator e vítima. Não era feita uma distinção clara entre direito penal e direito privado, este era sucedido na diferenciação entre penas físicas e pagamentos compensatórios, os quais não eram devidos ao Estado ou ao rei, mas à contraparte do processo. A sanção aplicada visava deixar o lesado satisfeito. Por outro lado, à vítima eram feitas exigências semelhantes. Se, por exemplo, o esposo traído perdoava à esposa, o homem adúltero também não podia ser castigado (artigo 129º): o perdão, podia ler-se, para ser justo, deve cingir-se ao ato em si e, portanto, dizer respeito a ambos os "adúlteros", não podendo constituir um meio de represália[71].

O conceito de justiça é central nessa compilação legal. O Código de Hamurabi constitui o modelo do famoso "olho por olho, dente por dente". Quem ferisse um escravo, pode ler-se no artigo 219º, devia "substituir um escravo por outro escravo". Uma cabeça de gado emprestada que morresse por negligência teria de ser restituída "vaca por uma vaca" (artigo 245º) ou "ovelha por ovelha" (artigo 63º) ao dono. E, no artigo 196º encontra-se mesmo regulado: "Se um homem lesou o olho de um homem livre, também o seu olho será lesado". O artigo 200º prevê pena idêntica para dentes quebrados. O que hoje se afigura para muitos a expressão de um direito orientado pelo pensamento de vingança e represália é, na verdade, uma tentativa de constranger a vingança, ou seja, a tentativa de fixar o direito enquanto afirmação da solução para um

---

71 Cf. Renger (1977) e Ries (2013).

problema que anteriormente era resolvido por meio de vingança não regulada.

Pois o que é a vingança, senão o protesto unilateral contra o fato de, em caso de violação das normas, pretender-se, em primeira linha, a restituição do estado anterior ao delito. Quem se vinga não ganha nada em concreto, ao fazê-lo. A vingança pode ser uma expressão elementar do sentimento de direito, na medida em que não se trata realmente da situação concreta a ser vingada, mas de ver expectativas materializadas em ações. O ladrão apanhado não pode dizer: "Está bem! Vou devolver, então, o que levei comigo, incluindo juros". Isso não é suficiente. Ele teria ainda de ser castigado, uma vez que não se trata primacialmente do que fez, mas de quem afrontou socialmente. Por outras palavras, não subsiste somente uma dívida concreta, suscetível de ser saldada monetariamente, com pagamento de juros ou dação em objetos; existe também uma dívida social. Porém como e por que meios deve a sanção ir além da restituição do estado anterior ao delito e expressar o que foi descrito? A *lex talionis* – olho por olho, dente por dente – faz paradoxalmente parecer, graças ao princípio de equivalência que a rege, que o dano e a pena devem ser correspondentes, limitando, assim, a função do direito. Aquele a quem foi arrancado um olho, não o recupera por acontecer o mesmo ao infrator. Se imaginarmos que este último possa ser, ele próprio, cego, reforça-se o reconhecimento dos limites desta solução penal. Cedo se reconheceu o profundo significado de "olho por olho": "o valor de um olho pelo valor de um olho". No Livro do Êxodo 21,24, a fórmula conhecida surge na conclusão da história de um caso sobre os danos causados a uma mulher grávida por dois homens em briga, e encontra-se no contexto de regulamentações que determinam que um escravo não pode tirar um olho ou um dente ao seu dono, mas que, em caso compensatório, deve ser libertado. Não se pode falar, portanto, de uma equivalência não ponderada entre o dano e a respectiva pena. Em Deutoronômio é, então, fixada a proibição que vai além do Código de Hamurabi em relação a delitos capitais e à sanção de estirpe: "Cada um pagará com a morte apenas pelos seus próprios crimes".

Se o primeiro direito escrito ganhou contornos normativos a partir de procedimentos de jurisprudência, tal constituía igualmente uma característica central de documentos de direito anteriores. Os primeiros documentos de direito, gravados em placas de argila, são tocantes a transmissão de terrenos, que em parte estavam relacionados com heranças, em parte com casamentos, compra de casas ou aquisição de escravos. A par dos objetos da transação, encontravam-se fixados nessas placas os nomes das partes envolvidas, declarações de renúncia tocantes a queixas ou recursos, os nomes das testemunhas do negócio e do escrivão. Não se trata, porém, de contratos, no sentido mais estrito, em que um registo escrito pretende fixar o compromisso estabelecido e permitir uma consulta da correção das formalidades assumidas. Tratava-se, antes, da verificação factual do que foi combinado de forma vinculativa. Além disso, existem protocolos de processos que registam conflitos, quem os teve com quem, por que motivo, com que argumentos e qual o desfecho do caso. O sentido de tais documentos era proporcionar ao vencedor do processo a possibilidade de justificar as suas exigências no mesmo. O que também revela que o direito escrito foi primordialmente uma condensação de processos judiciais e de tomadas de decisão, tal como de transações econômicas, não um direito sustentado na lei ou na celebração de contratos que nela se baseassem. Os tribunais eram locais de decisão que não aplicavam princípios gerais[72].

Assim como a ciência mesopotâmica não conhecia o método experimental que permitisse fazer previsões por meio de um processo de abstração, o direito mesopotâmico desconhecia a lei. A designação de "código" que a compilação recebeu, assim que foi descoberta, induz em erro. O Código de Hamurabi era uma compilação de direito, da qual constavam normas, por serem válidas, não um código legal que valida normas porque nele estão inscritas. Não se trata, portanto, como no Código Napoleônico, com que foi comparado, de uma sistematização do direito daquele tempo. Em direito, usa-se o termo de codificação quando as normas são apresentadas em uma sequência sistemática. Por volta do início do século XX, quando foi encontrada a estela com a compilação de Hamurabi, o direito estava de novo sendo codificado em muitos países; o código civil alemão é apenas um exemplo, entre muitos. Essa circunstância pode ter contribuído para a formação da ideia de que o chefe militar Hamurabi teria fundado o direito babilônico no curso de uma administração unitária de costumes locais, dando origem a decisões judiciais, regras de jurisprudência, feito a transposição para um sistema unitário de cariz nacional, de acordo com uma linha de pensamento. São perceptíveis os vestígios da diversidade da regulação de conflitos locais na dupla regulamentação e nos pequenos paradoxos contidos no texto.

Mas é rebuscada a ideia de que o texto a ler naquela pedra tenha sido produzido como direito vinculativo. Não existia um direito unitário na Mesopotâmia. As normas consuetudinárias, baseadas nos costumes, continuavam ser aplicadas junto do direito

---

72 Cf. Renger (1976) e Westbrook (2003).

real, os tribunais do rei trabalhavam lado a lado com os tribunais do templo, da cidade e dos bairros. O Código de Hamurabi fixa a jurisprudência dos tribunais da corte em casos que afetam os interesses do Estado: delitos de importância maior, relações de propriedade em uma administração palaciana, cobrança de impostos pelo Estado, questões de subsistência de pessoas cuja sobrevivência não está assegurada pelos meios privados, querelas judiciais no seio das classes altas, assuntos tocantes às zonas de prostituição ao redor de templos.

Os próprios reis não tinham interesse em tornar a jurisprudência independente de si, objetivá-la em forma de texto e, dessa forma, vincularem-se a si próprios. Afinal, em todos os outros documentos de direito encontrados coevos do Código de Hamurabi, não existe qualquer referência a ele nem aos seus respectivos artigos. Trata-se de uma compilação de normas, o que explicaria a omissão de tantas matérias de jurisprudência. Falta, por exemplo, um artigo que descreva os procedimentos de execução da pena de morte. A razão afigura-se óbvia: se ao furto cabia esta pena, era do conhecimento geral qual a sanção destinada aos homicidas. Era, portanto, posto em forma de escrita apenas o que não era evidente, talvez por razões pedagógicas em relação a juízes iniciados[73].

Isso nos leva a olhar novamente a estela, na qual nos foi transmitida o Código de Hamurabi. No campo superior do monumento encontra-se representado o próprio rei e o deus do Sol, Samas, diante do qual o soberano da Babilônia reza, enquanto sentado, o deus do direito e da justiça segura um anel e uma vara na mão. Discute-se o significado dos símbolos, sendo as interpretações as seguintes: régua e banda métrica ou guia e anel nasal ou buril e selo cilíndrico

---

73 Cf. Lemche (1995).

ou ceptro e outra coisa qualquer. De toda forma, os babilônios dirigiam-se ao deus Samas como aquele que a todos vê, porque é como o sol e viaja de dia e de noite, na Terra e no mundo subterreno e que, como tal, põe tudo no caminho certo. Enquanto juiz, repõe tudo, de novo no seu devido lugar. Essa responsabilidade pela ordem do todo cabe igualmente ao rei.

> Para que o mais forte não culpe o mais fraco, para se fazer justiça à viúva e ao órfão, deixei escritas na pedra, na Babilônia, a cidade erigida por An e Enlil, no santuário de Esagila, cujos fundamentos são constantes como o céu e a terra, a fim de corrigir os assuntos de jurisprudência do país e de tomar decisões, para fazer justiça ao injustiçado, as minhas palavras preciosas […].

Assim se inicia o prólogo na estela, que precede as regras de direito. Quem fosse injustiçado, que viesse diante dela – "perante a minha imagem" – as lesse ou que lhe fossem lidas, para que recebesse a clarividência tranquilizadora de que Hamurabi estaria a zelar pelos seus direitos. Com isso, não estavam garantidos todos os direitos, nem a estela apresentava a solução para todos os conflitos de direito. O que fica dito é que o rei reequilibrará o abuso de poder das instâncias dependentes de si e que se pode apelar a ele, a não ser que os próprios tribunais reais já tenham intervindo e decidido –, e aquele que se viu injustiçado será posto diante do texto da estela e de sua sabedoria[74]. Uma carta de então, de Hamurabi, em que parte da informação do assalto a um ourives "através da parede" para ordenar a entrega de infratores e testemunhas ao rei, revela que não se tratava apenas de retórica. De fato, ele próprio acercava-se de alguns processos e, no caso em apreço, houve

---

74 Cf. Roth (2002).

formulações da carta referida que tiveram cabimento no Código, no sentido de ser apresentado um *perfil do criminoso*. Assim, no artigo 21º pode ler-se: "Quando um homem assaltar uma casa, esse será morto diante do buraco que fez na parede e lá enterrado." Mas, por que razão se deveria pôr o direito por escrito, em uma cultura baseada na transmissão oral, como era a do antigo Oriente? A escrita tem diversas vantagens. Uma é temporal: arquiva o que, de outra forma, seria esquecido. Outra é do foro prático: torna claro o que, de outra forma, estaria sujeito a vários relatos controversos. Apresenta ainda uma vantagem social: põe, em princípio, ao dispor de muitos leitores, o que, de outra maneira, apenas chegaria aos ouvidos de algumas testemunhas auditivas. Para resumir, a escrita permite retirar informação dos seus contextos e distribuí-la. Enquanto arquivo, reforça a memória, enquanto instituição, convida à reflexão e, enquanto meio de comunicação, aumenta a possibilidade de projeção da voz.

Ao mesmo tempo havia a preocupação de apresentar as decisões judiciais como justas e como contributos para a ordem social. Quando Hamurabi ordenou que se elaborasse a estela, o Código já reinava há quase 40 anos sobre a Mesopotâmia; no prólogo presta-se homenagem à conquista de Eshnuna, a qual ocorreria somente decorridos 32 anos do início do seu reinado. O vasto praguejar, retido no epílogo da estela, contra todos aqueles que ousassem contrariar os seus ideais acerca do direito, não se dirigia exatamente aos que não cumpriam as normas expostas, mas aos reis vindouros que poderiam desejar alterá-las. O rei simbolizava a justiça no direito, por ele próprio estar apenas sujeito ao julgamento dos deuses. Esses não constituem, em si, uma fonte do direito, pois este não é revelado nem pode ser usado contra o rei. Nesse sentido, afigura-se significativo que o prólogo, as sentenças e o epílogo não se encontrem graficamente separadas nesta estela, confluindo no texto. Por meio dela, pretendia-se tornar claro e sempre relembrado, que o direito se deve ao rei e que o soberano político é simultaneamente o detentor do poder de exercer justiça na Mesopotâmia. É nessa qualidade que faz a intermediação entre os deuses e os seres humanos. O Código de Hamurabi não tinha, assim, a função de tornar públicas as normas de direito decretadas pelo rei, de fixá-las como tal e trazê-las ao conhecimento público. Obviamente, nem todos sabiam ler. A estela não se destinava à divulgação do direito, foi a construção de um memorial à política. Não informava, mostrava. Não foi feita, usando uma formulação feliz, para ser lida, mas para ser vista. As suas normas não eram válidas por estarem escritas, valiam por transmitirem a vontade do rei, mesmo se tratando de costumes que foram gravados em argila. A escrita dá algo a ler mas, em determinadas circunstâncias, oferece igualmente algo para ver, tal como se pode olhar imagens e lê-las. O primeiro direito escrito queria ser um quadro semelhante da justiça.

Por oposição a essa concepção, em Roma, o direito fundou-se sobre algo que permaneceu invisível. Não há testemunho de nenhum romano, de acordo com a historiadora Marie Therese Fögen (2002), ter visto alguma vez as doze tábuas nas quais teria sido fixado o direito romano: "o primeiro e único direito romano" (MOMMSEN, 1856). E isso, apesar de, alegadamente, terem sido afixadas na tribuna, no ano de 449 a.C., junto ao município. Já Cícero se queixava de que nenhum dos meninos as sabia de cor, quando antigamente se cantava o texto. Mas como memorizar o que não existe? Ninguém sabia bem de que material eram feitas as tábuas: de carvalho (*arboreae*), de marfim (*eboreae*), de pedra, cobre ou de bronze? Pouco claro o que nelas se dizia, mesmo a respeito de Cícero se suspeita ter simplesmente inventado a estela das tábuas que cita, expondo algo de que, mais tarde, ninguém se recordaria ao certo. Tampouco havia concordância sobre a razão de se tratar exatamente de doze tábuas.

Em lugar da lei visível, foi tomando forma uma narrativa acerca dela. Os plebeus teriam exigido direitos vinculativos e, como tal, fixados por escrito, a fim de se terminar com a arbitrariedade de um sistema judiciário que beneficiava sempre as classes mais altas. Após viagem de serviço durante três anos em uma comissão que se dirigia para Atenas com o objetivo de copiar as Leis de Sólon – embora se discuta se os enviados alguma vez lá chegaram, se se ficaram pelo Sul de Itália ou, se nem sequer teriam partido –, o Senado teria decidido criar uma comissão de dez magistrados, o Decenvirato, para pôr por escrito o direito romano. No ano seguinte, seriam acrescentadas mais duas tábuas, segundo crônica dos historiadores Tito Lívio e Dionísio de Halicarnasso, 200 anos posteriormente. Nesse ponto, portanto, a descrição sofre um revés. A respeito do início do direito, existem meras narrativas, o que não o invalida. Ele não tem de ser remetido para uma única fonte, muito menos para uma que seja clara, límpida, justa. A ideia antiga de que um início é o fundamento de toda a ordem não é sustentável. Quanto mais detalhadamente observamos tal começo, mais ininteligível e arbitrário nos parece aquilo que a seu respeito conseguimos fixar; na verdade, poderia ter sido igualmente de outra maneira. *As Leis do Decenvirato*, concebidas e emanadas do órgão com o mesmo nome, composto por dez magistrados de Roma, tal como se apresenta na *História Romana*, do historiador da Antiguidade Barthold Georg Niebuhr (1853), "permaneceram, até a época imperial, o fundamento do direito civil e penal, apesar de quase não serem visíveis por debaixo da enorme construção erigida em parte de forma arbitrária". Aqui, as origens do direito não são apenas invisíveis, uma vez que as tábuas que o fixavam tinham sido destruídas em 387 a.C., se dermos crédito às narrações históricas. O próprio direito torna as suas origens ininteligíveis, porque as construções normativas, quanto mais abrangentes e antigas são, mais dificultam o conhecimento dos seus fundamentos.

Hoje em dia, perguntaríamos: quando se torna válida uma lei? Quando é aprovada pelo parlamento e tem efetividade diante do tribunal constitucional, seria a resposta. O parlamento pode alterar as leis constitucionais, a partir das quais é validado a constitucionalidade de uma lei? Sim, mas é a própria constituição que estabelece quando, como e onde uma lei pode ser mudada, tal como quem vai avaliar a constitucionalidade da alteração. O direito encontra, portanto, na constituição a sua legitimidade? Talvez, porém, apenas em fundamentos não estabelecidos. E quais são, então, os fundamentos da constituição? Aquilo que está escrito nos seus prólogos e epílogos e nas histórias contadas a seu respeito, com as quais os juristas pouco podem fazer.

13

DA MÃO PARA A CABEÇA E DA CABEÇA PARA A MÃO

As origens dos números

> *E nove é um; e dez nenhum.*
> Johann Wolfgang von Goethe

Duas pedrinhas mais uma pedrinha são três pedrinhas. "Todos os números", escreveu John Stuart Mill em 1843, no seu *Sistema da lógica*, "têm de ser números de algo: não existem números por e para si mesmos." Contudo, acrescenta, "esses têm a característica notável de serem números de tudo". Os enunciados que os incluem são válidos para todas as coisas na mesma quantidade. Do que quer que seja que existam dois exemplares, ao acrescentarmos um terceiro, o resultado é três. A equação, por seu turno, é válida para todos os números a e b, independentemente daquilo a que se referem. E, no entanto, de acordo com Mill (1872), toda a força probatória do cálculo é oriunda do mundo dos objetos, não do mundo dos símbolos. Pois a regra segundo a qual, "o idêntico acrescentado ao idêntico tem sempre o mesmo resultado, e o idêntico subtraí-do ao idêntico resulta sempre na mesma diferença", remete para uma qualidade intrínseca de relação de grandezas, não de sinais. A matemática baseia-se, nos seus elementos mais simples, na experiência. A impressão de se poder deixar os objetos de fora das operações aritméticas ou algébricas e de se proceder nos cálculos de forma mecânica está correta, mas surge pela circunstância de estes se terem generalizado a todos os objetos, e não pela ausência de uma relação com eles.

Quase 30 anos mais tarde, o pai da antropologia social Edward Burnett Tylor (1974) faz referência a essa perspectiva de "Mr. J. S. Mill". Pois, na sua obra *Primitive Culture*, na qual associou o conhecimento do seu tempo acerca dos mitos, do pensamento, da religião, da arte e dos costumes das diferentes culturas não detentoras da escrita, Tylor trata ainda a técnica de contagem dessas sociedades.

O estudo dos conceitos numéricos em comunidades tribais veio não apenas confirmar o ponto de vista de Mill de que o nosso conhecimento dos números se baseia na experiência, como também possibilitou verificar o percurso que nos permitiu desenvolver a capacidade de contar. Os números têm, pois, as suas origens no contar, de modo que o início do conhecimento numérico e, nesse sentido, da matemática, é de natureza prática; a circunstância de o saber válido para todas as quantidades ter adquirido uma dimensão supra histórica deve-se, porém, à faculdade de resolução de problemas práticos, como acontece com as demais estruturas do pensamento humano. Consideramos óbvio que duas pedrinhas mais uma pedrinha sejam três pedrinhas – mas não é propriamente assim.

A dificuldade em designar linguisticamente quantidades elevadas faz parte dos problemas a serem resolvidos, a fim de adquirir uma concepção dos números. Conseguimos perceber de imediato quatro objetos, depois começamos a contar. Um, dois, muitos, assim contavam ainda por volta do início do século XX algumas tribos que não se encontravam em contato com os colonizadores; o capítulo do livro de Tylor sobre este assunto está repleto de testemunhos desse tipo. Também as línguas modernas conhecem esta forma de contar: monogamia, bigamia, poligamia – existem áreas da vida em que não se exige precisão, tratando-se de quantidades elevadas. As próprias expressões para muito são variadas: inúmeros, multidão, grande quantidade, poliglota, turma, orquestra. Sabe-se de algumas tribos da Austrália Central, como os Arandas, não tinham originalmente palavras que designassem a sequência numérica, mas somente quantidades de um ou dois elementos: um e um par. Quem quiser dizer três, teria de especificar: "um e um par", quatro é "par e par", depois há apenas "muito" ou, em uma perspectiva ordinal, "acrescentar mais um". Os Mundurucus, no coração do Brasil, contam corretamente até três, de forma mais ou menos fidedigna até cinco, a seguir torna-se tudo muito vago, pois a sua palavra para "cinco" é a mesma que utilizam para seis, sete, oito ou nove, e se veem cinco pontos, por vezes dizem que são "quatro" ou "alguns"[75].

Algo semelhante acontece com os índios Pirarrãs, um povo indígena de caçadores-coletores que vive bastante isolado na floresta tropical, no noroeste do Brasil; povo tornado famoso graças à tese do linguista Daniel E. Everett, na qual se defende que a sua língua se desvia de todas as outras. Também eles não contam além do número dois, não dispondo sequer da possibilidade de aplicar os

---

75 Cf. Strehlow (1944), Gelman e Gallistel (1978), Ifrah (1991), Schmandt-Besserat (1992) e Pierre Pica et al. (2004).

números de forma recursiva a si mesmos, como seria a utilização de "um" e "dois" para designarem três. Em língua pirarrã, "um" tem o mesmo significado que "pouco". Por vezes, nem sequer é feita, no mais elementar dos números, a distinção verbal entre grandezas discretas – um, dois – e contínuas – mais, menos. Se tiverem de ser dadas indicações sobre quantidades elevadas, essas afiguram-se diferentes aos olhos dos Pirarrãs após a contagem atingir seis objetos, dependendo do termo de comparação. Assim sendo, designam seis entidades como "dois" ou "pouco", quando de dez se retiram quatro, mas designam como "dois" ou "muito", se são acrescentados cinco a um objeto apresentado. Ao fazer a contagem a partir de dez, os inquiridos designam até com a palavra "um" a quantidade de dois objetos, apesar de ser claro para eles, ao começarem a contar por um, que a seguir viria o dois. Nenhuma dessas palavras é, portanto, usada de forma consistente, o que leva a crer que não se trata sequer de numerais[76].

Quando em uma língua não existe sequer uma designação para o número "um", tal circunstância torna claro quão dependente de condições prévias são os procedimentos mais simples de contagem. Em algumas comunidades linguísticas, quando se quer expressar mais do que quatro, utilizam-se sinais não verbais, como marcações na areia ou mostra-se número com as duas mãos. Em outras, os objetos em número superior a cinco são designados com expressões como "um da outra mão". Porém o vocabulário inglês para números, por exemplo, foi muito bem absorvido pelas línguas indígenas no decorrer da colonização. E tarefas não verbais tocantes à comparação de quantidades, envolvendo até 80 unidades, eram perfeitamente resolvidas pelos Mundurucus, enquanto adições

---

76 Cf. Gordon (2004) e Frank et al (2008).

e subtrações simples eram solucionadas por estimativa, mesmo quando os índios falavam português e, portanto, dispunham de um vocabulário numérico. Os membros dessa tribo eram capazes de contar até três, simplesmente não tinham a necessidade nem as rotinas que exigissem da sua língua a capacidade de expressar conceitos em termos numéricos. Uma comparação entre semelhantes era-lhes suficiente para resolver os problemas do cotidiano.

As primeiras bases do desenvolvimento de um conceito de número são de natureza simbólica. Um sinal representa uma quantidade contada e esta é expressa por meio da repetição do sinal. Pode tratar-se de dedos ou de outras partes do corpo e, em um passo seguinte, de uma sucessão de traços, nós, pontos, pedras. Todos eles representam não um número, mas os objetos a que se referem em exclusivo.

Se voltarmos a nossa atenção para as tribos atuais para procurarmos o nascimento pré-histórico dos números, é importante evitar uma interpretação em sentido contrário: nem em todos os lugares onde é encontrada a inscrição de traços ou de outros símbolos estamos diante de matemática primitiva. No período anterior ao Neolítico tardio, não foram encontrados objetos que indiquem incontestavelmente tratar-se de apoios à contagem como pauzinhos em madeira, pedras de cálculo ou outros semelhantes. Mesmo os famosos ossos de babuíno de Ishango, com cerca de 20 mil a 22 mil anos, descobertos na zona fronteiriça congolesa com o Uganda em 1957 e 1959, com entalhes paralelos, apresentados em algumas histórias da matemática como a primeira tabela de cálculo da humanidade e como o vestígio mais antigo da capacidade aritmética, não permitem sustentar tal interpretação. Os números desenvolvem-se a partir da contagem, mas ser capaz de contar não significa que se tenha números, sendo ingrato especular se quem entalhou em um osso primeiro três incisões, e depois seis, dispunha do conceito de duplicação.

O mesmo se aplica ao osso de lobo encontrado em 1937, em Dolní Věstonice, na atual República Checa, datado de cerca de 30 mil a.C., cujos 55 entalhes formam provavelmente grupos de 5 – mesmo que um olhar isento de impulsos conclusivos sobre a Pré-História não o consiga reconhecer. Ou vejamos o osso do rádio de babuíno dos montes Libombos, na África do Sul, tendo entre 44 mil e 43 mil anos e encontrado em 1973, que apresenta 29 entalhes. Estamos sempre perante incisões que são facilmente interpretáveis como a representação de números, apesar de não constituírem senão um vestígio do uso de sinais. Quem faz um nó na ponta do seu lenço de bolso não necessita de ter um conceito do número 1, isso também se pode afirmar a respeito do número 3 ou de 12 nós. A capacidade de o fazer não significa dispor do conhecimento de o número 3 ser um quarto de 12 ou de se encontrar mais próximo do número 1 do que do 12; mostra apenas a capacidade de distinguir entre diferentes sinais gráficos.

Um bom exemplo da importância de se distinguir entre sinais e números, mesmo se conseguindo contar os sinais, é o destino que tiveram as teses do arqueólogo Alexander Marshack (1972). Também ele tomou como ponto de partida o osso de Ishango, porém não interpretou os entalhes nele inscritos como mero padrão numérico, mas como registo de fases lunares. Outros objetos pré--históricos a apresentarem inscrições – como o achado de ossadas em Abri Blanchard, na Dordonha (30 mil a.C.), a pequena pedra da gruta ligúrica de Barma Grande (entre 33 mil e 27 mil a.C.), o calcário com padrões desenhados, na gruta de Parpalló, perto de Valência (entre 20 mil e 18 mil a. C.), ou o machado mesolítico de

Horn, encontrado em Ugerløse, na Dinamarca – foram interpretados por Marshack, no mesmo sentido, como calendários ou anotações de calendário, a partir de cuja regularidade se teria desenvolvido um conceito numérico. Nesse caso, surpreende que dois sistemas de anotação nunca coincidissem e que as inscrições fossem frequentemente demasiado pequenas para poderem ser contadas e avaliadas sem o recurso ao microscópio e à fotografia. Mais difícil de compreender é a objeção do antropólogo Edmund Carpenter de que tais anotações teriam sido inúteis em comunidades de caçadores-coletores: "Não se caçam ursos polares em outubro; quando se caçam ursos polares, é outubro. Não se trata de um problema terminológico, mas de uma questão de vida ou de morte". O que significa o seguinte: os calendários não dão uma informação sobre quando os sinais a serem lidos; para defesa da sobrevivência, esses sinais devem ser procurados na própria natureza perigosa e não no firmamento. A contabilidade é, em geral, uma conquista de comunidades de colonos que praticam a agricultura. Apenas nesse contexto de vida surge a necessidade não só de contar quantidades elevadas, mas de se ser exato nesse processo.

Na mesma época em que se dá a transição de uma civilização coletora primitiva para a agricultura, também a capacidade de contagem sofre um salto qualitativo. Na Mesopotâmia surgem em 7500 a.C. símbolos em argila com formas diferentes, por exemplo, esferas, cilindros, cones, tetraedros ou discos, que apresentam um tamanho variável entre 1 e 3 cm. Encontraram-se os mais antigos destes sinais em camadas arqueológicas, às quais se pode atribuir o início da agricultura, em uma região que vai, atualmente, da Turquia até ao Oriente Médio. Trata-se de pedras de cálculo, como já se referiu no capítulo sobre as origens da escrita, que serviam para o registo de quantidades elevadas de bens agrícolas, como cereais, ou o número de animais de uma manada. Sempre que um bem era fornecido a um lugar oficial em uma determinada quantidade, como um templo ou uma administração, um responsável por essa função depositava pedras no número correspondente com a finalidade de registar a sua entrada. A memória social de pagamentos é, pois, transferida das pessoas para um meio que é um arquivo impessoal. Os respectivos símbolos, em uso durante 4 mil anos, continuavam, contudo, a apresentar uma distância considerável em relação a um conceito numérico desenvolvido, uma vez que combinavam ainda a quantidade e a qualidade do que é contado. Aquilo que é contado com pedras redondas difere do que é contado com pedras em forma de disco.

No decorrer da fundação das primeiras cidades do Oriente, em meados do século IV a.C., surgem novos tipos de símbolos relacionados que indicam, a partir da sua forma ou por meio de inscrições, quais os bens contados, tal como esferas em argila que, qual dossiê de arquivo – a investigação usa a designação de "envelope" – podem apresentar vários desses símbolos. A variedade de formas documenta o espetro crescente de bens registados. Duas pedras em argila mais uma pedra em argila representam, desde que exibam uma marca oval, três jarras de azeite. Outros símbolos designavam ovelhas, peças de vestuário, quantidades de perfume ou de mel. O uso do tetraedro representa um aumento do espectro de cobertura desta simbologia de anotação, acrescentando mais um nível na escala de abstração, uma vez que representavam unidades de trabalho. Contudo, esses símbolos não serviam a função de troca, constituíam um meio de registo contabilístico destinado a manter uma visão geral sobre as relações de armazenamento e redistribuição dos bens na economia comunitária.

Assim que se inicia o processo de registo e de contagem, apresenta-se o problema da capacidade da resposta do sistema escolhido. Ambas as mãos chegam apenas para contar até 10. Porém isto só é verdade para uma pessoa semelhante à do exemplo apresentado pelo historiador da Matemática Georges Ifrah, para ilustrar a sua *História universal dos números*: "Quando os dedos de uma pessoa são utilizados para contar quantas vezes uma outra pessoa contou até 10, então, ambas as mãos não chegam apenas a 20, como ultrapassam os 100, e três permitem chegar até aos 1000." Por outras palavras – e independentemente de agregados computacionais –, as ordens de contagem podem ser estendidas de forma hierárquica e aplicadas a si mesmas. Já entre os sinais mais antigos em argila encontram-se pedras maiores que simbolizam uma soma de pedras de valor numérico menor e, como tal, de tamanhos menores.

Contudo, a abstração decisiva no caminho que levou à constituição dos números ainda estava para acontecer com os símbolos de contagem. A orientalista franco americana, Denise Schmandt--Besserat (2010), a quem podemos agradecer o estudo mais detalhado sobre este assunto, fala de "contagem concreta", no que diz respeito à forma de aplicação destes símbolos, como ainda a conhecemos como palavras numéricas: solo, duo, par, trio, quarteto, quinteto etc. Trata-se sempre da combinação de uma quantidade com algo que foi contado especificamente, pelo que não podemos, por exemplo, falar de um par de coisas não correspondentes, pois, enquanto podemos referir-nos a um trio de corégono-azul, não podemos fazer a mesma coisa com analgésicos, tal como seria inadequado dizer-se um cento de polícias. Os músicos são, pois, contados de uma forma diferente da que se emprega para os analgésicos. Isso encontra-se igualmente em observações etnográficas, quando um determinado número de barcos, homens, cocos, que para nós corresponde ao número 10, são ordenados por diferentes palavras que quantificam cada caso particular de objetos. Sobretudo em designações de mercadorias e na terminologia técnica, mantiveram-se durante bastante tempo designações como uma peça, referindo-se a um pedaço de tecido, e um quilate, referente a 200 mg de uma pedra preciosa. Apenas quando se traduz a expressão compacta, que em linguagem técnica serve de abreviatura, se decompõem as características que encerra: 200 mg, pedras preciosas. Só então, é possível distinguir, no plano da simbologia, do que se trata, ou seja, de distinções e possibilidades comparativas em relação a objetos – "quilate", por exemplo (1) objetos de determinado tipo e (2) o seu peso exato; "dueto" (1) pessoas (2) o número e (3) uma ação coordenada.

Distinções desse tipo são, no sentido que lhes dá John Stuart Mill, operações tanto empíricas quanto reflexivas em relação a objetos (pesar, contar, qualificar). Apenas quando o número e o objeto ao qual se aplica se distinguem entre si, é possível contar entidades que não são alcançáveis pela percepção – a forma trinitária de Deus –, criar certos itens, que anteriormente não existiam, por um arquiteto, ou levar a cabo operações de cálculo a respeito de objetos completamente heterogêneos (o quarteto de sopros da orquestra da polícia pesa seis quintais).

É mais fácil fazer as distinções entre objetos, quando se tem a escrita. Nos envelopes esféricos, em que foram guardados símbolos numéricos desde 3500 a.C., como instrumento de apoio à memória, eram gravadas na argila imagens relativas ao conteúdo, pictogramas dos respectivos jarros de azeite, símbolos da cevada ou das ovelhas. Foi essa uma das suas origens, como já verificamos no capítulo sobre a escrita. Neste tipo de esferas encontra-se ainda gravado, por exemplo, sete vezes jarro de azeite. Trezentos anos depois da introdução deste tipo de envelopes, havia na Mesopotâmia tábuas de cálculo, com as quais se passa a levar a cabo a contabilidade, por substituição das esferas em argila. Também nelas se encontram primeiramente aquela forma de contagem concreta, mas, por volta de 3100 a.C., dá-se uma alteração fundamental com a introdução de uma nova técnica de escrita que utiliza estiletes: os símbolos gráficos já não são repetidos para dar a indicação de quantidade, mas, junto das imagens referentes aos respectivos bens, encontram-se, gravados na argila, números.

Uma cunha significa, então, 1 unidade, um círculo está para 10 unidades, uma cunha grande representa 60 unidades – entre os cerca de 1200 símbolos nos documentos escritos mais antigos da Humanidade encontram-se cerca de 60 inscrições destas. A economia da linguagem que isso trazia consigo é evidente: o que fora contado apenas teria de ser mencionado uma vez. Por continuar a tratar-se de números para efetuar medições e por fazer sentido contar objetos como, por exemplo, azeite, animais, cereais, em unidades completamente diferentes, esses sinais mudavam de valor numérico consoante aquilo que mediam. Sendo relativo a animais, um círculo significa 10, porém, em relação a cereais, refere-se a 6 unidades – como se estivéssemos a registar com 30 pedrinhas, por exemplo, só que tratando-se de 30 galinhas o equivalente são 18 unidades de cereais. Contudo, já não se fala simplesmente de muitos ou de uma multidão. O sistema de cálculo não sendo ainda homogêneo era já um sistema de cálculo. Uma vez que diferentes sinais numéricos representavam valores distintos em sistemas de contagem diferentes, havia mesmo sinais que nunca ocorriam conjuntamente.

Assim era que os contabilistas de Uruk dispunham de símbolos para 60, 120 e 600, os últimos dois sinais, porém, não aparecem em simultâneo em qualquer uma das listas de cálculo. Em vez de anotarem o número 120, os escribas preferiam anotar 2 vezes 60 em adições sucessivas até perfazer 600. Ambos os números pareciam pertencer a ordens numéricas estritamente separadas.

Portanto, os números continuavam a representar mais do que puras quantidades e sequências, conjuntamente com os símbolos que os representam, estavam ainda presos aos objetos cuja contagem possibilitavam. Havia um sistema de contagem que se baseava em passos de 6 algarismos, mas foi apenas utilizado em menos de metade dos documentos de cálculo desse período que chegaram aos nossos dias. É, contudo, notável que alguns dos sinais numéricos para: 1, 10, 60, 600 – se encontrem ainda em textos mesopotâmicos 1.000 anos mais tarde, antes de terem sido substituídos por sinais da escrita cuneiforme. Os números continuam a representar valores diferentes em um calendário e em uma lista de mercadorias; em listas de objetos discretos, calcula-se de forma diferente da que é utilizada em listas de produtos a granel, como cereais. A possibilidade, porém, de se libertar os números de tais funções representativas não numéricas já é previsível nesta época; seja porque são anotados separadamente dos nomes de objetos que registam, porque passam a designar grandes quantidades destes, o que documenta uma multiplicidade de operações de cálculo, e por serem instrumentos de registo de comércio em uma economia mais densa, de cuja complexidade crescente faz parte o desenvolvimento do sistema de contagem[77].

---

77 Cf. Damerow, Englund e Nissen (1996).

"Em um mundo de cuieiras e de varas de bambu, troncos de árvores com o interior escavado, redes e peles de animais utilizadas para o transporte e para o armazenamento de bens, não para a medição dos mesmos, torna-se muito difícil perceber a manutenção e alteração de quantidades", escreveu o antropólogo Christopher Hallpike (1979) acerca das restrições a que está sujeito o desenvolvimento do sistema de contagem em comunidades tribais, uma vez que a medição tem para eles um valor numérico distinto. Trata-se de problemas e conquistas da economia política, que consequentemente representam um passo em frente no desenvolvimento de técnicas aritméticas. A matemática é uma filha da cidade, que começa por se pôr à prova em grandes quantidades de mercadoria e nas difíceis decisões do foro da economia distributiva e contributiva e respectiva produção. Qual o tamanho de um campo de cultivo? Qual o rendimento que se pode esperar dele? Quanto trabalho é necessário para o cultivar e dele extrair rendimento? Qual é a quantidade requerida de cevada e malte para se produzir determinada cerveja? Esse tipo de problemas práticos do registo, de distribuição de terras, da medição segundo o calendário e da racionalização da produção dominaram durante muito tempo a função possibilitada pelos números. Mas, depois, tem de se considerar as características dos números em si, sem se prestar atenção àquilo que efetivamente se pode fazer com eles. São descobertas relações de grandeza entre eles, como entre a superfície, a diagonal e os lados de um campo, o que, por ora, não teria qualquer importância operativa para a agricultura e a ordenação de propriedades, mas que se afigura fascinante. Começa a surgir, no terceiro e segundo milênios a.C., a reflexão profissional sobre a relação entre os números e grandezas geométricas. Encontram-se listas com números elevados ao quadrado, soluções para equações de segundo e terceiro grau, cálculos de raiz quadrada. Chega-se, portanto, a enunciados sobre as características dos números, que já nada têm que ver com operações aritméticas de contagem, medição e de cálculo técnico. A descoberta, marcadamente mais tardia, dos números primos, atribuída aos gregos e documentada no século III a.C., é um exemplo disto mesmo, a que se recorre com frequência. Porém mesmo a possibilidade de divisão dos números é ainda uma característica de unidades numéricas emergidas da contagem.

O processo de constituição dos números só se completa quando passa a existir um número cuja aparição não dependeu da contagem, porque por meio dele nada se pode contar, tampouco relacionar-se com qualquer grandeza: trata-se do zero. Ele existe e, simultaneamente, não existe no sistema matemático babilônico. Pois é tido apenas como um lugar vazio na sequência de contagem – tal como aconteceu nos sistemas de calendário maia, que atribuíram ao zero a forma de casca de caracol. Assim como no nosso sistema de notação, os zeros em "007" indicam a existência de centenas de agentes e que James Bond se encontra na casa das unidades, tal como os zeros em "1001" indicam que as casas das dezenas e das centenas não estão ocupadas, também os babilônios deixavam espaços em branco nas suas contagens, quando a indicação era a seguinte: "Nessa posição nada há a registar." Não existia um símbolo próprio para os lugares vazios. Ainda hoje, encontramos o zero no teclado do computador após os símbolos dos nove algarismos, e não antes, porque, enquanto símbolo de um lugar vazio, não se enquadra na sequência dos algarismos, e, para nós, que começamos a contar a partir do 1, ele poderia encontrar-se em qualquer parte – simplesmente enquanto número o seu lugar é anterior ao 1.

Os gregos, que não eram propriamente fracos em matemática, não dispunham do zero. A razão torna-se clara por meio de uma passagem da *Física*, de Aristóteles, sobre a velocidade do movimento de um corpo. Essa, segundo o filósofo, estaria dependente da resistência do meio, no qual ocorre o movimento, ou seja, da relação entre ambos os corpos: "Quanto mais incorpóreo for esse meio, quanto menor a resistência oferecida por ele e quanto mais facilmente divisível for o corpo, por meio do qual se dá o movimento, mais rápido este se torna". Conclui da seguinte forma: "Portanto, um corpo seria infinitamente rápido se se movesse em um espaço vazio, o qual, contudo, não existe, uma vez que não há nada que não tenha alguma relação com um número". O 4 é superior a 3 em um algarismo; em relação ao 2, superior em dois algarismos, uma diferença muito maior do que um; porém o 4 não é superior a nada em nenhuma ordem de grandeza. O 4, prossegue, não é um múltiplo de zero, pois o zero não se pode dividir, mas a ordem numérica é uma relação de "multiplicação de diversos uns", de modo que nada não é um número. "O menor dos números, tendo em conta esse conceito em geral", observa Aristóteles, "é o 2, uma vez que o 1 não estabelece com ele qualquer relação." As origens de algo afigura-se a esse pensamento, por princípio, diferente dessa entidade em si mesma. No caso do zero, a impossibilidade de o conhecer é superior, uma vez que, de acordo com a formulação do investigador dos números Karl Menninger (1992), ele existe para designar algo que não existe.

O zero surgiu muito mais tarde na Índia, onde em 500 d.C. foi estabelecido que o valor de um número não se altera, quando somado ou subtraído a zero. A notação numérica indiana apareceu entre o século VI e VIII a.C., em dois sistemas de escrita, mas apenas no século VII d.C. se desenvolveria a partir de um deles, o brami, no qual 777 era anotado desta forma, e já não na forma de símbolos isolados, para designar 700, 70 e 7. É então que entra em cena o zero, primeiro enquanto marcação de um lugar vazio. A indicação de comprimento "270" foi anotada na inscrição de Gwalior do início de século VI, na qual se assinala a construção de um templo, com os algarismos 2 e 7 acompanhadas de um pequeno círculo; mais tarde haveria de se encontrar igualmente a indicação do número 50, anotado da mesma maneira. Nós utilizamos um grafema similar, quando assinalamos a ausência de mais palavras com três pontos "…". Por volta de 650 d.C., o matemático Brahmagupta também anotaria pontos de pequena dimensão em todas as ocorrências em que não se deveria contar. De acordo com a nossa escala, continua a calcular de forma errada quando afirma que zero a dividir por zero é igual a zero. O seu contemporâneo Bhaskara tinha o mesmo pensamento: $(a \times 0) \div 0 = a$. Lidar com o novo número suscitava ainda muita insegurança, mas então lhe é atribuída uma regra: ele forma-se quando subtraímos um número a si mesmo. Três pedrinhas menos três pedrinhas dá um resultado: nenhuma pedrinha.

Que se possa contar por meio de uma entidade que não é nada, é a conclusão da história sobre as origens dos números. Faz parte do seu epílogo irônico, que da tradução arábica da palavra indiana para zero – *sunya*, estar vazio, e *as-sifr*, o vazio – tenham surgido as palavras "cifra" e "zero".

14

A DEUSA TEM JUNTO AO MAR O ÚLTIMO BORDEL DIANTE DO ALÉM

As origens da narrativa

> *[...] como uma colher não faz ideia do gosto da sopa, na qual navega.*
> Mahabharata, livro II, cap. 55

Qualquer um sabe contar histórias. E é por isso que, desde sempre, foram contadas: sobre a caça, acerca dos tipos maus que vivem do outro lado da floresta, sobre a mulher do chefe da tribo, quando e em que situação foi vista, e assim por diante. Contudo, a arte da narrativa não está em contar algo que aconteceu, que provavelmente tenha ocorrido ou nem sequer se tenha verificado. A arte da narrativa está em contar algo que é certo que o narrador não presenciou; ou por não ser possível que alguém tenha assistido a essa cena, ou por ser transmitido de tal forma que, ao pensarmos duas vezes e não somente uma, se torna claro: isso foi tudo inventado.

As primeiras histórias transmitidas foram epopeias. No plano estrutural, trata-se de cantos que, se considerarmos o seu conteúdo, são narrativas de heróis e de um passado grandioso. Se pusermos lado a lado as primeiras grandes epopeias, como a de *Gilgamesh*, a *Mahabharata* indiana, a *Ilíada* e a *Odisseia* gregas, obtemos um padrão não intencional. Gilgamesh é um rei que, mais do que se tornar um semideus, queria ser um deus por inteiro. Mas alcança-o somente depois de ter desistido do seu intento. A epopeia indiana narra em 200 mil versos a inveja, o ciúme e a arbitrariedade das classes sociais elevadas, que se encontram mais próximas do divino, da guerra sem fim entre duas famílias e os respectivos príncipes. Homero, por seu turno, descreve o conflito armado entre dois povos e os seus chefes militares, que teria eclodido previsivelmente devido ao rapto de uma mulher, no qual os deuses intervêm. As três epopeias tiveram a sua gênese durante reinados: a mesopotâmica no último terço do segundo milênio a.C., a indiana presumivelmente entre 900 e 400 a.C., a grega entre 760 e 710 a.C.

Epopeias são histórias sobre heróis que passam por grandes tribulações. A epopeia mais antiga, a de *Gilgamesh*, narra a história de um rei mesopotâmico jovem, belo, forte e enorme, dois terços deus e um terço humano, o que se explica da seguinte forma: a sua mãe era uma deusa, o seu pai um homem que se tornou em um deus. Gilgamesh tem agora de passar por venturas e adversidades para aprender o que significa tal natureza mista. Para o conseguir, atravessa, literalmente, o mundo até aos seus confins, mergulha nas águas, penetra no interior da Terra, e chega a entrar na esfera reservada aos imortais.

Porém, mais do que conhecer todas as regiões por onde passa, Gilgamesh experimenta todos os estados de alma. No início, é uma criatura abrutalhada, obcecada consigo próprio e com os seus prazeres; no fim, alguém capaz de refletir sobre a sua vida. Entre ambas as fases, experimenta a amizade, a vontade de destruição, a sedução e o luto – toda uma escala de sentimentos no relacionamento entre os homens. Para o orientarem no mundo humano, resgatando-o à sua autossuficiência, os deuses decidem, logo no início da epopeia, criar um oposto de si próprios que o desafie. Esse homem primitivo, Enkidu, "come erva com as gazelas" (I, v. 110) vive no meio do rebanho – "Enkidu, de quem o asno selvagem e a gazela / como pai e mãe criaram" (VIII, v. 3) –, até que uma prostituta do templo da deusa Ishtar, contratada por um caçador, despe-se diante dele, o seduz e dormem juntos seis dias e sete noites. Depois disso, a manada já não quer saber dele. O desejo afastou o humano do animal, e, em contrapartida, este torna-se dotado de razão. Além disso, passou a vestir-se, visita o acampamento de pastores, em que é convidado a beber cerveja e a comer pão, mata leões e lobos, protegendo o acampamento, e vai com a sua amante, que também o é de Gilgamesh, para Uruk, a fim de com ele se encontrar; por fim, torna-se claro que se trata da narrativa dos estágios da evolução da humanidade: a vida nas estepes, o nomadismo, a alimentação à base de vegetais crus, a caça, a monogamia sequencial – "eu amava-o como a uma esposa" (I, v. 256), mas igualmente "que leve de volta às esposas o seu corpo!" (III, v. 10) –, a fala, a criação de gado, o uso do fogo, a técnica, a cidade.

Esta cidade foi construída por Gilgamesh – "Ele fez a muralha de Uruk" (I, v. 2) –, e, como tal, podemos resumir o sentido da epopeia da seguinte maneira: a evolução da humanidade levou, em termos históricos, à fundação das cidades. Mas e o que fazer com isso? A epopeia trata a pré-história de um presente comunitário;

as primeiras grandes narrativas lembram o mundo dos antepassados. O poeta, autor da *Epopeia de Gilgamesh*, Sin-leqe-unnini, que viveu no fim do segundo milênio a.C., não era contemporâneo do rei mesopotâmico cantado nesta gesta, que teria vivido por volta de 2750 a.C. A narrativa surge, na melhor das hipóteses, em terceira mão, uma vez que já existia uma versão desta história com mais de quinhentos anos. Não estamos, portanto, perante uma mera circunstância histórica, mas diante da pura forma épica, pois, quando as epopeias entram em ação, o mais importante pertence já ao passado. Uma epopeia não envelhece, porque nunca pertenceu ao presente. Os ouvintes e o poeta não estiveram presentes nos acontecimentos cantados na epopeia, o que não é um acaso. Vivem em um tempo distinto, encontram-se em um plano-tempo-valor completamente diferente, como formulou o especialista e investigador literário russo, Michail Bakhtin (1989). É por isso que, no fim da *Epopeia de Gilgamesh*, a diferenciação entre imortal (divino) e mortal (humano) abarca o passado e o presente: o que já passou é tão inacessível como os deuses, porém o rei deve ser acessível ao seu povo.

A cidade, bem como uma primeira resposta ao seu sentido, é o lugar onde Gilgamesh e Enkidu celebram a sua amizade. É o lugar de comunhão com os deuses que habitam os templos, como a deusa do Amor e "princesa" Ishtar (VI, v. 6) habita com o pai o templo Eanna "o sagrado tesouro purificado" (I, v. 12). A cidade é o sítio, a partir do qual eles empreendem incursões pelo país: os dois amigos armam-se para uma guerra contra o senhor da floresta dos cedros – conduzida apenas pelo deus do sol, Samas, que já conhecemos da estela do Código de Hamurabi, e por Gilgamesh, mas não Enkidu –, tratando-se de uma guerra de disputa por matéria-prima.

Gilgamesh incorpora a própria cidade de Uruk, que não era apenas a grande metrópole, cujas dimensões nos são reveladas na epopeia, mas, por volta de 3500 a.c., constituiu igualmente o centro de um império baseado no comércio, na navegação e nas conquistas, bem como em uma religião cuja manifestação social se fazia por meio da função administrativa do templo. Nessa narrativa épica, assim como nas de Homero e, mais marcadamente, na *Mahabharata*, é reconhecível a satisfação do poeta em poder descrever os tesouros, as joias e a sumptuosidade da respectiva comunidade – o que torna óbvia a apologia à própria cidade nela cantada. Na epopeia, os mesopotâmicos contam uns aos outros a sua história, a história da sua civilização, mas também a história da sua paisagem: quando o pedregulho que Humbaba, o Senhor da Floresta dos Cedros, precipita sobre Gilgamesh, não o atinge, desfazendo-se sob a força do arremesso, transformando-se nas Cordilheiras paralelas do Líbano e do Antilíbano (V, v. 130.)[78].

Os deuses apaixonam-se pelo vencedor e, nesse caso, a própria deusa do Amor, Ishtar, que lhe faz promessas, se ele lhe oferecer os frutos da sua vitória. Porém um assunto sobejamente narrado nas epopeias é a diferença de plano entre os homens e os deuses, mesmo quando um homem participa em dois terços da natureza da divindade. Como tal, insólita é a réplica do herói à oferta sedutora: "Quem contigo casará?" (VI, v. 32), a que se segue um ror de insultos à deusa, descrevendo o sofrimento perpétuo de todos os que se deixam por ela seduzir – "E a tua mão levanta e abre a nossa vulva!" (VI, v. 69) –, transformando-os, por fim, qual Circe na *Odisseia*, em animais. Quando, posteriormente, a deusa despeitada e cheia

---

78 Uma interpretação debatida pela investigação científica que vê Uruk como força colonial foi apresentada por Algaze (1993).

de cólera lança o terrível Touro dos Céus sobre a cidade, os amigos de Gilgamesh matam a besta, o que leva os deuses a exigirem, por sua vez, um sacrifício: o de Enkidu, que é assolado por uma febre e morre. Essa narração traz reminiscências do mito de Prometeu, que, por meio do episódio do boi sacrificial, ensinou aos homens como ludibriar os deuses, e acabou desterrado e acorrentado a um rochedo, nos confins do mundo. Nessa situação, a figura que encarna a diferença entre os deuses e os humanos está dividida em duas pessoas, das quais uma é sacrificada e a outra volta a fundar a civilização.

Gilgamesh chora seis dias e sete noites pelo seu amigo (X, v. 58), os mesmos dias que este passara com a prostituta do templo – "seis dias e sete noites permaneceu Enkidu ereto" (I, v. 194) –, para se tornar humano. A morte do amigo muda a forma de Gilgamesh ver o mundo como uma sucessão de ordálios, constitutivos da sua energia vital. Começa a recear a morte e sai de Uruk em busca do único homem distinguido com a imortalidade: Utnapishtim, o Noé da religião babilónica que sobreviveu ao dilúvio. Após alguns episódios em que enfrentou feras e homens-escorpiões, a demanda de Gilgamesh condu-lo ao interior das montanhas, sobre as quais se estende o céu, e a um jardim além das fronteiras do mundo. Gilgamesh chega ao fim da sua busca. Quando o barqueiro junto às "águas da morte" levanta o machado na sua direção, ele já nem se defende. Utnapishtim revela-lhe o significado da sua exaustão, pois, enquanto rei, deveria deixar a tristeza para trás e preocupar--se com o "homem simples" (X, v. 270). As palavras correspondem à impressão que o imortal deixa nele: "Olho para ti, Utnapishtim, e vejo que és como eu; / não há nada estranho em tuas feições" (XI, v. 2). Um homem comum tornara-se imortal, porque um deus entre os deuses o poupou, perante a decisão de criar um dilúvio que matasse todos os seres humanos, e a paz entre as divindades exigia que esta testemunha da desobediência fosse posta de parte. A imortalidade, conclui, não se conquista por um ato de vontade ou pela ação, não se baseia em uma qualidade heroica, mas remete meramente para as relações diplomáticas entre os deuses. No fim da epopeia, encontra-se uma narrativa sobre as origens do dilúvio e de como o mundo continuou depois dele. Quando o herói a consegue compreender, regressa a casa. E o que teria ele entendido? A epopeia mostra que a orientação para além do cotidiano do herói e o medir de forças com os deuses são uma coisa, o cotidiano em si e a força de nele se afirmar, outra. A muralha da cidade de Uruk com os seus 9 km de comprimento e 7 m de altura, bem como a escrita, constituem aquilo que garante a imortalidade. Os heróis ou são heróis de uma cultura ou não o são. Esse reconhecimento encontra-se preconcebido na recusa de Gilgamesh em entregar-se à deusa do Amor, nos demais desafios que não consegue evitar e no fato de a acusar de outros antes dele terem falhado, argumento que, de outra forma, não teria apresentado como válido.

"Não se consegue ser grande no seu próprio tempo, a grandeza apela sempre aos vindouros, para os quais se transforma em passado", pode ler-se em Michail Bakhtin. Poderia também dizer: a epopeia é uma forma de ritual fúnebre, a exigência de um memorial. O seu oposto mais incisivo encontra-se na escrita histórica, a qual pretende saber como tudo aconteceu de verdade e que, depois de concluída a sua investigação, tem de inscrever nas pedras tumulares algo como: "Infelizmente mentia" ou "Foi uma pessoa insuportável para a maioria dos seus contemporâneos". Porém a epopeia adotou, em sua fase inicial, alguns elementos desta perspectiva, nunca tendo sido simplesmente um memorial, uma vez que sempre ofereceu narrativas retiradas à pré-história dos monumentos. Gilgamesh, que quer ser grande no seu tempo, aprende com Utnapishtim a verdade sobre a lenda: que as histórias correntes sobre o dilúvio não correspondem à realidade. O seu herói, o maior de todos porque assegurou a existência da humanidade, foi-o por um simples acaso. A imortalidade não foi uma recompensa por feitos extraordinários, mas o resultado de uma negociação entre deuses, que se encontravam em uma situação política de grande apuro.

A narrativa épica criou o espaço para a fantasia que a religião lhe tem de retirar, pois os teólogos supervisionam as respectivas tradições, rituais e mitos. Na *Epopeia de Gilgamesh,* faz-se alusão aos problemas associados à existência dos deuses. A religião e a poesia versam o invisível e o improvável, mas a epopeia não exige uma decisão coletiva vinculativa a esse respeito. Por isso, os deuses podem estar sob foco secundário. Quando textos litúrgicos os classificam como seres sublimes e santos; as suas decisões como sábias e inalteráveis, apelando ao séquito dos deuses de importância menor como imprescindível; a epopeia, que se reserva o direito de descrever como tais situações absolutas se inserem no tempo, no agir e na sociabilidade, encontra sempre algo que o contradiz. Então, os deuses surgem episodicamente como seres famintos, dependentes, ofendidos, excitados, confusos, astutos e conflituosos. O ritual protege a crença de desvios, nele tudo tem de acontecer tal como está estabelecido. Nisso ele é seguido pela dogmática, a qual concebe e fixa razões e argumentos que transmite aos crentes e, assim, evita algo possível: que alguém, fazendo valer o mesmo direito, faça afirmações diferentes sobre o mundo invisível. Os ritos e a dogmática são, por sua vez, sustentados pelo poder da organização, da soberania dos mais velhos, dos reis, da igreja. Se o ritual serve, portanto, para estabelecer uma comunicação sólida, resistente a qualquer tipo de contestação, consequentemente toda e qualquer narrativa acerca da origem do ritual e de quem é por ele servido subverte essa ambição e teria de ser controlada por meio da dogmática, para criar, ela própria, resistência à negação. Pela necessidade de não entediar e de causar surpresa, a epopeia não é suscetível de sofrer tal controle.

Ninguém rege as epopeias e os mitos. As suas narrativas acerca da origem dos deuses, dos santuários, dos mandamentos e dos ritos abrem, por meio do alargamento de uma sequência de acontecimentos, ações e decisões, bem como pelo preenchimento dos espaços em branco nos textos sagrados, a margem de manobra ao domínio das possibilidades: do que poderia ter sido de outra maneira, do que talvez tenha ocorrido de outra forma, do que, possivelmente, poderia ter tido outra interpretação. Isso é um desafio para os deuses. Como escreveu Jacob Burckhard (1956, p. 31 e 33):

> A religião grega seria diferente, do princípio ao fim, se uma classe sacerdotal tivesse influência sobre ela. As interpretações antigas, por vezes terríveis e caricatas da personalidade e da história dos deuses, teriam sido fixadas e, com elas, o medo que lhes está associado, não por motivos políticos ou pela sede de poder dos sacerdotes, mas porque esses se sentem normalmente vinculados às interpretações dos seus antecessores; toda a poesia épica teria sido impossível.

Uma classe sacerdotal tinha decerto influência sobre a religião mesopotâmica. No centro das cidades encontravam-se os edifícios mais altos, os templos; a palavra para os designar, "e", era a "casa" sem mais, pois imaginava-se ser habitado por um deus e toda a sua família. Tudo aquilo que lhes pertencia era tido como sagrado. Marduk, o deus da cidade na Babilônia, tinha cinco cães divinos e a sua esposa dois cabeleireiros divinos; era uma religião de corte. Porém uma religião não dogmatizada, como não fora fundada por uma pessoa ou grupo de notáveis e tinha uma pluralidade de deuses, que, tal como mais tarde aconteceria com a religião grega, deixava espaço para a liberdade interpretativa. Essa religião não obedecia a uma ordem situada em um plano superior ao da sociedade, a qual, aliás, nela se espelhava. Os deuses eram adorados, temidos e os seus favores solicitados. A relação dos crentes com os deuses era a mesma que cultivavam com os aristocratas, com os quais melhor fora ter cuidado, pois que ninguém os entendia, como rezava um provérbio babilônico. Contudo, como acontece com todos os aristocratas, eram superiores às pessoas comuns, maiores, mais belos, mais sábios, mais fortes.

A religião mesopotâmica era um duplo do mundo visível. Para todos as coisas e fatos que nele houvesse, existia um deus correspondente. Por consequência, havia inúmeros deuses: o deus do sol, da lua e das estrelas, da floresta e da cidade, do amor e do cultivo, do céu e da terra, assim também para tudo aquilo que existia entre ambos, como as ovelhas e as cabras. Esse estado de coisas não era prático, uma vez que deixava o panteão atulhado de deuses. Apenas se poderia lidar com esta situação, reduzindo o seu número, gradualmente, o que aconteceu na história da religião mesopotâmica. Para que isso sucedesse, foram necessárias inovações como a ideia de que nem todos os rios necessitam de um deus a si dedicado, quando todos são alimentados por um só lago subterrâneo. O deus desse lago seria suficiente. Dessa forma, surgiram conceitos, como o de causa e de efeito, o de todo e da parte ou subsunção e subordinação. A humanidade imaginava que, com os deuses, aprendia a pensar de forma lógica.

Contudo, se a multiplicidade dos deuses fazia perder facilmente a noção de quem venerar, esse não constituía o maior problema de uma religião cujo panteão era um duplicado do mundo terreno. Afigura-se bem mais problemático que um tal olimpo, a espelhar com exatidão a estrutura social e a visão da natureza mesopotâmica, se questionasse sobre tudo o que era terreno, quando as divindades que o habitam, sejam deuses do Amor, da Guerra ou da Cidade, participam da respectiva finitude. Os deuses tornam-se, então, no duplo do mundo terreno: coléricos, ciumentos, famintos, cruéis, excitados ou conflituosos, o que está em contraste com as descrições que os apresentam como elevados e santos e as suas decisões ponderadas e definitivas. Poderia falar-se do paradoxo de uma religião que, embora apresente os seus deuses como bondosos, os faz responsáveis por tudo o que sucede, o que significa por todo o bem e todo o mal. A deusa do amor seria, então, deusa do casamento, da sexualidade e da prostituição, o que contém em si uma certa tensão, se o amor, o casamento, a sexualidade e a prostituição não são a mesma coisa. Os deuses mesopotâmicos não sangravam quando cortados, mas tinham as suas fraquezas e preocupações, tal era a contraditoriedade das suas tarefas, além de que se encontravam em conflito permanente entre si.

Perante esta situação, perde-se na epopeia a vontade de traçar distinções claras e desafia-se os deuses. Afinal, a epopeia tem de manter os seus ouvintes, posteriormente os seus leitores, em constante suspense, o que pressupõe que, no decorrer da narrativa, aconteça algo de insólito e não simplesmente o que é previsível. Não é um acaso que a articulação do insólito na trama da epopeia fosse feita por meio do destino de um rei, pois, por ter o papel cimeiro da pirâmide social e tocar o céu, levantava a questão tocante à ordem a que pertencia. Gilgamesh tenta chegar ao outro lado da distinção entre o terreno e o divino, uma tentativa que, contudo, o torna consciente de que o terço de humanidade que nele existe domina os dois terços de divindade.

Isso é o que foi contado no início da narrativa épica: que os semideuses são humanos. Mas, como foi contado? Consideremos duas passagens, à margem das histórias de heroicidade. Primeiro, a do caçador que está de olho no selvagem humano, Enkidu. A seu respeito, diz-se no início, que deambulava nu, hirsuto e com cabelo encaracolado, como uma mulher, que comia erva e se juntara à sua manada à beira d'água, onde o caçador o esperava:

> Um dia, um segundo, um terceiro
> no açude deu com ele,
> viu-o o caçador, enregelou-lhe a face.
> Ele e seus bichos a casa voltaram [nas estepes]:
> [O outro] aterrorizado, ele em silêncio, atento,
> seu coração, sua face como um dia sombrio,
> havia tristeza em suas entranhas,
> À de quem chega de longe sua face se iguala
> (I, vv. 115-120).

Primeiro, vemos o selvagem humano com os olhos do caçador, mas depois olhamos o rosto do caçador. A epopeia observa o observador, os ouvintes são desafiados a porem-se no seu lugar, a olharem para o interior do seu coração, movido por emoções difíceis de resumir: cólera, estar mergulhado na escuridão, disposição turva, tristeza, cansaço. Recorrentes nas primeiras epopeias são expressões como: "tristeza no corpo", que surge sete vezes nessa narrativa; mais tarde, quando Gilgamesh chega ao fim da demanda, o seu rosto é descrito seis vezes por meio da mesma fórmula, comparando-o ao de alguém, que percorreu longos caminhos e chega de longe (X, vv. 9-223).

A arte serve para a diferenciação de sentimentos, pois aprendemos, por meio de descrições do seu mundo interior, a destrinçar o que, sem a linguagem poética, seria obscuro para nós. O fato de Homero, algum tempo depois, no verso inicial da sua primeira obra, pedir à deusa para cantar a cólera, o azedume, o rancor, consoante a tradução, da plêiade de Aquiles, revela a concepção da epopeia como um mundo articulado de emoções.

A segunda passagem, que responde à questão de saber quais os pontos determinantes das primeiras narrativas épicas, diz respeito às duas mulheres mais importantes dessa epopeia. Desde o fim do século III a.C., Ishtar era na Mesopotâmia a deusa do amor e da sexualidade, cabendo-lhe como símbolo, o planeta Vênus. Em alguns textos, ela é mesmo designada por *qadishtu*, o que pode ser traduzido por "prostituta". A diferenciação entre ritos sexuais no contexto de uma religião da fertilidade e a troca comercial não seria muito rígida, uma vez que o templo era também um centro administrativo. Em listas de profissões mesopotâmicas, a prostituição figura desde 2400 a.C., em uma primeira fase, junto de outras atividades profissionais femininas, como médica ou cozinheira. A designação dos Acádios para prostituta, *harimtu*, surge em placas de argila daquela época em associação a taverna: "Quando estou sentado à entrada da taverna, eu, Ishtar, sou uma *harimtu* que ama." Uruk, por seu turno, é "a morada de Anu e Ishtar, / cidade das prostitutas, das cortesãs e das mulheres de programa", pode ler-se em um diálogo da epopeia babilônica *Erra*, onde são acrescentadas mais qualificações de caráter promíscuo à cidade das festas, da qual se diz ser comum as pessoas copularem nas ruas. Pois, quando Ishtar permaneceu por algum tempo no subterrâneo, de acordo com a observação de um mito da Babilónia sobre a viagem da deusa, "nenhum homem jovem engravidou uma mulher nas ruas estreitas, os jovens dormiam em casa e as jovens na companhia de suas amigas"[79].

A *Epopeia de Gilgamesh* retoma esse tipo de motivo, confere, logo no início, um papel preponderante à prostituta do templo, Samhat, na humanização de Enkidu, tal como à deusa Ishtar em relação a Gilgamesh. Quando Enkidu estava morrendo, maldisse, em um longo discurso, a mulher com quem passara seis dias e sete noites (VII, vv. 102-130), tendo a maldição uma descrição muito precisa das condições de vida de uma prostituta:

> Teu leito que encanta seja um banco, / O cruzamento da estrada, o teu domicílio, / Ruinas sejam onde dormes, a sombra da muralha o teu posto, /…/ O bêbedo e o sedento batam-te a face, / – [a esposa] que te processe e te acuse!" Samhat lembra ao moribundo todo o bem que lhe fez, a que ele responde: "A minha boca, que te amaldiçoou volta atrás a bendizer-te! / O general e o príncipe te amem, / Quem esteja a uma légua bata com impaciência na coxa! / […]/ Que por tua causa ele abandone a mãe de sete filhos, sua esposa! (VII, vv. 152-161).

A prostituta do templo é, portanto, simultaneamente má e boa. Para início da narrativa, é típico apresentar um motivo secundário e experimentá-lo nas suas múltiplas possibilidades, tal como acontece com o paradoxo entre deuses e heróis. Porém a ideia ousada de deixar que a imagem final dessa epopeia seja também determinada por esse motivo, tornando ambas, a deusa e a mulher de programa,

---

79 Cf. Abusch (2001).

em uma só: em uma versão anterior, na qual não se dá o encontro com Utnapishtim, o Noé mesopotâmico; uma taverna é a última parada de Gilgamesh. A sua dona é a deusa do amor disfarçada, Ishtar, de Uruk. Sentada no telhado da taverna, ela esclarece ao herói, que a não reconhece, de que a busca por ele empreendida pela vida eterna é vã, porque os deuses a reservaram para si. Tal como uma prostituta havia resgatado o seu amigo Enkidu do reino animal, assim a dona do último bordel, antes da passagem marítima para o reino da imortalidade, envia o herói mítico de volta ao seio dos homens.

Assim sendo, a epopeia está longe de ser exclusivamente uma ode às classes sociais mais altas. O interesse do público apenas podia ser despertado, oferecendo-se algo mais do que uma apologia floreada, o que é mais ainda verdadeiro pelo fato de as epopeias mais antigas terem sido declamadas. Foi dito, acerca das obras de Homero, que essas representam o ponto final de uma centenária tradição oral declamatória, que se estenderia até ao século XVI a.C.; o improvisador, o aedo, foi, por fim, não muito tempo após a introdução do alfabeto cerca de 800 a.C., substituído pelo cantor de concerto por notas – o rapsodo. O próprio Homero introduz uma cena no episódio de Ulisses, na corte real dos Feácios, em que um cantor é desafiado a contar a história do cavalo de madeira, o que este faz de cor. A prova de que se tratava de mais um cantor sob a pressão do improviso foi apresentada já em 1928, por meio da análise das palavras adjetivas ornamentais em Homero. Essas – Ulisses "muito paciente", barcos "barrigudos", cantor "divinamente entusiasmado", homens "amantes de remo" – não têm nenhum significado, relativamente às partes contextuais em que ocorrem. Elas servem para o cantor completar a métrica, ou seja, para aliviar a memória, acrescentando a determinados nomes (como Ulisses, barcos etc.) sempre a mesma matéria de preenchimento. Ao dominar esta técnica musical, ele podia concentrar-se no decorrer da ação, na própria narrativa em si[80].

Combinados com esse tipo de apoio à estabilização rítmica, a declamação oral e a improvisação estavam aptas a criar um nível alto de suspense. Mas, enquanto isso acontecia sem a forma escrita, a duração da curva de tensão criada era curta. Continuando com o paralelismo musical, não existem sinfonias que não sejam escritas. A capacidade de assimilação de uma epopeia é suscetível de ser aumentada, se a declamação, que costuma demorar várias horas e é feita de memória, não apresentar repetições entediantes, tendo sido planejada anteriormente por escrito. Isto mesmo revela-se na técnica de Homero em interromper, por vezes, as cenas da guerra de Troia, recorrendo a encaixes, pausas e analepses; em acelerar e depois tornar a ação mais lenta; no uso de discurso direto e de réplicas – em cerca de dois terços dos versos, em ambas as epopeias; na alternância entre a perspectiva panorâmica sobre um campo de batalha inteiro, seguida de um *close-up* de uma cena de luta corpo a corpo. Observa-se aqui uma ampla paleta de métodos de perícia sofisticada que, nesta tradição de canto, não poderiam ter sido realizados sem o apoio da escrita. O simples fato de, na *Ilíada,* Homero se ter concentrado em um único episódio longo da guerra de Troia que, segundo a lenda, durou 10 anos, introduzindo nele, frequentemente, incursões no passado e no futuro, demonstra o enorme controle necessário à declamação, cuja estrutura não pode ter sido meramente improvisada. A epopeia vai aqui muito além da introdução de uma grande amplitude de emoções, de imagens

---

80 Cf. Latacz (2005).

de acontecimentos horríveis ou exóticos e de figuras de prestígio social. Ela é mais do que uma forma de rememorar um passado grandioso cuja nobreza se deve simultaneamente à obstinação e a consequências desastrosas. Nesse caso, a arte encontra-se, já desde o início, completamente desenvolvida como arte de seus próprios meios, o que explica a circunstância de a segunda e a terceira epopeias da história da humanidade serem obras que nada perderam ao longo de cerca de 2.700 anos.

15

Cigarros ou o resgate interminável?

As origens do dinheiro

> *Troianos, por que diabos precisaria alguém de um cavalo de madeira?*
> Sean O' Shawn

Aquiles está irado. Assim começa a *Ilíada* de Homero; é disso que trata. Toda a epopeia é movida pela cólera de Aquiles. Quando, ofendido, o maior guerreiro grego volta as costas aos seus, leva-os à beira da derrota na guerra com Troia. Retomado o combate, a sua cólera transforma-se em uma desmedida vontade de matar. Mas por que razão está Aquiles tão irado? Primeiro, porque o arregimentaram e não o pagaram. Segundo, porque não o trataram de acordo com o seu valor. Entre o saque de guerra, os gregos tinham feito prisioneiros em Troia, entre os quais encontra-se a filha de um sacerdote troiano. Este logo se acerca do acampamento militar grego para a resgatar "por muito ouro" ou, como consta da tradução de Johann Heinrich Voβ, "por um resgate interminável". O sacerdote quer, pois, pagar o que hoje designamos por valor de resgate. A maioria dos gregos no acampamento militar não se importaria de o aceitar, mas o seu chefe, Agamemnon, sim. Ele prefere usar a jovem de olhos amendoados em seu proveito quando, terminada a campanha militar, tornar a casa, em Argos. Assim sendo, expulsa o pai da jovem com insultos desonrosos. A recusa do resgate deixa Apolo, o deus que rege os sacerdotes, em fúria, insurgindo-se de tal forma no meio dos gregos que o vidente desses, Calcas, considera que a única maneira de apaziguar o atirador de flechas é libertar a jovem sem qualquer compensação monetária, sendo necessário ainda o sacrifício de cem bois. Agora é Agamemnon quem está irado. Sem uma contrapartida, não quer prescindir da jovem, melhor do que a sua mulher, e toma outra moça dentre as prisioneiras de Aquiles, "a filha em flor de Briséis".

Homero descreve um mundo sob influência da cólera dos aristocratas, no qual deixou de importar quem deve o que e a quem. Repetidamente, os seus heróis declinam resgates, como faz Eurímaco, um dos pretendentes de Penélope, a quem Ulisses propõe que não a importune em troca de "vinte bois, de bronze e ouro, como recompensa". Ou, então, Aquiles, de novo, quando um troiano lhe implora, no meio do tropel da guerra, que o deixe viver, pois Aquiles já o havia vendido uma vez como escravo por "cem bois e agora o meu resgate vale três vezes mais". Desistam, repetem os heróis, e rejeitam o resgate porque não existe equivalente para a vingança, a honra ou a amizade. Contudo, eles não se encaixam em uma determinada ordem social, de modo que estão sempre comparando o seu próprio valor com o dos outros. Assim sendo, Aquiles, por exemplo, acusa Agamemnon de abusar da sua posição de chefe na distribuição do saque e prisioneiros de guerra e ao permitir-se estabelecer quando é ou não adequado aceitar um resgate. Devido à sua cólera, Aquiles isola-se tanto da companhia dos gregos como de Agamemnon, uma vez que não está disposto a prescindir da jovem. Ambas as atitudes retratam a situação ambivalente desta comunidade, tal como as normas que regem a troca. Aquiles tem razão, mas ele coloca tudo em risco[81].

Como essa ambivalência se relaciona com a origem do dinheiro? Em uma primeira instância, no plano do tempo e do espaço. O sacerdote troiano, que pretende resgatar a filha, não dispõe ainda daquelas peças em metal gravado que pouco tempo depois tornar-se-iam na forma de pagamento por excelência. Homero, cuja *Ilíada* teria sido escrita cerca de 660 a.C., ainda não conhece a moeda. Cem anos depois, a sociedade grega encontra-se monetizada. Homero conhece pagamentos, como denota a história de Agamemnon, está a par da ideia de resgate, conhece o ouro como meio de troca, um meio, entre muitos. Quando na *Ilíada* se procede a um resgate, também há cerâmica, tecidos, mulheres ou bois mudando de mãos. Meios de pagamento e moedas em metal gravado são, portanto, duas coisas distintas. Alguns historiadores da economia sustentam que havia dinheiro antes de haver moeda[82].

Encontramo-nos, aqui, na fronteira histórica entre dois tipos de troca social. Um está ligado a obrigações, hierarquias, circunstâncias políticas. O outro forma um *medium*, que se autonomiza em certos contextos. As moedas mais antigas cunhadas em ambas as faces, que testemunham a utilização do dinheiro no sentido mais estrito, datam de uma época um pouco posterior à de Homero, cerca de 640 a.C. São ainda oriundas da região que serve de cenário às suas epopeias: a Ásia Menor e a Grécia. Xenófanes, que viveu entre

---

81 Cf. Seaford (2004).
82 Cf. Ridgeway (1892) e Kim (2001).

570 e 470 a.C., remeteu para os Lídios a invenção da moeda. Heródoto chega à mesma conclusão, e a investigação em numismática confirma-o. Na Lídia, um reino localizado no ocidente da Anatólia, foram cunhadas em metal as primeiras moedas, entre meados do século VII e o início do século VI a.C.

No início do século V a.C., há casas da moeda um pouco por toda a parte: da Jônia e do Chipre, à Sicília, até Marselha fornecendo todo o espaço do Mediterrâneo com moedas de prata. Em um período de 150 anos, a economia antiga transformar-se-ia em uma economia de capital. As epopeias de Homero são o produto de um tempo em que está iminente o surgimento não só da Pólis, como também da primeira sociedade monetizada da história. A pergunta sobre o início do dinheiro prende-se, portanto, com a transição das formas de pagamento e procedimentos de troca descritas em Homero para o pagamento por via de moeda.

A explicação comum para a invenção do dinheiro é a seguinte: as pessoas fazem trocas, porque não querem produzir por si próprias tudo aquilo de que necessitam. E, na verdade, não pretendem produzir tudo por si próprias porque a especialização melhora a qualidade do comércio. Quem for simultaneamente pescador, caçador, lavrador e armeiro não consegue fazer bem nenhuma dessas coisas. Assim, tanto as comunidades como o indivíduo só têm a ganhar com a divisão do trabalho que obriga à coordenação e à negociação, tornando os indivíduos mais comunicativos. A negociação e o comércio, por seu turno, levam a que se procure um parceiro de troca adequado à satisfação das necessidades próprias, que tenha aquilo que se pretende, na altura adequada, e que queira o que se tem para oferecer. Utilizando a expressão do economista inglês Stanley Jevons (1890), pressupõe-se uma "dupla coincidência da procura". Portanto, há que esperar pelo parceiro de troca ideal ou aceitar o que, pelo menos em quantidade, não é necessário, e proceder ao armazenamento dos bens de que não se precisa, mas que, mais tarde, poderão ser trocados pelos bens procurados.

A probabilidade de encontrar um parceiro de troca adequado aumenta, na verdade, quando um dos intervenientes tem somente para oferta o bem pretendido, enquanto o outro dispõe de um meio de troca universal, que todos desejam ter. Não tem de ser dinheiro. Podem ser, por exemplo, cigarros, como o descreveu o estudo clássico sobre a economia dos campos de prisioneiros de guerra, no qual primeiro são os bens disponibilizados pela Cruz Vermelha a formarem preços entre si – X g de chocolate valem X g de café, e esta quantidade de café pode ser trocado por X g de manteiga –, até que o valor de todos os produtos possa ser expresso na "moeda de cigarros". Um *medium* dessa natureza, desde que materialmente divisível, pode refletir continuamente todas as grandezas na escala de valor, pelo que cada um dos parceiros de troca não teria de esperar por alguém que a queira efetuar a troca exatamente pelo valor do bem que ele próprio tenha disponível. Se tivéssemos de expressar o valor de cada uma das mercadorias no valor de todas as restantes, as listas de preço seriam intermináveis, porque 1kg de farinha valeria, então, por exemplo, 125g de café, um décimo de um romance policial ou 20 cavilhas. Além disso, passaria provavelmente muito tempo até que alguém dispusesse do número de cavilhas necessário para adquirir, por exemplo, uma máquina fotográfica.

Essa é a teoria. Segundo ela, o dinheiro foi inventado como meio de troca, como meio de armazenar e definir uma escala de valor, contribuindo para a descida dos custos das transações comerciais. Desenvolveu-se a partir de um bem especialmente desejável, armazenável e facilmente transportável, por exemplo, do ouro e da prata, a fim de incorporar o poder de compra como tal. O padeiro coze pão e quer trocá-lo, no açougue, por um pouco de carne. Porém o açougueiro já dispõe de pão suficiente, pelo que o padeiro teria de lhe oferecer algo apetecível para qualquer parceiro de troca: dinheiro. As pessoas que efetuam trocas começam, portanto, a notar que existe um bem que todos gostariam de ter e, como tal, põem de lado um pouco desse bem, para ter sempre à mão um meio de oferta atrativo; a partir daí, o dinheiro desenvolve-se, a curto ou a longo prazo, como *medium*, concluindo-se que as suas origens se encontram na poupança.

Essa teoria bastante lógica apresenta, no entanto, uma desvantagem: não está correta. A pura troca, na qual os participantes teriam deparado com o problema da dupla coincidência, não é passível de comprovação, nem a nível histórico, nem a nível etnográfico. Além disso, os achados arqueológicos das primeiras moedas de dinheiro encontram-se junto às casas de cunhagem, em um raio limitado, o que indicia que não circulavam ou circulavam pouco no comércio à distância. Testemunha contra a sua utilização no comércio cotidiano o seu valor comparativamente alto, mesmo das moedas mais pequenas, naquele tempo. Uma dracma ática tinha, segundo Plutarco, o valor de uma ovelha. Essa moeda seria, portanto, inadequada para o comércio miúdo.

A moeda não era um meio de troca comum. O fato de o dinheiro ter sido, mais tarde, útil ao comércio, nada revela sobre a sua origem. Ele emergia em um mundo cuja economia quotidiana se caracterizava mais pela autossuficiência do que pela troca entre desconhecidos. No manual de Xenófanes (1866) sobre a economia, escrito no início do século IV a.C., cujo título está bem traduzido como *Sobre a arte da economia doméstica*, encontram-se mais frases acerca da debulha de cereais do que a respeito do comércio.

A ideia de que os bens apenas podem mudar regularmente de proprietário se antes foram efetuadas comparações exatas de valor, sendo a troca feita passo por passo, é estranha às sociedades antigas. Essa ideia pressupõe a existência de relações imprevisíveis, em que o distribuidor de um bem não dispõe de nenhum mecanismo de sanção caso a compensação devida falhe. O mesmo é válido para a concepção de que com a troca vem a necessidade de a compensação ter um valor equitativo ao do bem que se ofereceu. A economia sem produção de bens do campo de prisioneiros de guerra, tal qual a descreveu o economista Richard A. Radford, em que havia apenas consumidores e proprietários faz surgir, não obstante, uma divisa, porque os prisioneiros são oriundos de uma sociedade em que o dinheiro já é conhecido. Eles não inventam, mas copiam o dinheiro.

Os etnólogos, que, por seu turno, se ocupam de economias que não envolvem o dinheiro, afirmam tratar-se de compromissos mútuos, que se baseiam em avaliações meramente estimadas. Vemos isso ainda hoje, quando se trata de presentes. Quem trouxe ao anfitrião uma garrafa de um bom vinho Barolo achará inadequado que lhe tragam em uma próxima visita um frasco de compota caseira – embora não tenha a necessidade de fazer cálculos sobre quão avarenta teria sido exatamente essa atitude. Igualmente inadequado seria também voltar a oferecer, em contrapartida, uma garrafa, semelhante ou igual, do bom vinho Barolo. A pura troca de equivalentes exatos é um comportamento entre amigos e move-se, em termos etnográficos, sempre junto à fronteira do conflito, da querela entre as tribos que efetuam trocas. Para os círculos econômicos locais das sociedades antigas ela é, contudo, mesmo enquanto troca entre indivíduos, completamente atípica[83].

Já em 1913, o economista e diplomata britânico Alfred Mitchell-Innes criticara com intensidade a teoria do dinheiro, segundo a qual se trata de um facilitador das relações de troca, recorrendo a argumentos semelhantes. O dinheiro não podia ser considerado uma mercadoria entre outras, e um *medium* como o sal ou peixe seco não poderia ser considerado dinheiro, até porque, assim sendo, os fornecedores de peixe seco e de sal receberiam dos seus clientes – peixe seco e sal. O fato de Agamémnon tomar uma outra escrava para substituir a sua escrava não pode ser visto como um processo econômico, por não constituir um pagamento, mas uma apropriação um ato de domínio, uma tomada de posse. Alfred Mitchell-Innes (1913) dispunha ainda de um outro argumento. A concepção de modelo do economista era a de que o padeiro se encontra diante de um problema quando pretende comprar carne e o açougueiro tem pão que baste. Isso obrigaria o padeiro, como todo o produtor especializado, a armazenar uma mercadoria sempre requisitada por todos: dinheiro. Mas não é necessariamente assim, porque, quando o açougueiro vende carne ao padeiro sem aceitar pão como contrapartida, não resulta daí a troca de mercadoria por dinheiro, mas sim a troca de mercadoria por crédito. Amanhã o açougueiro irá precisar novamente de pão e, então, será reembolsado. A solução do problema da dupla coincidência não se encontra no dinheiro, mas no pagamento adiado. Ou deveriam mesmo acreditar que a moeda, tão abstrata, foi inventada, porque as pessoas não sabiam esperar?

---

83 Cf. Chapman (1980), Crump (1981) e Humphrey (1985).

Saiamos do mundo dos modelos de economia do início do século XX e regressemos à região do Egeu em 600 a.C. Regressemos também às qualidades perceptíveis das primeiras moedas de dinheiro, o material de que eram feitas, o seu peso, a sua cunhagem. Pois é isso mesmo o dinheiro em moedas: uma combinação de metal como meio de pagamento, como já existia anteriormente, pensemos no ouro do sacerdote troiano com um registo de origem, que também era anterior – pensemos em símbolos de realeza, como os selos em cera. O numismata inglês Thomas Burgon referia-se, já em 1837, a moedas como "metal selado". Existiam principalmente na Mesopotâmia todas as formas econômicas possíveis: contratos, crédito, juros, alterações de preços. Mas não existia a moeda de dinheiro.

As primeiras moedas dos Lídios eram constituídas por eletro. Isso é surpreendente, uma vez que, como refere Sófocles, este "ouro prateado de Sardes", a capital da Lídia junto ao Rio Pactolo, é uma liga natural de ouro e prata em proporções oscilantes. Em relação às barras de prata ou ouro puro – como aquele "muito ouro" em Homero – a qualidade do eletro era duvidosa. Por vezes, as moedas compostas por eletro tinham ainda uma parcela de cobre, a fim de se equilibrar a composição variada do peso. A parte de prata encontrava-se entre os 20 e os 75 por cento, e foi comprovado que pontualmente era adicionado uma pequena quantidade deste metal, mesmo antes da cunhagem.

Mas, por que motivo as primeiras moedas monetárias foram aceites, apesar da incerteza a respeito da sua composição? Afinal, já então o ouro era bem mais valioso do que a prata. Da Antiguidade até aos tempos modernos a sua relação era de 1 para 13,5, não por ser essa a base das quantidades exigidas e da procura dos preços estáveis no mercado dos metais, mas por ser a relação proporcional entre a velocidade de translação dos corpos celestes sol e lua, aos quais eram associadas. No livro IX do seu tratado, *Sobre a arquitetura*, Vitrúvio narra o episódio em que o matemático Arquimedes descobriu o peso específico de corpos por meio da determinação da quantidade de ouro contida em uma coroa real. Segundo reza a lenda, mergulhou a coroa do rei da Sicília em uma pia de água e posteriormente um torrão de ouro com o mesmo peso, concluindo que ela deveria conter algo mais do que apenas ouro. Porém Arquimedes viveu no século III a.C. Nessa época, não havia ainda um método para determinar o peso específico de cada metal e, portanto, a composição de moedas de peso idêntico.

Por sinal, as primeiras moedas tinham aproximadamente o mesmo peso. Os pequenos desvios de 0,02 a 0,1 g em um peso médio de 4,71 g em cada 3 lídios não deixam dúvida de que se tratava de uma medida-padrão. Também em Artemísia de Éfeso foram encontrados torrões e moedas em eletro de peso idêntico, que remontam a 560 a.C. Uma vez que algumas não estão cunhadas, enquanto outras apenas o estão em uma face, outras ainda em ambas as faces, teria ocorrido, em pouco tempo, uma evolução: de peças-padrão metalizadas, passando pelas autenticadas com uma cunhagem, para moedas com um símbolo de emissão local, como o leão real lídio, a tartaruga de Egina, a rosa de Rodes, a maçã de Melos, o atum de Cízico ou a foca de Foceia. Algumas das moedas encontradas em Éfeso ostentam ainda um nome, que se suspeita tratar-se do nome de um rei lídio. O selo de garantia que, enquanto perfuração, teria servido de início apenas para garantir que a moeda não continha somente ouro, desenvolveu-se posteriormente para a comprovação de origem, por meio da gravação de imagens.

Ao compararmos todas essas moedas antigas, salta à vista que o seu peso obedecia a uma norma, simplesmente diferente, dependendo de algumas sociedades políticas. Na Lídia, 1 estáter – a moeda cujo peso devia ser normativo – pesava 14,1 g, em Samos, 17,5 g, na Foceia, 16,5 g. Também isso não condiz com a ideia da introdução da moeda no comércio a longa distância. Elas teriam circulado sobretudo a nível local. A utilização de eletro e a cunhagem de moedas significará que as autoridades políticas procuravam, por meio da selagem, garantir o valor de cada moeda para montantes superiores, alargando a área da sua própria influência, independentemente da proporção dos metais que as compunham. As moedas são metais normalizados com um selo político. O seu valor enquanto meio de pagamento lhes é atribuído por meio de uma estipulação superior que o garante oficialmente; o valor não resulta das suas qualidades materiais. Muito mais tarde, no século II d.C., o jurista romano Julius Paulus formularia expressamente que não era a "substância, mas a forma pública da moeda a determinar o valor". Para sermos mais exatos, diríamos que ambos, o metal e a respectiva estipulação valorativa, constituem a base da garantia de qualidade da moeda como meio de pagamento.

Porém, quando foi decretada a inclusão de uma mesma quantidade de metal em moedas de valor distinto, não teria sido a invenção da moeda de dinheiro apenas um truque para pôr o eletro sobrevalorizado em circulação? Estaria na origem do dinheiro uma fraude estatal? Assim se explicam frequentemente os inícios: alguém introduz uma inovação, todos os outros veem apenas as vantagens disso, mas não sabem realmente o que vai acontecer e, quando as desvantagens se tornam patentes, é tarde demais. Na origem do dinheiro estaria, portanto, um engodo ou, pelo menos, uma autoilusão, quando as cidades-estado tentavam, por seu intermédio, expressar o orgulho em terem em circulação um meio de pagamento com o seu próprio selo político. Os respectivos custos eram prejuízos para os indivíduos provocados pelas autoridades políticas que adquiriam, em uma espécie de troca injusta, boa mercadoria por dinheiro menos bom. Contudo, a questão que se apresenta aqui seria não apenas perceber por que razão metade dos Estados gregos prescindiu de ter moeda própria em circulação. Impõe-se igualmente fazer a pergunta sobre a forma como a utilização de dinheiro poderia ter resultado economicamente, quando tinha somente funções políticas[84].

Como poderia, pois, ser forçada a aceitação de moedas falsas? Por que razão os inventores do dinheiro teriam sido tão espertos, enquanto os seus distribuidores tolos ou, pelo menos, ingênuos? Uma explicação para a existência das primeiras moedas, de acordo com o historiador da Antiguidade Robert W. Wallace, é a seguinte: a sua qualidade lucrativa para o emitente e a aceitação de que gozavam junto de quem as recebeu. O eletro não selado levantava dúvidas acerca do seu valor em um mundo que valorizava mais o ouro do que a prata. A cunhagem e a gravação contribuíam para a eliminação de tais dúvidas e davam uma garantia de aceitação. Essas moedas eram mais fáceis de contar, em vez de serem pesadas. Quando na Ásia Menor, por volta de 550 a.C., foi descoberto o processo de cimentação, em que, por meio do aquecimento de uma substância e da reação do sal de prata, é separada da quantidade de ouro existente nas moedas, talvez tenha sido o elemento que desencadeou a introdução de moedas de prata pura em vez do eletro. No entanto, também elas tinham o seu valor estabelecido

---

84 Cf. Martin (1966).

enquanto meio de pagamento e já não como objeto de uso que fora derretido e moldado em algo diferente. Não os comerciantes, tampouco os agentes privados, mas as autoridades políticas as teriam colocado para circular e assegurado a sua função de pagamento. A cunhagem não indicava a qualidade do metal, mas o poder de pagamento da moeda. O que teria levado aos primeiros pagamentos em moeda? Para respondermos a esta questão, é importante lembrar duas outras funções do dinheiro que o distinguem de todos os outros meios de pagamento. O dinheiro é um padrão de valor, ele expressa o valor de uma coisa por meio de outra. E o dinheiro suprime as demais exigências. Ao ser paga uma dívida por meio de dinheiro, ela cessa.

Comecemos pela segunda função e comparemos o dinheiro com cartões de crédito, por exemplo. O próprio conceito que lhes está associado é enganador, pois a sua utilização não se destina à obtenção de um crédito com a promessa dos respectivos juros. Seria mais adequado dar-lhes o nome de cartão de transferência de dívida. Quem adquiriu uma mercadoria envolveu-se, pois, em uma relação contratual. O vendedor tem de receber um pagamento do comprador, o comprador deve um pagamento. Se o pagamento é feito em dinheiro, o vendedor tem de anuir, a dívida é suprimida e terminado está o episódio econômico. Se, em vez disso, o comprador pretende pagar com um cartão de crédito, este pode ser rejeitado. Ninguém é obrigado a aceitá-lo. E por que não? Porque, ao fazê-lo, permanece uma divergência no tempo em relação ao dinheiro vivo: pagando desta forma, a dívida não é suprimida, mas adiada, tornando-se uma exigência do vendedor, agora em relação ao próprio emissor do cartão de crédito. Esse, por seu turno, faz a exigência ao banco do comprador, o qual – suponhamos, para facilitar a nossa exposição, que o vendedor e o comprador são titulares de contas no mesmo banco – reduz as exigências feitas ao comprador em relação ao seu saldo bancário e aceita, em contrapartida, exigências superiores por parte do vendedor. Apenas quando este levanta dinheiro vivo, o adiamento constante de exigências e dívidas chega ao fim.

As notas e as moedas, por seu lado, não representam exigências. A quem seriam feitas? Não podemos trocar uma nota de 50 euros junto do seu emissor, o banco central, por outra coisa. Podemos apenas conseguir que a troquem por unidades menores com o mesmo valor total. Não incorpora mais do que o direito de o utilizarmos para efetuar pagamentos. Quando corre bem, o dinheiro representa poder de compra, se corre mal, passa a não valer absolutamente nada. Quem o guarda para o gastar mais tarde, teria de encontrar alguém disponível para um novo contrato[85].

Que tipo de dívidas poderia ter sido pagas com as primeiras moedas? Não se afigura que tenham sido as privadas, tendo em conta que as primeiras moedas recebiam uma cunhagem política do Estado local. Teremos de tomar em consideração as dívidas políticas e as exigências privadas às autoridades políticas a serem compensadas por meio do pagamento em moedas, por exemplo, o soldo dos militares, o salário de funcionários públicos, o prêmio para os atletas. Aqui, a cunhagem da moeda servia para garantir efetivamente poder de compra a quem a recebia. Também as autoridades políticas, por seu lado, passaram a exigir que multas ou impostos fossem pagos em dinheiro. O titular de dinheiro em moedas podia,

---

85 Nesta parte há que agradecer a Hajo Riese, que como teórico keynesiano do dinheiro, apontou, na década de 1980, o argumento esboçado para a diferença entre o dinheiro e o crédito.

portanto, comprar a sua liberdade em casos de violação de normas ou de dívidas fiscais. Assim sendo, foram as obrigações da vida pública que fizeram emergir o primeiro pensamento de padronização dos pagamentos.

Isso leva-nos à primeira função do dinheiro: ser um valor padrão. Como as sociedades mais antigas se lembraram de expressar o valor de coisas diferentes por uma única coisa, diferente das demais? A primeira escala de valor para as mercadorias encontra-se na área geográfica, onde pouco depois se formou a economia monetária, na Ásia Menor e na Grécia, no tempo de Homero, e não se tratava, nem de ouro, nem de prata, mas de bois. O narrador da *Ilíada* surpreende-se, no Canto VI, com Glauco, a quem Zeus havia deixado tão confuso "que ele trocou com Diomedes armas de ouro por armas de bronze: o valor de cem bois pelo de nove." Em Homero, a quantificação do valor é, por norma, expressa em cabeças de gado, independentemente de se tratar de mulheres, no valor de quatro bois, de vasos de cerâmica, no valor de doze bois ou de escravos, no valor de cem bois [86].

Contudo, seria errado afirmar-se que, antes de haver moeda, eram os bois que desempenhavam a função de dinheiro. Os bois não eram um meio de troca comum para a cobertura das necessidades quotidianas, não era com eles que se pagavam mulheres, vasos de cerâmica, escravos, mas com o valor de X cabeças de gado. Quando muito, esses animais domésticos podiam ser um meio de troca, entre muitos outros, quando se tratava de compensar valores maiores. Na Antiguidade, eram poucas as pessoas que tinham gado de grande porte – o solo mediterrânico não oferecia grandes áreas

---

86 *Ilíada*, Canto VI, vv. 234-236, p. 52; citado em português a partir da tradução de Frederico Lourenço (1924).

de pasto. E mesmo quem tivesse gado não o podia transportar em longas distâncias para fins comerciais. E partido aos bocados era difícil de conservar. Consegue-se imaginar um meio de troca menos adequado? Se olharmos para fontes muito mais antigas, para um contrato egípcio do ano de 1275 a.C., por exemplo, deparamos com a mesma diferenciação entre padrão de valor e meio de troca: uma escrava é aqui vendida por um determinado preço em prata, porém não se paga por ela neste metal, mas com mercadorias no mesmo valor. Antes de surgir a moeda monetária, a escala de valor não é simultaneamente meio de pagamento.

Mas, então, por que razão se tornaram justamente os bois a escala de valor da sociedade da Grécia antiga? A resposta reside na sua função sagrada. Não foi a troca entre pessoas, mas a relação de troca entre os homens e os deuses que fez surgir o primeiro padrão de valor entre os gregos: os bois eram animais de sacrifício. A transação mais importante da Pré-História em que se pretendia efetuar uma troca não foi o comércio, mas o culto dos deuses. Pagava-se à divindade uma parte da colheita, da criação de gado e, em contrapartida, de acordo com a crença supersticiosa, recebia-se da divindade um clima de feição, boa saúde e uma colheita abundante. Mais tarde, a relação de troca torna-se mais abstrata; a divindade não só concede colheitas favoráveis, como ainda concede uma ajuda em todas as situações. O herói de Homero não faz sacrifícios aos deuses para obter alimentos ou um clima favorável; ele exige apoio na guerra. Nas palavras do historiador de economia Bernhard Laum, que, em 1924, apresentara uma análise sobre a inserção do dinheiro no mundo político-religioso dos gregos:

> Este bem, destacado entre todos os outros bens, serve de meio de resgate, ou seja, de meio de pagamento, se enten-

> dermos que, entre a divindade e o homem, há uma relação
> de dívida; serve de meio de troca quando o sacrifício é um
> ato de troca (LAUM, 1924, p. 40).

E tinha-se em atenção que apenas animais de elevado valor eram sacrificados. Sobretudo bois, dado que o sacrifício deveria acalmar os deuses e dispô-los a favor de quem o promovia; prescindia-se de um bem valioso, apesar de os gregos não disporem de excesso de alimentos. O sacrifício não constitui uma oferta privada, mas um objeto coletivo de troca, por meio do qual se pretende obter uma contrapartida para todos e, justamente por isso, encontra-se normalizado: "A escolha do animal adequado da manada para o sacrifício é o primeiro ato de pensamento econômico." Os primeiros negócios coletivamente normalizados foram feitos com os deuses. Nos templos, pagava-se com bois, posteriormente consumidos coletivamente.

Existe ainda uma segunda instituição no culto aos deuses além do sacrifício, a qual levou ao desenvolvimento de valores padrão fixos e à concepção segundo a qual um bem pode representar outros bens: o que se designa por *wergeld* ou *weregild*. Trata-se de uma indenização, que, nas sociedades antigas, teria de ser paga no caso de um assassinato, para compensar e manter os membros da família afetada. Os parentes querem vingança, uma vez que receiam que o morto não descanse em paz sem o pagamento compensatório por meio do sacrifício. De certo modo, ele passa a pesar na alma da comunidade. A pena de morte foi em tempos antigos um modo de sacrifício, e ela carrega ainda hoje o sentimento mítico de que o assassinado não teria paz, apesar de serem os vivos que se tranquilizam quando a sua perda é compensada de forma equivalente. Também aqui pode dar-se um ato representativo. Sobre a sepultura de Pátroclo, o seu amigo morto na guerra, Aquiles sacrifica por ele, como em um altar, 12 jovens troianos.

O pagamento de indenização por meio dos bois veio interromper os ciclos de vingança de sangue que aconteciam facilmente, uma vez que os parentes dos sacrificados encontravam agora, por seu turno, motivos para mais sacrifícios – e assim por diante. A aceitação do sacrifício animal como pagamento por uma pessoa morta que extinga a culpa, apenas resolve o problema, na medida em que, para a sociedade seria menos aceitável não haver uma extinção da culpa do que uma não coincidência das necessidades na troca. O mesmo sucedia com o pagamento por meio de bois para banquetes de sacrifício, em que era liquidada uma dívida coletiva aos deuses. Em ambos os casos, entra em jogo a qualidade atribuída ao dinheiro, já aqui descrita: ele serve não só para adiar, mas para compensar uma exigência devida. Porém, até isso acontecer, tiveram de ser aceitos primeiro os bois de sacrifício, mais tarde símbolos de animais, depois metais preciosos e, por fim, a moeda de dinheiro como meio de liquidação de uma dívida. Em outras palavras, foi preciso estabelecer-se o conceito de representatividade: que um determinado sacrifício pudesse ser substituído por outro. Quando Ajax acusa Aquiles de ter um coração duro por não haver oferta nenhuma, por maior que fosse, que o levasse a participar na guerra de Troia, o *weregild* afigura-se-lhe simbólico: "Pois se há quem aceite recompensa pelo assassinato do irmão; há quem aceite também pelo filho morto".

O pagamento em bois ou metais preciosos já se encontra próximo de substituir o sacrifício humano. Na medida em que também os deuses já não são entendidos como desejosos do sacrifício de animais ou pessoas – Sólon proíbe os sacrifícios em Atenas por volta de 600 a.C. –, assim, são introduzidos símbolos gravados com imagens de animais ou de espigas como meio de pagamento de dívidas. O dinheiro – dizia-se então *gilde* – aparentado com a comunidade cultural, a retaliação e a compensação reciproca encontra no latim a mesma origem, *pecunia* para dinheiro, *pecus* para gado, tal como no grego *obolus*, o nosso óbolo, deriva de *oboloi*, o espeto utilizado no consumo da carne dos sacrifícios; também o fato de *dracma* ter originalmente o significado de uma mão-cheia de espetos, aponta para contextos ritualísticos, a partir dos quais se desenvolveram os meios de pagamento em moeda. Isoladamente encontram-se indícios de, em Delfos, antes do advento da moeda, os espetos em ferro terem tido valor de troca; se isso é suficiente para a designação de dinheiro, é uma questão que permanece em aberto. Porém isso é o bastante para reconhecermos aqui um antecedente da prática de se cobrirem obrigações com objetos metálicos.

O dinheiro em moedas de ouro, prata ou eletro era provavelmente o mais adequado, uma vez que se tratava de metais preciosos, aos quais eram atribuídas qualidades mágicas. Objetos que em grego recebiam o nome de "agalmata", coisas preciosas, circulavam como presentes de hóspedes ou de casamento, como oferendas aos deuses, como troféus de vencedores nos jogos desportivos. Em concursos locais entre atletas, não se davam como prêmios apenas taças em bronze, mas também moedas de dinheiro, enquanto nos jogos pan-helênicos se atribuíam coroas de louros, os pagamentos eram feitos somente em casa. Esses eram frequentemente ofertas em ouro ou prata, como o conhecemos do mítico velo de ouro. O primeiro dinheiro em moedas faz lembrar talismãs, nesse sentido, pequenos troféus mágicos para pessoas comuns.

Thomas Burgon desenvolveu a tese de que todos os tipos de imagem nas moedas antigas contêm referências religiosas. À moeda é assim conferido um duplo crédito: o de ter um poder de resgate, ter um valor intrínseco e, graças ao selo impresso pelo estado, a crença na comunidade política, com a qual o utilizador se liga por meio do emprego do dinheiro. Como tal, a invenção do dinheiro é um exemplo clássico de que o individualismo e o coletivismo se promovem mutuamente. A liberdade, representada pelas possibilidades que o dinheiro oferece, uma vez que podemos pagar para nos libertarmos de amarras, e a pertença a um coletivo político, que assegura a possibilidade de utilização desse meio, não são verdadeiros opostos. É na existência das duas faces da moeda que reside, desde o início, a provocação contida no dinheiro; enquanto uma possibilita ao indivíduo um comportamento centrado em si próprio, a outra empurra-o para a política econômica de uma sociedade. A sua simples existência irritava quem o observasse. Heródoto, por exemplo, opinava que pouco havia a dizer acerca do país dos Lídios – o livro I das suas *Histórias* é quase exclusivamente sobre os Lídios –, a não ser que lá caísse pó de ouro das montanhas e que as filhas dos seus naturais eram prostitutas, cuja fortuna financiava monumentos e memoriais políticos. Queria com isso dizer que os criadores do dinheiro inventaram igualmente a corrupção e o desvio dos limites morais? Que o dinheiro afasta as pessoas dos bons costumes, tornando-as súditas daquele que o põe a circular, do tirano, na Lídia, Giges, o qual, por sua vez, está sempre inclinado a degradar o valor da moeda ou a estabelecê-lo de forma arbitrária? Além disso, cedo se repararia que todos faziam o que faziam apenas para chegarem à posse de dinheiro. A mitologia, a poesia e as narrativas políticas gregas estão repletas de histórias relacionadas a ouro, dinheiro, transações, desde o rei Midas, passando por Creso e Polícrates, até à queixa de Creonte na *Antígona*, de Sófocles: "Porque entre tudo o que está cunhado, nada há de pior do que a prata. Cidades inteiras ela seduz, atrai homens das suas casas." Para resumir: o dinheiro era percebido como fonte de desordem. Por ornamentar comportamentos desviantes com enfeites atrativos e por submeter todas as ações à comparação com o rendimento alcançável por meio de outra ação. A pergunta "vale a pena?" faz-se de forma diferente em um mundo monetizado e em um mundo sem dinheiro. Porque, desde que existe dinheiro, não só as maçãs são comparadas a peras, mas tudo é comparado a tudo.

16

Nos bons e nos maus momentos

As origens da monogamia

Sem dúvida, o cão é fiel. Mas devíamos, por isso, seguir o seu exemplo? Na verdade, ele é fiel ao homem e não ao cão.
Karl Kraus

O que é o amor, sem o qual, em princípio, não se justifica um casamento? Esta pergunta surge na famosa carruagem de comboio, onde Tolstoi, em 1889, faz decorrer a ação da sua novela, *A sonata a Kreutzer*. É então dada a seguinte resposta ao protagonista, Posdnyschew, como se tratando de algo muito simples: "O amor é a preferência exclusiva por um homem ou uma mulher acima de todos os outros." Ao que Posdnyschew responde: "Preferência – por quanto tempo? Um mês? Dois dias? Ou meia hora?", e quando ouve dos seus interlocutores "durante muito tempo" e "por vezes, uma vida inteira", fica fora de si. Na verdade, isso nunca acontece. Todos os homens sentem aquilo que ali se chamava amor por qualquer mulher bonita e, se alguma vez o viesse a sentir por uma única mulher a vida inteira, seria uma grande coincidência se ela tivesse o mesmo sentimento por ele. A infelicidade previsível espera todo aquele que experimenta que o amor por outra pessoa é sentido somente no início, apenas quando se quer algo dessa pessoa. O destino da atração por alguém, e com esse problema se debate Posdnyschew, é a saturação. Uma aproximação intelectual e espiritual não necessita de casamento. Ninguém tem de dormir com outra pessoa devido a um ideal qualquer. Se no fulcro do matrimônio se encontrasse a cópula, trataria-se de um embuste, uma vez que, para a sua consumação, não é necessário o casamento. O estado natural é a poligamia, ou seja, várias mulheres para um homem (poliginia) e vários homens para uma mulher (poliandria). A moral que forçasse os casais a contrair matrimônio faria nascer um inferno.

Tolstoi conhecia não só o casamento, como também os ensinamentos de Darwin. Nesse sentido, teria provavelmente se admirado pouco ao saber da concordância entre a concepção de amor do seu herói e as descobertas no domínio biológico-evolutivo sobre a monogamia, as quais são bem mais tardias. Segundo essas, a monogamia é um fato muito improvável. Existem animais cujo modelo de comportamento na procriação se assemelha ao comportamento humano tocante a família, tal como foi observado nos pássaros, principalmente durante o século XIX. Mas, primeiro, o ser humano não descende dos pássaros e, além disso, no caso dos mamíferos, dos quais se aproxima, a variedade comportamental a esse respeito é grande: seja no acasalamento, no número de parceiros sexuais, a quem se ocupa em exclusivo das crias e, assim por diante[87].

No primeiro plano das explicações para tal multiplicidade encontra-se a descrição dos diferentes interesses reprodutivos dos

---

87 Cf. Reichard (2003).

pares. O primeiro argumento foi dado pelo geneticista inglês Angus John Bateman, em 1948, graças a um estudo, no qual se se verificaria mais tarde que continha erros. A partir de experiências com moscas da fruta, acreditava poder estabelecer como princípio biológico geral que o sucesso reprodutivo dos espécimes masculinos aumentava proporcionalmente em razão do número de atos sexuais, enquanto o sucesso das fêmeas não aumentava com um maior número de cópulas posteriores à primeira. Adicionalmente, os machos apresentavam uma variabilidade visivelmente maior de sucesso reprodutivo; muito poucas fêmeas não tiveram descendência durante o período de observação, por terem sido rejeitadas, mas isso sucedeu a mais de um quinto dos machos. A explicação de Bateman é a seguinte: em todo o reino animal, as fêmeas investem muita energia em um único óvulo, enquanto os espécimes masculinos, com inúmeros espermatozoides, quase nada, quer em tempo, quer em energia. Como tal, as fêmeas são seletivas, uma vez que um erro na seleção de um parceiro de acasalamento tem um custo elevado a respeito da transmissão de genes; para os espécimes masculinos, por oposição, não há muito em jogo em cada tentativa de fecundação. Assim sendo, as fêmeas escasseiam, os machos competem por elas entre si. Além disso, o investimento inicial feminino liga-as mais às crias do que o macho.

O que nos diz essa descrição da monogamia, à qual se associam tantos estereótipos sociais da mulher pudica e recatada e do homem impulsivo e insistente? Primeiro, teremos de estabelecer que cada acasalamento pressupõe um par, pelo que não é possível a qualquer um dos sexos ser em média mais promíscuo do que o outro. A formação de um casal, segundo a teoria biológica, é a exploração mútua de dois indivíduos, interessados na reprodução de si mesmos. Nesse processo, quanto menor for a contribuição do parceiro masculino – especialmente se não vai além da inseminação –, mais improvável se torna a monogamia. A diferença inicial no investimento de energia entre ambos os sexos apenas diminui quando o macho se preocupa com diferentes aspectos: na busca de alimentos, na construção de um ninho, na defesa do território, que constitui uma reserva alimentar, no cuidar da fêmea e das crias e na preparação destas para a vida adulta. Esse envolvimento em nada altera, contudo, a estratégia biologicamente racional de o combinar com a procura de outras fêmeas. Sobre essa possibilidade decide a fêmea a partir de dois critérios: a capacidade genética do parceiro, para cuja confirmação procura indícios físicos, e a probabilidade de este vir a ser um bom suporte da prole.

A concorrência entre os machos é muito intensa quando o acasalamento se dá em um meio poligâmico, portanto, quando machos especialmente atraentes têm várias parceiras sexuais. Nessa situação, para muitos dos machos nem sequer é certo encontrarem uma fêmea. Os biólogos referem-se a um limiar da poliginia [polygyny-threshold], pois, para uma fêmea, é preferível ligar-se a um macho que já tem parceira, porque os recursos físicos e o seu território, mesmo dividindo-os com a sua concorrente, são mais promissores do que os de outro macho. Quando um macho não cuida das crias logo após o nascimento, também se esvaem os motivos para a monogamia. Entre os mamíferos ela é rara, entre 3 e 5 por cento das espécies – e 10 a 15 por cento de todos os primatas – levam uma vida social monogâmica: saguis, gibões, castores, algumas focas-comuns, raposas, texugos e civetas, por exemplo[88].

---

88 Cf. Orians (1969).

A variedade zoológica dos modelos de acasalamento remete para o jogo conjunto de dispêndio de energia, características reprodutivas específicas e qualidades sociais da espécie em questão, bem como para fatores ecológicos. A disponibilidade dos machos para apoiarem a fêmea e as crias, tal como a distribuição espacial das fêmeas, que pode ser muito dispersa, contribuem para um cenário de monogamia. Se todas as fêmeas se encontrarem no choco ao mesmo tempo, também isso contribui consideravelmente para uma predisposição do macho para se estabelecer na formação de um casal. A proteção das crias de outros machos é também um motivo para a monogamia. E, por fim, a possibilidade de vedar o acesso ao parceiro a outros machos ou fêmeas por meio de um comportamento agressivo são, consoante as espécies, igualmente utilizadas de forma distinta. Por vezes, essa possibilidade variada dá-se no seio de uma única espécie. A bráctea é conhecida entre os ornitólogos, tanto por uma vida em monogamia, como em poliginia (um macho e duas fêmeas), como em poliandria (duas, três ou quatro fêmeas que partilham dois ou três machos entre si), consoante o espécime. Quanto mais densa for a distribuição de alimentos no seu *habitat*, mais provável é o acesso dos machos a várias parceiras sexuais.

Em termos biológicos, a monogamia é, portanto, rara. Mais rara é apenas a poliandria, uma vez que se afigura menos vantajosa para os machos – *pater semper incertus est* – do que a poliginia para as fêmeas. Entre os seres humanos, o par social monogâmico tornou-se, entretanto, uma imagem universal antiga. Os biólogos que tentam calcular o grau de poligamia por meio da diferença de altura e de peso corporal entre seres vivos masculinos e femininos, porque a luta pela fêmea desenvolveu tais distinções, encontram no ser humano um fator de apenas 1,15, verificável já no *Australo-pithecus afarensis*. Os chimpanzés, uma espécie poligínica, ao invés dos gorilas e orangotangos, não apresentam grandes diferenças de tamanho corporal entre gêneros, pelo que o uso desta caracterís-tica isoladamente só permite tirar conclusões com muita cautela.

O certo é que a educação das crias humanas é mais difícil e, como tal, necessita de um maior apoio do que a criação de jovens animais. O processo de transformação no estado adulto dá-se de uma forma mais lenta. Esse crescimento vagaroso, que corre em paralelo com uma longevidade bem superior à dos hominídeos, leva, entre outras coisas, a que os pais tenham de apoiar mais filhos ao mesmo tempo, enquanto no reino animal o processo é quase sempre sequencial. A formação humana de um casal monogâmico e a repartição de tarefas no que diz respeito aos filhos, na proteção e, em especial, na alimentação constituiu uma vantagem para a so-brevivência dos descendentes. A mortalidade infantil descia signi-ficativamente – e eles apoiavam-se mutuamente: a constituição de um casal permite a partilha de tarefas, o que, por sua vez, aumenta a interdependência entre ambos. Os seres humanos são, ao mesmo tempo, os únicos a combinarem a monogamia com a vida em gru-po. Nos poucos antropoides em que as famílias vivem em grupo, por norma, estamos perante um macho e o seu harém[89].

Especial no ser humano relativamente aos seus parentes mais próximos é, na verdade, também a combinação da formação de casal monogâmica e poligâmica em uma comunidade. Entre os ho-minídeos, os machos adultos são ou poligínicos ou não têm qual-quer fêmea, enquanto o ser humano consegue ser simultaneamen-te monogâmico e promíscuo. O conceito difundido no século XIX,

---

89 Sobre a exceção entre os modelos de formação de casais, cf. Jenni (1974).

principalmente sob influência vitoriana, de que sobretudo o modo de formação de pares entre as aves era um modelo natural para o casamento, manteve-se até um período tardio do século XX. Ainda em 1968, em uma época, portanto, em que que o erro existente na analogia com a vida monogâmica dos pássaros havia sido esclarecido por um movimento de jovens investigadores, mais de 90 por cento dos ornitólogos de primeiro plano continuavam a atestar a *fiel* forma de vida dos pássaros. Porém, por meio de análises de DNA, tornou-se claro, há 40 anos, que os pássaros apenas constituem um modelo, na medida em que combinam a monogamia com a sexualidade extraconjugal[90]. Isso conduz-nos à distinção mais importante entre os grupos de animais e as comunidades humanas sobre a monogamia. No reino animal, a monogamia parece ser motivada pela distribuição das fêmeas no espaço, pela ameaça infanticida pelos da mesma espécie e pela sincronia do tempo de acasalamento e do tempo de criação. Para os humanos pré-históricos, este tipo de fatores já não é tão considerável. A transição da formação poligínica de pares para a formação monogâmica, em termos pré-históricos, parece ter mais a ver com a transição de comunidades de caçadores-coletores para as sociedades agrárias e as altas culturas. Desde então, na história da humanidade, a monogamia é não somente um modelo de formação de pares a nível sexual, mas também de formação de casais ao nível social, associado a um espectro variado de comportamentos sexuais. A norma significa que, enquanto expectativa social, existe uma base moral e de direito que nem sempre é abandonada no caso de fraude. O último processo de nascimento de uma conquista histórico-civilizacional que procuro apresentar neste livro é muito especial. Pois ninguém

---

90 Cf. Gladstone (1979), Dunbar (1998) e Kraaijeveld et al. (2004).

negaria a existência do caminhar ereto, das línguas, da música, do cultivo agrícola, das cidades, da narrativa épica e do direito escrito. Mas acerca da monogamia afirma-se frequentemente se tratar de um mito, de uma afirmação hipócrita, acima de tudo de uma ilusão, logo que associada ao vocabulário da sua fundamentação apaixonada: "Tu, e apenas tu".

De fato, desde que começou o desenvolvimento complexo da civilização, existem todos os modelos imagináveis de formação de pares, além da monogamia. Por exemplo, a dominância do casamento poligâmico nas comunidades de caçadores-coletores. Das cerca de 1.200 culturas étnicas catalogadas em 1980, em metade era norma a poligamia. Existe a prostituição institucionalizada desde o surgimento das primeiras cidades, como pudemos verificar nos capítulos sobre a cidade e a narrativa. Há a institucionalização de concubinas, como na Tailândia, onde há muito tempo se distingue entre a mulher principal (*mia yai*) e a secundária (*mia noi*), sendo a mulher principal a que cuida da família, enquanto a secundária está dedicada ao convívio íntimo com o marido, situação preferida à prostituição, também por influência do turismo sexual e das doenças venéreas daí resultantes. Existe a prática por parte de déspotas abastados de assegurarem um grande número de mulheres e de, em especial por meio de um tipo de cultura representada pela nobreza europeia, tratarem o matrimônio como uma convenção que tira proveito do politicamente estabelecido, mas que só leva a sério sexualmente quem precisa. Por fim, existe ainda a poligamia no tempo, que se desenvolveu para a normalidade a partir da possibilidade de divórcio[91].

---

91 Cf. Hartung (1976), Murdock (1981) e John Knodel et al. (1997).

No início, a expectativa da monogamia social era apenas uma particularidade da região de algumas culturas elevadas. Nos últimos séculos tem vindo a alargar-se mundialmente. Leis que proíbem a poliginia foram aprovadas no Japão, em 1880, na China, em 1953 e na Índia, em 1955. A comunidade religiosa dos mórmons afastou-se oficialmente da sua tradição poligâmica em 1890, depois de, em 1862, ser aprovada uma lei norte-americana contra a bigamia, que continha um apontamento sobre a difícil aplicação aos mórmons. Na maioria das culturas indígenas, socialmente poligâmicas, trata-se de pequenas comunidades simples que acreditam no modelo de reprodução poligâmico a partir da reação evolucionária ao *stress* patogênico, ou seja, à ameaça aumentada de infeções. Essas circunstâncias de vida não só favorecem os casais geneticamente muito diferentes, como transformam ainda alguns homens resistentes aos parasitas mais frequentes nos parceiros sexuais de preferência.

Outras hipóteses baseiam-se na desigualdade social, em vez de na desigualdade biológica, para explicarem o modelo de família poligâmico e a sua longa predominância. Em casos de grande diferença de rendimento entre os homens, por exemplo, a poligamia seria o modelo preponderante, porque as mulheres jovens, ou os pais que decidem sobre o seu destino, preferiam ser a segunda mulher de um homem rico do que a única na vida de um homem pobre. O argumento segue esta lógica modelar: imaginemos que, em uma comunidade de 100 indivíduos femininos e 100 masculinos, a formação de casais se efetua de um modo tal que os indivíduos mais atraentes, de acordo com um qualquer critério, são aqueles que se casam um com o outro. Cada indivíduo recebe um parceiro: a mulher que se encontra no 41º lugar casa-se com o primeiro classificado dos homens, e assim por diante. Agora, introduza-se nesta ordem monogâmica a poligamia, e a mulher que se encontra no 40º lugar casa-se com o homem que ocupa o 10º lugar, o qual se encontra duplamente mais bem apetrechado – por exemplo, em riqueza – do que o homem que ocupa o 40º lugar. Avancem um lugar todas as mulheres atrás do 41º lugar: a do 41º lugar casa-se com o homem do 40º lugar; a do 42º lugar casa-se com o homem do 41º lugar, a do 100º lugar casa-se com o 99º. Apenas o homem que ocupa o 100º lugar não encontra mulher. O resultado torna a perspectiva das mulheres favorável à poliginia social, porque uma mulher, a que se encontra no 40º lugar, melhorou visivelmente, outra piorou, porque teria de partilhar o seu marido, e 60 mulheres melhoraram um pouco, entre o lugar 41º e o 100º. Com os homens, em geral, o balanço é exatamente o contrário.

A poliginia convém, portanto, a alguns homens bem posicionados que monopolizam uma parte das mulheres, assim como é conveniente para quase todas as mulheres, porque aumenta a sua escassez, a qual é tanto mais intensa quanto menor a atratividade dos homens. O balanço histórico-familiar de grandes reinos na China, Índia e do mundo muçulmano vem sublinhar essa suposição, tanto quanto a primeira epopeia dos gregos, a *Ilíada*, a qual começa ao redor de uma mulher jovem, troféu de saque, gerando-se uma querela entre senhores de guerra, um dos quais é casado.

Postos perante esse cenário, no qual se descreve como chegamos à monogamia, cuja gesta é cantada de forma insuperável na segunda epopeia dos gregos, a *Odisseia,* que fundamentalmente é a tentativa de o seu herói regressar a casa, em que o esperam a mulher e o filho. Como modelo do casamento, a monogamia social desenvolveu-se em dois tipos de sociedade diferentes: em pequenas comunidades mais marginais, em que não há qualquer vantagem em ser a segunda mulher, e em comunidades políticas citadinas, como a Mesopotâmia, a Grécia e a Roma antigas, em que se impuseram leis para estabelecer este modelo de família. No primeiro caso, fala-se de uma monogamia ecologicamente forçada, no segundo, de uma monogamia socialmente forçada. Existe uma relação entre a norma de formação de casais e a forma de produção econômica de uma sociedade, o que pode provar o aumento de culturas marcadamente monogâmicas, se compararmos as economias dos caçadores-coletores (em cerca de 10 por cento monogâmica) com aquelas que se alimentam de hortas (monogâmicas em cerca de 30 por cento) e ainda com as agrícolas (monogâmicas em cerca de 40 por cento). Entre a monogamia ecológica e a sociológica poderá, portanto, haver uma relação. Um argumento possível toma em atenção o crescimento em dimensão de comunidades locais, quando da transição para a agricultura. Enquanto as comunidades de caçadores-coletores são frequentemente compostas por algumas dezenas de membros, encontrando-se também mais isoladas no espaço, as comunidades agrícolas costumam ser constituídas por várias centenas de indivíduos que, além disso, mantêm contatos com outros grupos. Nessas comunidades socialmente mais densas, as doenças sexualmente transmissíveis têm um efeito bacteriológico maior, principalmente se a norma é a poliginia; a monogamia sexual teria, nesse contexto, uma vantagem seletiva, que tenderia a ultrapassar os custos de aplicação[92].

Na verdade, não se pode concluir a partir daqui haver uma relação estreita entre agricultura e monogamia. O Egito faraônico era poligâmico, assim como os estados Asteca e Inca. Algumas teo-

---

92 Cf. Sanderson (2001) e Bauch e McElreath (2016).

rias que se afastam mais claramente dos constrangimentos ecológicos para explicarem comportamentos sexuais argumentam com os efeitos sociais das normas de casamento. A poliginia acentua as diferenças sociais, acrescentando às distinções econômicas e políticas as reprodutivas. Em determinados contextos históricos, as camadas econômicas e políticas mais altas têm de tomar em consideração a população masculina que, em caso de poligamia, fica desabonado a nível sexual e familiar. Um acesso geral ao casamento graças à proibição da poliginia podia, assim, ter sido um meio para estados concorrentes fomentarem a identificação do cidadão individual com o todo social. Por outras palavras, o casamento monogâmico, enquanto norma, diminui a concorrência sexual entre os homens em uma dada sociedade. Visto sob esse prisma, a transição da poligamia para a monogamia social seria comparável a outras estruturas inibidoras de concorrência, como o pagamento de impostos pelas elites ou a introdução de um seguro social com comparticipação da entidade empregadora, como uma forma de redistribuição política da riqueza. O princípio bastante tardio, "um homem, um voto", teria tido o caminho preparado pela fórmula, "um homem, uma mulher". O casamento monogâmico seria, dessa forma, remetido para compromissos políticos e para o emergir de um pensamento de ação coletiva que fosse além de grupos de interesses. No espaço civilizacional grego foi necessário, por exemplo, o fim da soberania palaciana para possibilitar a transição para a monogamia social em contexto político, no qual as elites surgiam mais enfraquecidas do que antes. O passo da *Ilíada* para a *Odisseia* não é ainda, obviamente, um dos círculos aristocráticos, muito menos com a atenção dirigida a uma sociedade igualitária ou pólis-democrática. Até às Leis da Família, de Sólon que, no início do século VI a.C., definiriam a mulher fora do seio familiar como mercadoria de prestígio, excluindo os descendentes ilegítimos, faltava um longo tempo, mas estava dado o mote para a apologia da família pequena e da fidelidade matrimonial, pelo menos para a mulher, por fim, também monogamia, pelo menos social, para o homem[93].

Com a redução do número de homens por casar, é legítimo supor, reduziu-se igualmente a intensidade de comportamentos desviantes de uma sociedade, graças à rejeição da poligamia. Homens solteiros oriundos de um estrato social mais baixo e sem perspectiva de virem a ter uma família desvalorizam consideravelmente o futuro e tendem a comportamentos arriscados no tocante à ascensão social e à sexualidade. As investigações efetuadas comprovam a redução estatística da prática criminal em mais de um terço e a diminuição de crimes violentos para menos em metade durante a fase de casamento, mas não durante a vida em comum sem recurso ao matrimônio. Estes resultados que se verificam em países tão distintos como a China, os Estados Unidos da América e a Índia deixam em aberto o que confere ao casamento a influência sobre a escolha profissional – pode tratar-se também de uma questão de avanço na idade que conduza a ambos ao estado matrimonial e a evitar de atos violentos. Do ponto de vista sociológico, enquanto parte lúdica da teoria do suporte masculino da família e dos cuidados parentais – no sentido, portanto, em que os homens casados se comportam de uma forma menos egoísta durante um certo período de tempo –, a hipótese afigura-se plausível. De acordo com a fórmula de um censor romano em 100 a.C., "O casamento é, com

---

93 Cf. MacDonald (1995) e Scheidel (2009).

todos sabemos, uma fonte de aborrecimento, contudo, há que se casar nem que seja por uma questão de civismo"[94].

Formulações como essas não devem distrair-nos do fato de que, na Grécia e em Roma, o comportamento poligínico era cotidiano. A existência de escravos tornava-o possível, a par da manutenção da monogamia, e, em uma primeira fase, o sistema jurídico até o fomentava. O casamento não significa apenas reprodução, mas também dote, comunhão de bens e herança. A escolha entre monogamia e poliginia foi, desde sempre, também uma decisão econômica. Nada o torna mais claro do que a história contada pelo historiador francês Paul Veyne (1989) sobre o jovem Crato que, sendo um poço de virtudes, deixou a um amigo a própria mulher, para mais tarde se voltar a casar com ela, tendo, entretanto, obtido uma boa herança. Documentos históricos como esse levaram Friedrich Engels, no seu livro sobre a origem da família de 1884, a concluir que a monogamia era uma consequência da propriedade privada, que resgatara a economia das originárias comunidades tribais de propriedade coletiva, as quais, segundo Engels, eram igualitárias e promíscuas. O casamento teria a intenção de manter a propriedade. Nesse sentido, praticamos a monogamia apenas porque conhecemos o conceito de propriedade? Isso seria contrário à tese da Sociobiologia de que a propriedade serve justamente para atrair as mulheres.

A monogamia social e também a propriedade tornaram-se uma medida política nas primeiras altas culturas. A antropóloga Laura Betzig (1992), que apresentou estudos abrangentes sobre a história da monogamia, cita as palavras drásticas que o imperador Augusto teria dirigido aos solteiros, considerando-os os maiores

---

94 Cf. Henrich et al. (2012).

criminosos de Roma: "eram ainda piores do que os assassinos." Por quê? Porque lhe era uma pedra no sapato que os romanos formassem famílias pequenas e simultaneamente tivessem amantes e filhos ilegítimos. Como tal, os solteiros eram para ele "assassinos" dos filhos que não tinham para serem seus herdeiros. A razão para as aventuras extraconjugais dos cidadãos romanos era a de não verem as suas grandes heranças divididas após a morte. Portanto, rendiam-se ao sexo extraconjugal. Na Roma Imperial, a herança era dividida; não existia o conceito de primogenitura, segundo o qual o filho mais velho herda tudo. Assim sendo, providenciava-se de forma artificial que houvesse apenas um filho: recorrendo-se preferencialmente ao sexo extraconjugal, à contracepção, ao aborto e ao infanticídio, no casamento. O imperador, por seu turno, estava interessado em uma maior distribuição da riqueza por meio da divisão de heranças por muitos filhos, porque enfraqueceria a oposição política aristocrática. Como tal, são promulgadas leis que subvencionam a paternidade em família, tributam os solteiros, obrigam a novo casamento em caso de viuvez e sancionam o adultério. A intenção político-civil de contribuir para um aumento do número de membros da aristocracia foi ao ponto de se reforçar a sanção penal que permitia ao pai de uma jovem seduzida matar o sedutor, com a intenção de tornar a sedução improvável. Importava manter em número elevado o conjunto de pessoas disponíveis para o casamento.

Explicações como as mencionadas veem na transição para a monogamia social a tentativa de estabilizar e alargar a base de dominância ou de lucrar com a redistribuição provocada pelos casamentos monogâmicos em geral. "A questão prática a considerar da perspectiva da mulher", observa, no entanto, George Bernard Shaw, "é saber o que lhe convêm mais: se um homem do ranque dez em exclusividade ou um de primeira classe apenas por um décimo." O Cristianismo defendia a primeira situação, reforçando a tradição do antigo modelo familiar monogâmico. A formulação do historiador da antiguidade Peter Brown (1989), segundo a qual a reputação dos antigos cristãos teria sido cunhada pela vida celibatária dos bispos sustentados por mulheres ricas, a fim de cuidarem dos pobres sem rosto, desenraizados e desprezados, indicia quais os grupos que se tornaram favoráveis à monogamia. Uma religião que propagava a desistência de comportamentos sexuais poligâmicos devia afigurar--se particularmente atraente para as mulheres abastadas, cujo estatuto social era assim promovido. Melhor do que ter um homem de primeira classe por um décimo, seria tê-lo por inteiro.

A monogamia, assim sendo, parece ter várias origens: na Mesopotâmia, na Grécia, na Roma pagã e na cristã. Em sociedades modernas, dissolve-se mais ainda a ligação entre a perspectiva econômica, a do direito de família e a biológica. A partir do século XVIII, vem se revelando uma dimensão imaterial da monogamia social que foi se tornando cada vez mais dominante. Até isso ter acontecido, a apologia do relacionamento a dois manteve-se sobretudo ligada ao que Aristóteles afirmou sobre a amizade, na sua obra Ética a Nicômaco: "Não se pode ser amigo de muitas pessoas, no verdadeiro sentido da amizade, da mesma forma que não é possível estar apaixonado por mais de uma pessoa ao mesmo tempo, pois uma amizade total tem algo de excessivo em si, e o excesso de interesse dirige-se por natureza a uma só pessoa".

Amar apenas uma mulher e não várias é a condição para um amor especialmente forte. Aquela mulher única e aquele homem único, assim o formularam os puritanos no século XVII, são companheiros, tanto sexuais, como sociais, o casamento é um consolo, o desejo, assim se espera, constante. Desde o século XVIII, o relacionamento de amizade tem se tornado mais solto, pois pode-se ter muitos amigos sem que isso contradiga o seu sentido próprio. O amor, justamente, não é o incremento da amizade. Começa-se a afirmar a respeito do amor íntimo que, a dado momento, ele apenas é possível em relação a uma única outra pessoa. Por quê? Porque une dois indivíduos na sua singularidade incomparável. A pergunta: "O que tem ela ou ele que eu não tenho?", é incontornável. Há outras pessoas bonitas, boas, engraçadas. A razão do amor, o sociólogo Niklas Luhmann (1982) parafraseia uma expressão de Jean Paul, "não está nas qualidades do outro, mas no seu amor". A singularidade incomparável torna-se um pressuposto, o indizível no amor deixa de ser tratado como um problema e passa a ser visto como normal. Nessa mesma altura do século XIX, também se desvaloriza moralmente a pornografia como um fenômeno que revela desinteresse pela pessoa.

Tudo isso intensifica as exigências de individualidade, e mais improvável se torna realizá-la em relação a muitas outras pessoas. A monogamia é, então, não só um modelo reprodutivo, de estrutura familiar e de sujeição à fidelidade, como alimenta ainda a expectativa de amor. O amor, do qual foi dito que apenas pode ser sentido por uma única outra pessoa a dado momento, não é um simples meio de reprodução, mas a sexualidade passa a ser uma manifestação de amor do casal. Do ponto de vista sociológico, o casamento com base apenas no amor é, na verdade, algo de muito improvável. Há muita coisa em jogo. Mas, se tantos fatores dependem da família – propriedade, educação, carreira profissional –, como foi possível basear tudo isto em algo indizível que rapidamente se desvanece? A insistência contrafactual e normativa na monogamia parece ter-se desenvolvido como ponto de equilíbrio para essa desordem.

Se ela tem de existir, então que seja a dois, de forma singular e ordenada.

O ensaísta Karl Markus Michel escreveu o seguinte:

> Quando uma mulher descobre que o companheiro daquela fase da sua vida a traiu e o confronta com a descoberta, ele dirá de forma irrefutável: "Eu posso explicar tudo." Porém, quando um homem descobre que a sua mulher ou namorada esteve com outro, ela dirá definitivamente: "Aconteceu, não há nada a fazer." Os argumentos de defesa que ele acrescentará serão, por exemplo: "O que aconteceu não teve relação conosco", enquanto ela dirá: "Não teve qualquer significado para mim".

Se consideramos o pano de fundo sociobiológico e da história cultural do casal, ambos têm razão. A traição no casamento pode ser explicada. Porém, para a questão da monogamia humana, ela não tem qualquer significado, porque o matrimônio por amor não será anulado – a traição pode ser suportada, perdoada e até mesmo permitida. Porém, no plano individual, esta verdade não vem ajudar nem um, nem o outro[95].

---

95 Nestes últimos dois parágrafos recorri a formulações da minha palestra *Du sollst es sein! Warum wir Paarweise lieben*, publicada a 14 de novembro, de 2010 no jornal *Frankfurter Allgemeinen Sonntagszeitung*.

EPÍLOGO

No fim das origens

> *O princípio, enquanto início, podia*
> *ser bem mais do que a metade do*
> *todo e, por si só, explicação para o*
> *que se quer saber.*
> Aristóteles

Uma menina de 11 anos pergunta pelas origens da humanidade. Naquele tempo, teria de haver, logo no início, mais um terceiro e um quarto ser humano, afirma ela. Por quê? Então, Adão e Eva tiveram como filhos Caim e Abel, apenas homens, o que não era suficiente para a continuação da humanidade. Era preciso haver mais uma mulher, vinda de qualquer lado. E, além disso, a criança fica visivelmente incomodada com a ideia de que, se fosse uma filha de Adão e Eva, significaria que os irmãos tiveram filhos uns com os outros.

Nessa pergunta infantil, aceitável aos olhos dos críticos da *Bíblia* no século XVIII, encontra-se matéria para várias aulas de Biologia, de História ou de Religião. Ela incide sobre as três áreas e contém em si o núcleo de todas as reflexões sobre os inícios. Como devemos imaginar as origens? Existem a seu respeito apenas ideias imaginárias ou também um conhecimento efetivo? E, por exemplo, porque foram narradas daquela forma na Bíblia? Seria bom aproveitar o fim de cada aula para reflexões desse tipo, em vez de uma recapitulação rápida do que foi decorado e, de novo, esquecido. "Cultura", reza uma conhecida frase, "é aquilo que fica, quando todo o resto já foi esquecido". O que restará, quando todas as particularidades da investigação, deixadas nestas páginas em forma de esboço, afloradas ao leve, estiverem esquecidas? Qual é o legado de uma busca pelas origens, além de todos os conhecimentos particulares que levamos em consideração?

Demoremo-nos um momento nas aulas de Biologia. Quando, há cerca de 10 anos, a Fundação Warentest testou manuais escolares alemães de Biologia do 7º ao 10º ano, o resultado não foi animador. Em alguns deles encontrava-se, a cada 3 páginas, um erro factual. Que as corujas comem raposas e que o intestino da baleia-azul tem um tamanho 56 vezes maior do que o do próprio animal, ou seja, mede 1,5 km, foram exemplos referidos no relatório e tidos como erros especialmente curiosos. O mais grave não foi, contudo, o erro a respeito do comprimento do intestino da baleia, mas o fato de se dar uma informação tão pobre aos alunos. Eles aprendem quantos arcos branquiais tem um peixe, e lhes são retirados pontos se escreverem em um teste "três" ou "oito", apesar de ser por completo indiferente ao conhecimento sobre a respiração tratar-se provavelmente de cinco ou de seis arcos, quando não são quatro, pelo menos para a compreensão biológica ao alcance de crianças do 5º ano. Deve se lembrar que, a respeito do intestino e outros órgãos, a baleia-azul é, em muitos aspectos, bem diferente do chimpanzé ou da carriça. Isso não diz apenas respeito às ciências da natureza, pois, em termos sociais, os egípcios também eram bem diferentes dos gregos e romanos, tal como na literatura há que distinguir Goethe de Kleist ou de Fontane. O problema reside na aprendizagem insuficiente que nos deixa com a pergunta acerca do que fazer com todas essas diferenças. Afirmar que as corujas comem raposas é tão enganador como afirmar o contrário: que elas nunca o fazem ou que, por sua vez, são comidas pelas raposas. Melhor seria refletir se a utilização da imagem de uma pirâmide ou de uma cadeia se adequa realmente ao comportamento alimentar e ao predador animal.

A conclusão do estudo de que os manuais alemães apresentam uma grande variedade de informação era, como tal, ambígua. Porque a informação só é importante desde que haja perguntas às quais ajude a responder e conceitos que a possam ordenar. O que significa exatamente caçar e comer? Em que se distinguem as plantas dos animais e os carnívoros dos herbívoros? Por que razão os gregos receberam o nome de uma língua e os romanos o de uma cidade? O que é uma época histórica e como podem o clássico e o romântico serem tratados como épocas, Classicismo e Romantismo, se os escritores que as representam foram contemporâneos? Quando fazemos perguntas dessa natureza, verificamos que não saímos da nossa condição de alunos. A dimensão do que é sabido e do que fica por saber é infinitamente maior do que a nossa capacidade de assimilação e de ação. A isso chama-se divisão de tarefas: não sabemos o suficiente acerca da maioria das coisas, mas fazemos saber, concentramo-nos na nossa atividade profissional em uma área abarcável, na qual nos sentimos bastante à vontade, presumindo, de resto, que os especialistas se preocuparão com o que falta. Não é indiscutível por que razão se deve saber o que é uma época ou se o conceito de cadeia alimentar faz sentido. Sobretudo o conhecimento sobre fatos e culturas que há muito pertencem ao passado – os gregos, os romanos e afins – afigura-se dispensável ou parece servir apenas de entretenimento. Isso é tanto mais verdade quando se aplica aos mesopotâmios, aos habitantes das cavernas e aos primatas.

A resposta que aqui se ensaia é de dupla natureza. Na verdade, as questões sobre as origens, entre as quais as biológico-evolucionárias, as pré-históricas e as arqueológicas, dizem diretamente respeito àqueles que pesquisam o passado nos vestígios fragmentários deixados como galáxias distantes: como algo que não se pode mudar, a respeito do qual não há, portanto, qualquer interesse técnico. No sentido mais restrito, não adianta, por isso, saber, fora do âmbito da investigação, por que razão se deu um processo em que primatas se ergueram do solo, por que motivo o direito passou a ser escrito ou os alimentos começaram a ser cozinhados há 40 mil, 200 mil ou há 2 milhões de anos. No âmbito da investigação, nada existe, contudo, da nossa Pré-História, que não tenha sido explorado por centenas de perspectivas científicas com uma extraordinária e, muitas vezes, incompreensível energia, acribia e gosto pela polêmica. Sobre a dentição dos pitecantropos, existem tantas estantes repletas de livros como sobre as figuras de Vênus ou sobre a questão dos vales fluviais da América do Sul, onde teriam existido Estados. Em relação a cada tema tratado em nota de rodapé, poderíamos ter escrito inúmeras mais.

Por um lado, essa circunstância torna o saber sobre a nossa Pré-História cada vez mais preciso, por outro, o que se ganha em conhecimento levanta questões que, como pudemos verificar, não são passíveis de serem resolvidas com a simples obtenção de informação adicional. Como devemos imaginar a transição de uma comunicação musical e gestual para uma estrutura vocabular com sintaxe e gramática, à qual chamamos língua? Por que razão decorre tanto tempo entre o surgimento da espécie humana anatomicamente moderna e o desenvolvimento cada vez mais célere da cultura? Por que motivo se encontram representados animais selvagens nos locais de culto dos primeiros agricultores, mas não animais domésticos? Por que razão nas altas culturas produzem conquistas civilizacionais em rápida sucessão, mas isso não ocorre igualmente em todas elas? Por exemplo, o dinheiro não surgiu entre os mesopotâmios nem o cálculo aritmético com o uso do zero entre os gregos ou os romanos?

Tocamos em questões como essas, porém a ciência não as resolveu todas, elas continuam a ser propulsoras da pesquisa. Uma vez que uma informação, enquanto tal, não fala por si, e que os tempos primitivos nos deixaram testemunhos com espaços em branco, a investigação não pode senão desenvolver modelos, e cada modelo, por sua vez, apresenta falhas. A narrativa de Adão e Eva foi, nesse sentido, um modelo primitivo com espaços em branco, um dos quais saltou à vista de uma criança de 11 anos. Depois de Caim ter matado o seu irmão e ter sido marcado por Deus com um sinal, tal como se pode ler, de fato, no Livro do Gênesis, em 4,16-17, "Caim afastou-se da presença do Senhor e foi habitar na região de Nod, ao oriente de Éden. Caim conheceu sua mulher. Ela concebeu e deu à luz Henoc".

Os mitos são, assim, cheios de incongruências. Se necessitarem de uma mulher para a história continuar, ela surge em Nod, terra sobre a qual nada mais nos é dito, a não ser a direção em que se situa. Mas isso não ocorre apenas com os mitos. As pesquisas relativas ao início de conquistas civilizacionais veem-se confrontadas, como vimos, com incongruências similares. Quem teria recebido o primeiro pagamento, quem leu o primeiro escrito? Os antropólogos criaram modelos para compreender o desenvolvimento da marcha em posição ereta, as causas do início da fala, a troca original de mercadorias, facilitada pela introdução do dinheiro, ou o aparecimento de uma religião xamânica originária que punha os seres humanos primitivos em estado de transe, tendo-lhes possibilitado uma ligação com o sobrenatural. Esses modelos têm igualmente o caráter de narrativas não confirmáveis, pois têm elos perdidos ou casas em branco. Recorrendo a uma imagem arqueológica, poderia se dizer que essas narrativas e esses modelos são um resultado das ruínas a que temos acesso, uma vez que substituem todas as estruturas desaparecidas por raciocínios e relatos de fatos possíveis. Tudo aquilo que não se tenha transformado em fóssil e não pôde ser conservado até a invenção dos ornamentos, do desenho e da escrita, é pensado em forma de esboço e, a título experimental, em hipóteses marcadas pela descoberta de fósseis.

Essa formação de modelos tem sempre algo de provisório, pelo fato de haver sempre novos fósseis a serem descobertos e – mantendo a imagem usada – porque as ruínas do passado têm muros movediços. Da primeira cidade, Uruk, por exemplo, apenas se encontra escavada uma pequena parte das suas edificações. A respeito de Göbekli Tepe, na Anatólia, presume-se que se trate de um lugar destinado somente ao culto e não a enterros fúnebres, mas isso porque, até agora, não foram encontrados túmulos no lugar. O muito que sabemos sobre a Mesopotâmia e o Oriente Médio, e a circunstância de concentrarmos a maioria das hipóteses sobre os inícios da civilização naquela região, deve-se também, provavelmente, ao acaso de nesta região ter havido, desde sempre, mais pesquisa arqueológica do que, por exemplo, na China. Acerca de templos e palácios, sabemos, há muito tempo, mais do que sobre outras edificações, porque cedo atraíram o interesse arqueológico, superando as residências comuns ou os cemitérios que não pertenciam a soberanos. A seletividade do nosso saber é, como tal, evidente, tal como as suas bases materiais. Não haverá, por isso, muitos novos inícios, e, enquanto se escreve sobre eles, já se alteraram. Ainda recentemente foram encontrados, em uma caverna marroquina junto a Jebel Irhoud, fragmentos de crânios de pitecantropo e de ferramentas em pedra, que permitem datar a idade da espécie humana anatomicamente moderna como não inferior a 100 mil anos. Até agora, os fósseis de *Homo sapiens* tidos como mais antigos eram os descobertos em 1967, em Kibish na Etiópia, cuja antiguidade foi estimada em cerca de 195 mil anos, ou os crânios encontrados em 2003, também na Etiópia, em Herto, estimados em uma idade de 150 mil anos. Nesse momento, as origens do ser humano anatomicamente moderno passaram da África oriental para o Norte de África, há cerca de 300 mil anos

Isso, se o conceito de origens estiver sendo usado de forma correta. A evolução apenas conhece transições, os inícios – do caminhar ereto e a da fala mostraram-no da forma mais clara – alongam-se por um imenso intervalo de tempo. Na evolução, não é possível dar as boas-vindas a um exemplar de uma espécie como tendo sido o primeiro ou despedirmo-nos de um outro como sendo o último. Também os seres humanos de Jebel Irhoud – três adultos, um jovem e uma criança – ainda se distinguem de nós por características particulares. O critério frequentemente utilizado de que um *Homo sapiens* de 100 mil anos, envergando vestuário moderno, não chamaria atenção atualmente no trânsito – "o reconheceriam como um ser humano" –, é muito elucidativo. Pois, há 100 mil anos, haveria, mesmo entre muitos contemporâneos, mais diferenças do que semelhanças.

A normalização e o trato amistoso do estranho é um procedimento relativamente recente em termos sócio-históricos

O que não é novidade é que muitas comunidades humanas recebiam os estranhos de forma diferente, se comparado com a maioria dos grupos pequenos de animais, por exemplo, graças ao casamento além das fronteiras da tribo. Uma vez que foi comprovado que o homem de Neandertal e o *Homo sapiens* formaram casais, já não estamos falando, nesse caso, de espécies diferentes. A anatomia por si só não é, portanto, o mais relevante na formação de comunidades e de parentesco. Thomas Wynn e Frederick L. Coolidge escreveram, grosso modo, no seu livro sobre o homem de Neandertal que, se os "encontrássemos em um ponto de ônibus, eles teriam traços faciais estranhos e uma cabeça fora do comum, mas talvez não tão estranhos que decidíssemos ir a pé até o próximo ponto."

Esta particularidade das comunidades humanas de serem bastante hospitaleiras não é, contudo, equiparável a um comportamento geral amistoso para com os estranhos ou com o desaparecimento da capacidade de reconhecer o outro como diferente. O estatuto que pode ser atribuído a estranhos varia significativamente. Determinante não é o "como", mas que se lide com eles, e que a luta pela sobrevivência não seja o único *modus* social no relacionamento entre pessoas. Desde a Pré-História, esse aspecto fez a humanidade que vem ao nosso encontro, a partir de achados isolados de crânios ao longo de 250 mil anos, ser constituída por uma trupe muito diversa, mesmo no seio de cada sítio arqueológico, como se pôde constatar com base nas ossadas de Jebel Irhoud.

O que há para aprender sobre as origens deve, como tal, ser distinguido do que se pode saber a partir delas e da pesquisa que lhes é devotada. Aprender sobre elas é o estado atual do conhecimento, em cuja formulação são indispensáveis palavras como "possivelmente", "contrariamente" e "cerca de". Conhecer a partir delas é apurar um sentido para a passagem do tempo na formação dos processos da civilização, mas também perceber que a aceleração que alguns começos civilizacionais sofreram, graças ao aparecimento da agricultura, da cidade, do estado e da escrita, levou à intensificação da sequência de inovações e a uma maior concentração do seu desenvolvimento em um determinado espaço.

Aprender a partir delas significa também perceber que o que é novo surgiu a partir de algo de que não se vislumbra, à primeira vista, tratar-se de uma transição. Não vislumbramos, a partir da existência do templo, que este desse um impulso à economia monetizada; a partir das sepulturas fúnebres não prefiguramos a rápida chegada do reconhecimento de divindades ou a delimitação de terras como propriedade privada. Que o choro dos recém-nascidos contém acordes melódicos é tão surpreendente como a relação entre o diâmetro do útero, o desenvolvimento tardio das crianças e o seu choro; crianças que têm de ser sossegadas, pois, de outra forma, podem fazer correr perigo. Ou, então, a suposição de que exista uma relação entre o volume do cérebro e a dimensão do grupo social, e que catar piolhos pode ter sido um antecedente da fala.

Por fim, podemos aprender, a partir dos processos de começo, o muito que foi necessário em cada caso para que se pudessem desencadear. Não houve nenhuma conquista civilizacional que se baseasse somente em um processo, em uma única causa. Para se chegar a pinturas rupestres com cavalos, bisontes, leões e ursos, foi preciso não só o preenchimento de pressupostos técnicos – tais como o domínio de pigmentos coloridos e o controle do fogo para iluminar as cavernas –, mas também o desenvolvimento de capacidades cognitivas para utilizar objetos com fins comunicativos. A caça foi a causa do armazenamento de alimentos, como também da tomada de consciência de que os animais que não são caçados, mas eles próprios caçadores, também são animais. Consideremos um outro exemplo: para se chegar à existência do Estado, entendido esse como poder soberano exercido por um determinado grupo social com jurisdição sobre um território, foi necessário, dependendo da teoria que considerarmos, a experiência com a tomada de decisões por parte de um governo central, o carisma de caçadores e guerreiros de sucesso, escassas possibilidades de fuga por parte dos súditos e uma economia geradora de excedentes. Parafraseando uma citação famosa, o estudo das origens ensina ainda, independentemente da maior ou menor fundamentação de cada hipótese, que não só o Estado se baseia em condições prévias que ele próprio não pode garantir, mas que, na hipótese mais extrema, tudo se baseia em condições prévias sem garantias, tanto a criação de plantas, como a religião, as narrativas e o casamento.

O estudo das origens preenche, portanto, ambos os critérios propostos pelo filósofo Georg Wilhelm Friedrich Hegel em um discurso liceal para justificar a sua ocupação com as línguas antigas, pronunciado por volta de 1880. Penetrar na sua gramática estrangeira, segundo Hegel, constitui "o início da formação lógica, uma vez que obriga à reflexão sobre algo diferente da língua materna, no qual o hábito irrefletido produz a ordem correta das palavras". Além disso, a Antiguidade caracterizava-se pela "estranheza da distância". Isso vinha ao encontro da capacidade de compreensão. Ela cresce por meio da distância que se constituí no percurso de aprendizagem feito do presente até ao longínquo e no retorno ao presente.

A ocupação com o que é antigo é boa, porque se é certo que se afigura como tarefa difícil quando observada de mais perto, o que ela tem de melhor reside justamente na superação dessa dificuldade ou, pelo menos, na força desenvolvida na tentativa de a superar. Estranhas e difíceis são as origens de tudo, de modo que o seu estudo estimula o entendimento a ir muito além do saber já adquirido.

Referências

ABUSCH, T. The development and meaning of the epic of Gilgamesh: an interpretive essay. *Journal of the American Oriental Society*, n. 121, p. 614-622, 2001.

ADAMS, R. *The evolution of urban society*. Chicago, 1966.

ADOVASIO, J.M.; SOFFER, O. *The invisible sex* – Uncovering the true roles of women in prehistory. Londres, 2009.

AHLBERG, P.E.; MILNER, A. The origin and early diversification of tetrapods. *Nature*, n. 368, p. 507-514, 1994.

AIELLO, L. C.; DUNBAR, R. Neocortex size, group size, and the evolution of language. *Current Anthropology*, v.34, n. 2, p. 184–193, 1993.

ALEXANDER, R.D. *Darwinism and human affairs*. Seattle,1979.

ALGAZE, G. *Ancient Mesopotamia at the dawn of civilization.* – The evolution of an urban landscape. Chicago, 2008.

ALGAZE, G. *The Uruk world system* – The dynamics of expansion of early Mesopotamian civilization. Chicago, 1993.

ALPERSON-AFIL, N. Continual fire making by hominins at esher Benot Ya'aqov, Israel. *Quarternary Science Reviews*, n. 27, p. 1733-1799, 2008.

ALSBERG, P. *Der ausbruch aus dem gefängnis* – Zu den entstehungsbedingungen des menschen. Gießen, 1975 [1922].

ARISTÓTELES. *Physik*. Hofenberg, 2016.

ARISTÓTELES. *Política*, 1253. Tradução: A. C. Amaral e C. C. Gomes. Universidade Ciências Sociais e Políticas, Lisboa, 1998.

ARSUAGA, J.L.; MARTINEZ, I. *The chosen species* – The long march of human evolution. Oxford, 2006.

ATALAY, S.; HASTORF, C.A. Food meals, and daily activities: food habitus at Neolithic Catalhöyük. *American Antiquity*, n. 71, p. 283-319, 2006.

BAKHTIN, M. *Formen der Zeit im Roman* – Untersuchungen zur historischen Poetik. Frankfurt, 1989.

BALTER, M. Early Stonehenge pilgrims came from afar, with cattle in tow. *Science*, n. 320, p. 1704, 2008.

BARING, A.; CASHFORD, J. *The myth of the goddess:* evolution of an image. Londres, 1991.

BATAILLE, G. *Lascaux oder die Geburt der Kunst*. Estugarda, 1983.

BATEMAN, A. Intra-sexual selection in Drosophila. *Heredity*, n. 2, p. 349-368, 1948.

BAUCH, C.; MCELREATH, R. Disease dynamics and costly punishment can foster socially imposed monogamy. *Nature Communications*, n. 7, p. 1-9, 2016.

BEDNARIK, R. The australopithecine cobble from Makapansgat, South Africa. *South African Archaeological Bulletin*, n. 53, 4-8, 1998.

BEDNARIK, R. The significance of the earliest beades. *Advances in Anthropology*, n. 5, 51-66, 2015.

BEDNARIK, R. Paleolithic love goddesses of feminism. *Anthropos*, n. 91, p. 183-190, 1996.

BEDNARIK, R. The australopithecine cobble from Makapansgat, South Africa. *South African Archaeological Bulletin*, n. 53, p. 4-8, 1998.

BEGUN, D. The earliest hominis – Is less more? *Science*, n. 303, p. 1.478-1.480, 2004.

BENEDICT, R. Religion. In: BOAS, F. (Ed.). *General anthropology*. Boston, 1938.

BENFEY, T. *Geschichte der Sprachwissenschaft und orientalischen Philologie in Deutschland seit dem Anfange des 19* – Jahrhunderts mit einem Rückblick auf frühere Zeiten. Munique, 1869.

BERNA, F.; GOLDBERG, P.; HORWITZ, L.; CHAZAN, M. Microstratigraphic evidence of in situ fire in the Acheulean strata of Wonderwerk Cave, Northern Cape province, South Africa. *PNAS*, p. 1215-1220, 2012.

BETTINGER, R.; RICHERSON, P.; BOYD, R. Constraints on the development of agriculture. *Current Anthropology*, n. 50, p. 627-631, 2009.

BETZIG, L. Roman monogamy. *Ethology and Sociobiology*, n. 13, p. 351-383, 1992.

BICKERTON, D. *Adam's tongue. – How humans made language, how language made humans*. Nova Iorque, 2009.

BICKERTON, D. *Language and Species*. Chicago, 1990.

BLACK, S.L.; THOMS, A.V. Hunter-gatherer earth ovens in the archaeological record: fundamental concepts. *American Antiquity*, n. 79, p. 204-226, 2014.

BLANTON, R. The origins of Monte Albán. In: CLELAND, C. (Ed.). *Cultural change and continuity*, p. 223-232, 1976.

BLUMENBERG, H. *Höhlenausgänge*. Frankfurt, 1989.

BOLTZ, W. G. The invention of writing in China. *Oriens Extremus*, n. 42, p. 1-17, 200/2001.

BORRÉ, K. Seal Blood, Inuit Blood, and Diet: A Biocultural Model of Physiology and Cultural Identity. *Medical Anthropological Quarterly N. S.*, n. 5, p. 48-62, 1991.

BOSWELL, J. *The journal of a tour to the Hebrides with Samuel Johnson LL.D.* Londres, 1813.

BOTTÉRO, J. *Mesopotamia.* – Writing, reasoning, and the gods. Chicago, 1992.

BRACE, C.L. Biocultural interaction and the mosaic evolution in the emergence of modern morphology. *American Anthropologist*, n. 97, p. 711-721, 1995.

BRAIDWOOD, R.J.; SAUER, J.D.; HELBAEK, H.; MANGELS-DORF, P.; CUTLER, H.; COON, C.S.; LENTON, R.; STEWARD, J.; OPPENHEIM, L.A. Did man once live by beer alone? *American Anthropologist*, n. 55, p. 515-526, 1953.

BREUER, S. *Der charismatische Staat.* – Ursprünge und Frühformen staatlicher Herrschaft. Darmstadt, 2014.

BREUER, S. Die archaische Stadt. *Die Alte Stadt*, n. 25, p. 105-120, 1998.

BROWN, P. Spätantike. In: ARIÈS, P.; DUBY, G. (Eds.). *Geschichte des privaten Lebens*. Frankfurt, 1989.

BROWN, S.; MARTINEZ, M.; PARSONS, L. The neural basis of human dance. *Cerebral Cortex*, n. 16, p. 1.157-1.167, 2006.

BROWN, T.A.; JONES, M.; POWELL, W.; ALLABY, R. The complex origins of domesticated crops in the Fertile Crescent. *Trends in Ecology and Evolution*, n. 24, p. 103-109, 2008.

BRUNET, M.; GUY, F.; PILBEAM, D.; MACKAYE, H.T.; LIKIUS, A. et al. A new hominid from the Upper Miocene of Chad, Central Africa. *Nature*, n. 418, p. 145-151, 2002.

BUCKLAND, W. *Reliquiae diluvianae or observations on the organic remains contained in caves, fissures, and diluvial gravel and on other geological phenomena* – Attesting the action of an universal deluge. Londres, 1824.

BUCKLAND, W. *Vindiciae geologicae or the connexion of geology with religion explained.* Oxford, 1820.

BULLIET, R.W. *The Wheel* – Inventions & reinventions. Nova Iorque, 2016.

BURGON, T. An inquiry into the motives which influenced the ancients, in their choice of the various representations which we find stamped on their money. *Numismatic Journal*, n. 1, p. 97-131, 1836.

BURKERT, W. *Die orientalisierende epoche in der griechischen religion und literatur.* Heidelberga, 1984.

BURNETT, J. *Of the origin and progress of language.* Edinburgo, 1773.

BYRD, B.; MONAHAN, C.M. Death, mortuary ritual, and Natufian social structure. *Journal of Anthropological Archaeology*, n. 14, p. 251-287, 1995.

CAGE, J. Experimental Music. In: CAGE, J. (ED.). *Silence* – Lectures and writings. Middletown, 1961.

CAPMAN, R. The years after – Megaliths, mortuary practices, and the territorial model. In: BECK, L.A. (Ed.). *Regional approaches to mortuary analysis.* Nova Iorque, 1995.

CAPMAN, R. The years after-megaliths, mortuary practices, and the territorial model. In: BECK, L.A. (Ed.). *Regional approaches to mortuary analysis.* Nova Iorque, 1995.

CARNEIRO, R. A theory of the origin of the State. *Science,* n. 169, p. 733-738, 1970.

CARNEIRO, R. The chiefdom: precursor of the State. Jones; Kautz (Ed.). *The transition to statehood in the new world.* Cambridge, 1981.

CARNEIRO, R.L. The chiefdom: precursor of the State. In: JONES, G.D.; KAUTZ, R. (Eds.). *The transition to statehood in the new world.* Cambridge, 1981.

CARPENTER, R. The antiquity of the Greek alphabet. *American Journal of Archaeology,* n. 37, p. 8-29, 1933.

CARTMILL, M. Four legs good, two legs bad: man's place (if any) in nature. *Natural History,* n. 92, p. 64-79, 1983.

CARTMILL, M. Hunting and humanity in Western thought. *Social Research,* n. 62, p. 773-786, 1995.

CARTMILL, M.; SMITH, F.H. *The human lineage.* Hoboken: Wiley-Blackwell, 2009.

CARVALHO, S.; BIRO, D.; CUNHA, E.; HOCKINGS, K.; MC-GREW, W.; RICHMOND, B.; MATSUZAWA, T. Chimpanzee carrying behavior and the origins of human bipedality. *Current Biology*, vol. 22, n. 6, p. 180, 2012.

CATCHPOLE, C.K.; SLATER, P.J.B: *Bird song*: biological themes and variations. Cambridge, 2008.

CAUVIN, J. *The birth of the gods and the origins of agriculture*. Cambridge, 2007.

CHADWICK, J. *The decipherment of Linear B*. Cambridge, 1967.

CHAPMAN, A. Barter as a universal mode of exchange. *L'Homme*, n. 20 p. 33-83, 1980.

CHILDE, V. G. *Man makes himself*. Londres, 1936.

COLSON, E. Places of power and shrines of the land. *Paideuma*, n. 43, p. 47-57, 1997.

COOK, R.M. Speculations on the origins of coinage. *Historia*, n. 7, p. 257-262, 1958.

COWGILL, U.M. Death in Perodicticus. *Primates*, n. 13, p. 251-256, [1972] 2004.

CRUMP, T. *The phenomenon of money*. Londres, 1981.

CSIBRA, G.; GERGELY, G. Natural pedagogy. *Trends in Cognitive Science*, n. 13, p. 148-153, 2009.

D'ERRICO, F.; HENSHILWOOD, C.; LAWSON, G.; VANHAEREN, M.; et al. Archaeological evidence for the emergence of language, symbolism, and music – An Alternative Multidisciplinary Perspective. *Journal of World Prehistory*, v. 17, n. 1, pp. 1-70, 2003.

DALLEY, S. *Myths from Mesopotamia* – Creation, the flood, Gilgamesh, and others. Oxford, 2008.

DAMEROW, P. The origins of writing as a problem of historical epistemology. *MPI für Wissenschaftsgeschichte*, n. 114, 1999.

DAMEROW, P.; ENGLUND, R.K.; NISSEN, H. The first representations of numbers and the development of the number concept. In: DAMEROW, P. (Ed.). *Abstraction and representation* – Essays on the cultural evolution of thinking. Dordrecht, 1996.

DART, R. Australopithecus africanus: the man-ape of South Africa. *Nature*, p. 195-199, 1925.

DARWIN, C. *The descent of man, and selection in relation to sex.* Londres, 1871.

DE GUSTA, D.; GILBERT, W.; TURNER, S. Hypoglossal canal size and hominid speech. *PNAS*, n. 96, p. 1800-1804, 1999.

DEACON, T. *The symbolic species.* Nova Iorque, 1997.

DEFRANCIS, J. *Visible speech.* – The diverse oneness of writing systems. Honolulu, 1989.

DIAMOND, J. Evolution, consequences and future of plant and animal domestication", *Nature*, n. 418, p. 700-707, 2002.

DICKSON, D.B. *The dawn of belief: religion in the Upper Paleolithic of Southwestern Europe.* Tucson, 1990.

DIETRICH, O.; HEUN, M.; NOTROFF, J.; SCHMIDT, K.; ZARNKOW, M. The role of cult and feasting in the emergence of Neolithic communities. – New evidence from Göbekli Tepe, south-eastern Turkey. *Antiquity*, n. 86, p. 674-695, 2012.

DISSANAYAKE, E. Antecedents of the temporal arts in early mother-infant interaction. In: WALLIN, et al. (Ed.). *The origins of music.* Massachusetts, 1999.

DIXON, R.M.W. *The languages of Australia.* Cambridge, 1980.

DRISCOLL, C.; MACDONALD, D.; O'BRIEN, S. From wild animals to domestic pets, an evolutionary view of domestication. *PNAS*, n. 106, p. 9971-9978, 2009.

DUHARD, P. Upper Paleolithic figures as a reflection of human morphology and social organization. *Antiquity*, n. 67, p. 83-91, 1993.

DUNBAR, R.I.M. Co-evolution of neocortex size, group size and language in humans. *Behavioral and Brain Sciences*, n. 16, p. 681-735, 1993.

DUNBAR, R.I.M. *Grooming, gossip and the evolution of language.* Londres, 1996.

DUNBAR, R.I.M. Your cheatin' heart. *New Scientist*, n. 160, p. 29-32, 1998.

EARLE, T.K. Chiefdoms in archaeological and ethnohistorical perspective. *Annual Review of Anthropology*, n. 16, p. 279-308, 1987.

EMBER, C.R. Myths about hunter-gatherers. *Ethnology*, n. 17, p. 439-448, 1978.

EMLING, S.T.; ORING, L.W. Ecology, sexual selection, and the evolution of mating systems. *Science*, n. 197, p. 215-223, 1977.

ENARD, W.; PRZEWORSKI, M.; FISHER, S.E.; LAI, C.S.L.; WIEBE, V.; KITANO, T.; MONACO, A.P. PÄÄBO, S. Molecular evolution of FOXP2, a gene involved in speech and language. *Nature*, n. 418, p. 869-872, 2002.

ENDICOTT, K.L. Gender relations in hunter-gatherer societies. In: RICHARD B. LEE, R.B.; DALY, R. (Eds.). *The Cambridge encyclopedia of hunters and gatherers.* Cambridge, 1999.

ERIKSSON, D.; WALLIN, L. Male bird song attracts females – A field experiment. *Behavioral Ecology and Sociobiology*, n. 19, p. 297-299, 1986.

FALK, D. *Finding our tongue – Mothers, infants and the origins of language*. Nova Iorque, 2009.

FALK, D.; CONROY, G. The cranial venous system in Australopithecus afarensis. *Nature*, n. 306, p. 779-781, 1983.

FANSA, M. *Rad und wagen*: der ursprung eineriInnovation – Wagen im Vorderen Orient und in Europa. Oldenburg, 2004.

FANT, G. *Acoustic theory of speech production*. Haia, 1960.

FEUERBACH, L. *Die naturwissenschaft und die revolution*. 1850. In: FEUERBACH, L. Gesammelte werke. Vol. 5, Berlim, 1989.

FINKELSTEIN, I.; SILBERMAN, N.; *Keine Posaunen vor Jericho. –* Die archäologische Wahrheit *über* die Bibel. Munique, 2006.

FINKELSTEIN, J. The laws of Ur-Nammu. *Journal of Cuneiform Studies*, n. 22 p. 66-82, 1968/1969.

FITCH, W. T. Dance, music, meter and groove: a forgotten partnership. *Frontiers in Human Neuroscience*, n. 10, 2016.

FITCH, W.T. Kin selection and mother tongues: a neglected component in language evolution. In: OLLER, D.K.; GRIEBEL, U. (Eds.). *Evolution of communication systems – A comparative approach*. Cambridge, 2004.

FITCH, W.T. *The evolution of language*. Cambridge, 2010.

FITCH, W.T. The evolution of speech: a comparative review. *Trends in Cognitive Science*, n. 4, p. 258-267, 2000.

FÖGEN, M. T. *Römische Rechtsgeschichten* – Über Ursprung und Evolution eines sozialen Systems. Gotinga, 2002.

FOLEY, R.; GAMBLE, C. The ecology of social transitions in human evolution. *Philosophical Transactions of the Royal Society B*, n. 364, p. 3267-3279, 2009.

FOLEY, R.; LAHR, M.M. Mode 3 technologies and the evolution of modern humans. *Cambridge Archaeological Journal*, n. 7, p. 3-36, 1997.

FORMICOLA, V. From sunghir children to the Romito Dwarf – Aspects of upper Paleolithic funerary landscape. *Current Anthropology*, n. 48, p. 446-453, 2007.

FRAYER, D.; HORTON, W.; MACCHIARELLI, R. MUSSI, M. Dwarfism in an adolescent from the Italian later Upper Paleolithic, *Nature*, n. 330, p. 60-62, 1987.

FYNES, R. Plant souls in Jainism and Manichaeism – The case for cultural transmission. *East and West*, n. 46, p. 21-44, 1996.

GEISSMANN, T. Duet songs of the Siamang, Hylobates Syndactylus: II – Testing the pair-bonding hypothesis during a partner exchange. *Behaviour*, n. 136, p. 1.005-1.039, 1999.

GELB, I.J. *Von der Keilschrift zum Alphabet* – Grundlagen einer Schriftwissenschaft. Estugarda, 1958.

GELMAN, P.; GALLISTEL, C. *The child's understanding of number*. Cambridge, 1978.

GLADSTONE, D. Promiscuity in monogamous colonial birds. *American Naturalist*, n. 114, p. 545-557, 1979.

GOODY, J. *Die Logik der Schrift und die Organisation der Gesellschaft*. Frankfurt, 1990.

GOODY, J. *The interface between the written and the oral*. Cambridge, 1987.

GORDON, P. Numerical cognition without words: evidence from Amazonia. *Science*, n. 306, p. 496-499, 2004.

GRAY, J. *How animals move*. Cambridge, 1953.

HAASE, R. Schankwirtinnen in Babylon: Zu § 108 des Codex Hammurapi. *Die Welt des Orients*, n. 37, p. 31-35, 2007.

HAGEN, E.; BRYANT, G. Music and dance as a coalition signaling system. *Human Nature*, n. 14, p. 21-51, 2003.

HAHN, H. P.; SPITTLER, G.; VERNE, M. How many things does man need? – Material possessions and consumption in three west African Villages (Hausa, Kasena and Tuareg) compared to German students. In: HAHN, H.P. (Ed.). *Consumption in Africa – Anthropological approaches*. Münster, 2008.

HAHN, J. *Kraft und Aggression* – Die Botschaft der Eiszeitkunst im Aurignacien Süddeutschlands? Tübingen, 1986.

HALLPIKE, C.R. *The foundations of primitive thought*. Oxford, 1979.

HAMILTON, W. The evolution of altruistic behavior. *American Naturalist*, n. 97, p. 354-356, 1963.

HARCOURT-SMITH, W.E.H. The origins of bipedal locomotion. In: HENKE, W.; IAN TATTERSALL, I. (Eds.). *Handbook of paleoanthropology*. Nova Iorque, 2013.

HARDY, K.; BRAND-MILLER, J.; BROWN, K.D.; THOMAS, M.G.; COPELAND, L. The importance of dietary carbohydrate in human evolution. *The Quarterly Review of Biology*, n. 90, p. 251-268, 2015.

HARTUNG, J. On natural selection and the inheritance of wealth. *Current Anthropology*, n. 17, p. 607-622, 1976.

HAWKES, K. Sharing and collective action. In: SMITH, E.A.; WINTERHALDER, B. (Eds.). *Evolutionary ecology and human behavior*. Nova Iorque, 1992.

HAWKES, K.; O CONNELL, J.F.; JONES, N.G.B Hadza meat sharing. *Evolution and Human Behavior*, n. 22, p. 113-142, 2001.

HENRICH, J.; BOYD, R.; RICHERSON, P.J. The puzzle of monogamous marriage. *Philosophical Transactions of the Royal Society B*, n. 367, p. 657-669, 2012.

HENRY, A.G; BROOKS, A.; PIPERNO, D. Microfossils in calculus demonstrate consumption of plants and cooked foods in Neanderthal diets (Shanindar II, Iraq; Spy I and II, Belgium). *PNAS*, n. 108, p. 486-491, 2011.

HENSHILWOOD, C.S.; D'ERRICO, F.; VANHAEREN, M.; VAN NIEKERK, K.; JACOBS, Z. Middle Stone Age shell beads from South Africa. *Science*, n. 304, p. 404, 2004.

HERDER, J. *Ideen zur philosophie der geschichte der menschheit*. Riga, 1784.

HEWES, G.H. A history of the study of language origins and the gestural primacy hypothesis. In: LOCK, A.; PETERS, C. (Eds.). *Handbook of human symbolic evolution*. Oxford, 1996.

HEWES, G.H.: Primate communication and the gestural origin of language. *Current Anthropology*, n. 14, p. 5-24, 1973.

HIGHAM, T.; BASELL, L.; JACOBI, R.; WOOD, R.; RAMSEY, C.; CONARD, N. Testing models for the beginnings of the Augnacien and the advent of art and music: the radiocarbon chronology of Geißenklösterle. *Journal of Human Evolution*, n. 30, p. 1-13, 2012.

HOLLOWAY, R. Tools and teeth: some speculations regarding canine reduction. *American Anthropologist*, n. 69, p. 63-67, 1967.

HOMERO. *Ilíada* – Canto VI. Tradução de Frederico Lourenço. Lisboa, 2011.

HOMMON, R. *The Ancient Hawaiian State.* – Origins of a political society. Oxford, 2013.

HOPPIT, W.J.; BROWN, G.; KENDAL, R.; RENDELL, L.; THORNTON, A.; WEBSTER, M.; LALAND, K. Lessons from animal teaching. *Trends in Ecology & Evolution*, n. 23, p. 486-493, 2008.

HOUSTON, S.D. Writing in early Mesopotamia. In: HOUSTON, S.D (Ed.) *The first writing* – Script invention as history and process. Cambridge, 2011.

HUMPHREY, C. Barter and economic disintegration. *Man*, n. 20, p. 48-72, 1985.

HUNT, K. Bipedalism. In: MUEHLENBEIN, M. (Ed.). *Basics in human evolution*. Amsterdam, 2015.

HUNT, K. The evolution of human bipedality: ecology and functional morphology. *Journal of Human Evolution*, n. 26, p. 183-202,1994.

IFRAH, G. *Universalgeschichte der Zahlen*. Frankfurt, 1991.

JABLONSKI, N.; CHAPLIN, G. The origin of hominid bipedalism re-examined. *Archaeology in Oceania*, n. 27, p. 113-119, 1992.

JACOBSEN, T. Ancient Mesopotamian religion: the central concerns. *Proceedings of the American Philosophical Society*, n. 107, p. 473-484, 1963.

JACOBSEN, T. Primitive democracy in ancient Mesopotamia. *Journal of Near Eastern Studies*, n. 2, p. 159-172, 1943.

JELLINEK, G. *Allgemeine Staatslehre*. Kronberg, 1976.

JENNI, D.A. Evolution of polyandry in birds. *American Zoologist*, n. 14, p. 129-144, 1974.

JENNINGS, J.; ANTROBUS, K.; ATENCIO, S.; GLAVICH, E.; JOHNSON, R.; LOFFLER, G.; LUU, C. Drinking beer in a blissful mood: alcohol production, operational chains, and feasting in the ancient world. *Current Anthropology*, n. 46, p. 275-303, 2005.

JESPERSEN, O. *Language* – Its nature, development and origin. Londres, 1922.

JEVONS, W.S *Money and the mechanisms of exchange*. Londres, 1890.

JOLLY, C. J. The seed-eaters: a new model of hominid differentiation based on a baboon analogy. *Man*, n. 5, p. 5–26, 1970.

JONES, F.W. Arboreal Man. In: JONES, F.W. (Ed.). *The ancestry of man*. Brisbane, 1923.

JUNGERS, W.L.; POKEMPNER, A.A.; KAY, R.F.; CARTMILL, M. Hypoglossal canal size in living hominoids and the evolution of human speech. *Human Biology*, n. 75, p. 473-484, 2003.

KAMAKAU, S. M. *Ruling chiefs of Hawaii*. Honolulu, 1992.

KANAZAWA, S.; STILL, M.C. Why monogamy? *Social Forces*, n. 78, p. 25-50, 1999.

KAPP, E. *Grundlinien einer philosophie der technik* – Zur entstehungsgeschichte der cultur aus neuen gesichtspunkten. Braunschweig, 1877.

KARWIESE, S. The artemisium coin hoard and the first coins of Ephesus. *Revue Belge de Em umismatique et de Sigillographie*, n. 137, p. 1-28, 1991.

KÄSTNER, S. *Jagende sammlerinnen und sammelnde jägerinnen* – Wie Australische aborigines-frauen tiere erbeuten. Münster, 2012.

KATZ, D. Gilgamesh and Akka: was Uruk ruled by two assemblies. *Revue d'Assyrologie*, n. 81, p. 105-114, 1987.

KAY, R.; CARTMILL, M.; BALOW, M. The hypoglossal canal and the origin of human vocal behavior. *PNAS*, n. 95, p. 5417-5419, 1998.

KIM, H.S. Archaic coinage as evidence for the use of money. In MEADOWS; SHIPTON (Eds.). *Money and its uses in the ancient Greek world*. Oxford, 2001.

KIND, C.; WEHRBERGER, K.; EBINGER-RIST, N.; BEUTELSPACHER, T. The smile of the lion man. – Recent excavations in Stadel Cave and the restoration of the famous Upper Paleolithic figurine. *Quartário*, n. 61, p. 129-145, 2014.

KINGDON, J. *Lowly origin*: where, when, and why our ancestors first stood up. Princeton, 2003.

KIPLING, R. Wie das Alphabet entstand. In: KIPLING, R. (Ed.). *Genau-so-Geschichten*. Zurique, 2001.

KIRCH, P. *How chiefs became kings* – Divine kingship and the rise of archaic States in Ancient Hawai. California, 2010.

KNODEL, J.; LOW, B.; SAENGTIENCHAI, C.; LUCAS, R. An evolutionary perspective on Thai sexual attitudes. *Journal of Sex Research*, n. 34, p. 292-303, 1997.

KNOROZOV, Y.N. The problem of the study of the Maya hieroglyphic writing. *American Antiquity*, n. 23, p. 284-291, 1958.

KÖHLER, W. *Intelligenzprüfungen an menschenaffen*. Berlim, 1921.

KOSELLECK, R. Staat und souveränität. In: KOSELLECK, R. (Ed.). *Geschichtliche grundbegriffe – Historisches lexikon zur politisch-sozialen sprache in Deutschland*. Vol. 6, Estugarda, 1990.

KRAAIJEVELD, K.; CAREW, P.J.; BILLING, T.; ADCOCK, G.; MULDER, R. Extra-pair paternity does not result in differential sexual selection in the mutually ornamented black swan (Cygnus atratus). *Molecular Ecology*, n. 13, 1.625-1.633, 2004.

KRAUS, F. Ein zentrales Problem des altmesopotami-schen Rechts: was ist der Codex Hammurabi? *Genava*, n. 8, p. 283-296, 1960.

KREBS, J. The significance of song repertoires: the Beau Geste hypothesis. *Animal Behaviour*, n. 25, p. 475-478, 1977.

KUNEJ, D.; TURK, I. New perspectives on the beginning of music: archeological and musicological analysis of a Middle Paleolithic bone flute. In: WALLIN. *The Origins of Music*, 2001.

LACH, R. *Studien zur Entwicklungsgeschichte der ornamentalen Melpoëi. Beiträge zur Geschichte der Melodie*. Leipzig, 1913.

LAMBERT, W. G. Ancient Mesopotamian gods – Superstition, philosophy, theology. *Revue de l'histoire des religions*, n. 207, p. 115-130, 1990.

LATACZ, J. Zur modernen Erzählforschung in der Homer-Interpretation. *Theologische Zeitschrift*, n. 61, 2005.

LAUM, B. *Heiliges Geld*. Tübingen, 1924.

LEICK, G. *Mesopotamia* – The invention of the city. Londres, 2001.

LEKSON, S. *The Chaco Meridian*: centers of political power in ancient Southwest. Walnut Creek, 1999.

LEMCHE, N.P. Justice in Western Asia in Antiquity, or: why no laws were needed. *Chicago-Kent Law Review*, n. 70, p. 1695-1716, 1995.

LEONARD, J.; WAYNE, R.; WHEELER, J.; VALADEZ, R.; GUILLÉN, S.; VILÀ, C. Ancient DNA evidence for old world origin of new world dogs. *Science*, n. 298, p. 1.613-1.616, 2002.

LEONARD, W. R. Energetic models of human nutritional evolution. In: UNGAR, P.S. (Ed.). *Evolution of the human diet* – The known, the unknown and the unknowable. Oxford, 2007.

LEONARD, W.; ROBERTSON, M.L. Comparative primate energetics and hominid evolution. *American Journal of Physical Anthropology*, n. 102 p. 265-281, 1997.

LEROI-GOURHAN, A. *The art of prehistoric man in western Europe*. Londres, 1968.

LEVELT, W.J. M. Accessing words in speech production: stages, processes and representations. *Cognition*, n. 42, p. 1-22, 1992.

LÉVI-STRAUSS, C. *Totemism*. Boston, 1963.

LEWELLEN, T. *Political anthropology* – An introduction. Londres, 2003.

LIEBERMAN, P.; CRELIN, E. On the speech of the Neanderthal man. *Linguistic Inquiry*, n. 11, p. 203-222, 1971.

LOUNSBURY, F. The ancient writing of Middle America. In: SENNER. *Origins of Writing*. Nebraska, 1991.

LOVEJOY, C.O. Evolution of human walking. *Scientific American*, p. 118-125, 1988.

LOVEJOY, C.O. The Origin of Man. *Science*, n. 211, p. 341-350, 1981.

LUDEWIG, J.P. *Historia sine parente* – De causis fabularum circa origines. Halle, 1693.

LUHMANN, N. *Liebe als Passion. Zur Codierung von Intimität.* Frankfurt, 1982.

LUHMANN, N. *Die Politik der Gesellschaft*. Frankfurt, 2002.

LUHMANN, N. *Soziale systeme.* – Grundriß einer allgemeinen Theorie. Frankfurt, 1985.

LUHMANN, N. Wie ist soziale Ordnung möglich? In: LUHMANN, N (Ed.). *Gesellschaftsstruktur und semantic* – Studien zur Wissenssoziologie der modernen Gesellschaft. Vol. 2, Frankfurt, 1981.

MACCORMACK, S. *Religion in the Andes* –Vision and imagination in early colonial Peru. Princeton, 1991.

MACDONALD, K. The establishment and maintenance of socially imposed monogamy. *Politics and the Life Sciences*, n. 14, p. 3-23, 1995.

MACNEILAGE, P. The frame – Content theory of evolution of speech production. *Behavioral and Brain Sciences*, n. 21, p. 499-546, 1998.

MACNEILAGE, P. *The origin of speech.* Oxford, 2008.

MAKSOUD, S.A.; EL HADIDI, N.; AMER, W. Beer from the early dynasties (3500-3400 cal B. C.) of upper Egypt, detected by archaeochemical methods. *Vegetation History and Archaeobotany,* n. 3, p. 219-224, 1994.

MALO, D. *Hawaiian Antiquities (Moolelo Hawaii).* Honolulu, 1898.

MARC, C.C.H. *Die Geisteskrankheiten in Beziehung zur Rechtspflege.* Berlim, 1843.

MARETT, R.R. *The threshold of religion.* Londres, 1914.

MARSHACK, A. *The roots of civilization* – The cognitive beginning of man's first art, symbol and notation. Nova Iorque, 1972.

MARTIN, T.R. Why did the Greek polis originally need coins? *Historia,* n. 45, 257-283, 1996.

MARTIN, T.R. Why did the Greek polis originally need coins? *Historia,* n. 45, p. 257-283, 1996.

MAUL, S.M. "Auf meinen Rechtsfall werde doch aufmerksam!" – Wie sich die Babylonier und Assyrer vor Unheil schützten, das sich durch Vorzeichen angekündigt hatte. *Mitteilungen der Deutschen Orient-Gesellschaft zu Berlin,* n. 124, p. 131-142, 1992.

MCBREARTY, S.; BROOKS, A. S. The revolution that wasn't: a new interpretation of the origin of modern human behavior. *Journal of Human Evolution,* n. 39, p. 453-563, 2000.

MCCORRISTON, J.; HOLE, F. The ecology of seasonal stress and the origins of agriculture in the near East. *American Anthropologist,* n. 93, p. 46-69, 1991.

MCDERMOTT, L.R. Self-representation in Upper Paleolithic female figurines. *Current Anthropology*, n. 37, p. 227-275, 1996.

MCGOVERN, P.; ZHANG, J.; TANG, J.; ZHANG, Z. et al. Fermented beverages of pre-and proto-historic China. *PNAS*, n. 101, p. 17.593-17.598, 2004.

MENNINGER, K. *Number words and number symbols* – A cultural history of numbers. Nova Iorque, 1992.

MENNINGHAUS, W. *Wozu Kunst? – Ästhetik* nach Darwin. Berlim, 2011.

MICHAEL C. FRANK; EVERETT, D.; FEDORENKO, E.; GIBSON, E. Number as a cognitive technology: evidence from Pirahã language and cognition. *Cognition*, p. 819-824, 2008.

MICHEL, R.H. The first wine & beer – Chemical detection of ancient fermented beverages. *Analytical Chemistry*, n. 65, p. 408-413, 1993.

MILL, J.S. *A System of logic, ratiocinative and inductive, being a connected view of the principles of evidence, and the methods of investigation.* Londres, 1843.

MILL, J.S. *System der deductiven und inductiven Logik* – Eine Darlegung der Grundsätze der Beweislehre und der Methoden der wissenschaftlichen Forschung. Leipzig, 1872.

MITCHELL-INNES, A. What is money? *The Banking Journal*, p. 377-408, 1913.

MITHEN, S. On early Paleolithic – Concept-mediated marks, mental modularity, and the origins of art. *Current Anthropology*, n. 37, p. 666-670, 1996.

MITHEN, S. *Singing Neanderthals* – The origins of music, language, mind, and body. Harvard University Press, 2007.

MITHEN, S. *The singing Neanderthals* – The origins of music, language, mind, and body. Cambridge, 2006.

MÖLLER, H.J. LAUX, G.; KAPFHAMMER, H. *Psychiatrie & psychotherapie*. Berlim, 2003.

MOMMSEN, T. *Römische Geschichte*. Berlim, 1856.

MOREY, D. The early evolution of the domestic dog. *American Scientist*, n. 82, p. 336-347, 1994.

MORLEY, I. *The evolutionary origins and archaeology of music*. Dissertation, Cambridge, 2003.

MORRISON, R.; REISS, D. Whisper-like behavior in a non-human primate. *Zoo Biology*, n. 32, p. 626-631, 2013.

MÜLLER, J. *Über die compensation der physischen kräfte am menschlichen stimmorgan*. Berlim, 1839.

MUNRO, N. Zooarchaeological measures of hunting pressure and occupation intensity in the Natufian. *Current Anthropology*, n. 45/55, p. 5-34, 2004.

MURDOCK, G. *Atlas of world cultures*. Pittsburgh, 1981.

NADEL, S.; BAKER, T. The origins of music. *Musical Quarterly*, n. 16, p. 531-546, 1930.

NAKATA, T.; TREHUB, S.E. Infants' responsiveness to maternal speech and singing. *Infant Behavior & Development*, n. 27, p. 455-464, 2004.

NELSON, S.M. Diversity of the Upper Paleolithic – Venus figurines and archaeological mythology. *Archaeological Papers of the American Anthropological Association*, n. 2, p. 11-22, 1990.

NIEBUHR, B.G. *Römische Geschichte*. Berlim, 1853.

Nissen, H.; Heine, P. *From Mesopotamia to Iraq*. Chicago, 2009.

O'SULLIVAN, A. The first Cities. In: ARNOTT, R.; MCMILLEN, D. (Ed.). *A companion to urban economics*. Londres, 2006.

ORGAN, C.; NUNN, C.L.; MACHANDA, Z.; WRANGHAM, R.W. Phylogenetic rate shifts in feeding time during the evolution of Homo. *PNAS*, n. 108, p. 14.555-14.559, 2011.

ORIANS, G.H. On the evolution of mating systems in birds and mammals. *The American Naturalist*, n. 103, p. 589-603, 1969.

ORIGINS, P.; FORMICOLA, V. From Sunghir children to the Romito dwarf. Aspects of Upper Paleolithic funerary landscape. *Current Anthropology*, n. 48, p. 446-453, 2007.

ORSCHIEDT, J. Secondary burial in the Magdalenian: the Brillenhöhle (Blaubeuren, Southwest Germany). *Paléo*, n. 14, p. 241-256, 2002.

OSBORNE, R. *Greece in the making, 1200-479 BC*. Londres, 1996.

PAINE, R. What is gossip about? – An alternative hypotheses. *Man*, n. 2, p. 278-285, 1967.

PATZELT, O. *Triumph des rades*. Berlim, 1979.

PEIRCE, C.S. Logic as semiotic: the theory of signs.1897. In: BUCHLER, J. (Ed.): *Philosophical writings of Peirce*. Nova Iorque, p. 98-119, 1955.

PEIRCE, C.S. New Elements (Kaina Stocheia). In: HOUSER, N.; KLOESEL, C. (Eds.) *The essential Peirce – Selected Philosophical Writings*. Vol. 2, Bloomington, 1998.

PETTITT, P. *The Palaeolithic origins of human burial*. Oxford, 2011.

PHILLIPS-SILVER, J.; TRAINOR, L.J. Feeling the beat: movement influences infant rhythm perception. *Science*, n. 308, p. 1430, 2005.

PICA, P.; LEMER, C.; IZARD, V.; DEHAENE, S. Exact and approximate arithmetic in an Amazonian indigene group. *Science*, n. 306, p. 499- 503, 2004.

PIGGOTT, S. *The earliest wheeled transport* – From the Atlantic Coast to the Caspian Sea. Ithaca, 1983.

PIPERNO, D.R. The origins of plant cultivation and domestication in the new world tropics: patterns, process, and new developments. *Current Anthropology*, n. 52/54, 453-470, 2011.

POSSEHL, G. Sociocultural complexity without the state: the Indus civilization. In: FEINMAN; MARCUS (Eds.). *Archaic States*. Santa Fé, 1998,

POTTS, R. Environmental hypotheses of Pliocene human evolution. In: BOBE, R. (Ed.). *Hominin environments in East African Pliocene* – An assessment of the faunal evidence. Berlim, 2007.

POWELL, B. *Homer and the origin of the Greek alphabet*. Cambridge, 1991.

PREISER, W. Zur rechtlichen Natur der altorientalischen Gesetze. In: Bockelmann, P.; ENGISCH, K. (Eds.). *Festschrift Karl Engisch*, Frankfurt, 1969.

RADFORD, R.A. The economic organisation of a P.O.W. Camp. *Economica*, n. 12, p. 189-201, 1945.

RAICHLEN, D.; GORDON, A.; HARCOURT-SMITH, W.E.H.; FOSTER, A.; HAAS, W. R. Laetoli footprints preserve earliest direct evidence of human-like bipedal biomechanics. *PLOS ONE*, n. 5, p. 1-6, 2010.

REDDING, R.W. A general explanation of subsistence change: from hunting and gathering to food production. *Journal of Anthropological Archaeology*, n. 7, p. 56-97, 1988.

REICHARD, U.H. Monogamy: past and present. In: BOESCH, C. (Ed.). *Monogamy:* mating strategies and partnerships in birds, humans and other mammals. Cambridge, 2003.

REICHARD, U.H. Monogamy: past and present. In: REICHARD, U.H.; BOESCH, C. (Eds). *Monogamy* – Mating strategies and partnerships in birds, humans and other mammals. Cambridge, 2003.

RENFREW, C. Megaliths, territories and populations. In: De Laet, S.J. (Ed.). *Acculturation and continuity in Atlantic Europe*. Bruges, 1973.

RENGER, J. Hammurapis Stele *König der Gerechtigkeit*: Zur Frage von Recht und Gesetz in der altbabylonischen Welt. *Die Welt des Orients*, n. 8, p. 228-235, 1976.

RENGER, J. Wrongdoings and its sanctions: on criminal and civil law in the old Babylonian Period. *Journal of the Economic and Social History of the Orient*, n. 20, p. 65-77, 1977.

RICE, P. Prehistoric Venuses: symbols of motherhood or womanhood. *Journal of Anthropological Research*, n. 37 p. 402-414, 1981.

RICHMOND, B.G.; JUNGERS, W.L. Orrorin tugenensis Femoral Morphology and the Evolution of Hominin Bipedalism. *Science*, n. 319, p. 1.599-1.601, 2008.

RIDGEWAY, W. *The origin of metallic currency and weight standards*. Cambridge, 1892.

RIDGEWAY, W. *The origin of metallic currency and weight standards*. Cambridge, 1892.

RIES, G. Der Erlass von Schulden im Alten Orient als obrigkeitliche Maßnahme zur Wirtschafts und Sozialpolitik. In: UIBOPUU; MITTHOF (Eds). *Vergeben und Vergessen. Amnestie in der Antike*. Viena, 2013.

ROEBROECKS, W.; VILLA, P. On the earliest evidence for habitual use of fire in Europe. *PNAS*, n. 108, p. 5.209-5.214, 2011.

ROSENBERG, K.R.; TREVATHAN, W.R. Bipedalism and human birth: the obstetrical dilemma revisited. *Evolutionary Anthropology*, n. 4, p. 161-168, 1996.

ROSENBERG, K.R.; TREVATHAN, W.R. Birth, obstetrics and human evolution. *International Journal of Obstetrics & Gynaecology*, n. 109, p. 1.199-1.206, 2002.

ROSENBERG, M. Cheating at musical chairs: territoriality and sedentarism in an evolutionary context. *Current Anthropology*, n. 39, p. 653-664, 1998.

ROSSANO, M. Making friends, making tools, and making symbols. *Current Anthropology*, n. 51, p. 89-98, 2010.

ROTH, H.L. On the origins of agriculture. *The Journal of the Anthropological Institute of Great Britain and Ireland*, n. 16, p. 102-136, 1887.

ROTH, M. Hammurabi's wronged man. Journal of the American Oriental *Society*, n. 122, p. 38-45, 2002.

ROTS, V.; VAN PEER, P. Early evidence of complexity in lithic economy: core-ax production, hafting and use at Late Middle Pleistocene site 8-B-11, Sai Islands (Sudan). *Journal of Archaeological Science*, n. 33, p. 360-371, 2006.

ROUSSEAU, J.J. Diskurs über den Ursprung der Ungleichheit unter den Menschen. In: ROUSSEAU, J.J. (Ed.). *Sozialphilosophische und Politische Schriften*, Munique, 1981.

SAHLINS, M. *Islands of history*. Chicago, 1985.

SAMPSON, R.J.; LAUB, J.; WIMER, C. Does marriage reduce crime? – A counterfactual approach to within-individual causal effects. *Criminology*, n. 44, p. 465-509, 2006.

SANDERSON, S. K. Explaining monogamy and polygyny in human societies: comment on Kanazawa and Still. *Social Forces*, n. 80, p. 329-336, 2001.

SANTLEY, R.S. Disembedded capitals reconsidered. *American Antiquity*, n. 45, p. 132-145, 1980.

SAYERS, K.; LOVEJOY, C.O. Blood bulbs, and bunodonts: on evolutionary ecology and the diets of Ardipithecus, Australopithecus, and early Homo. *Quarterly Review of Biology*, n. 89, p. 319-357, 2014.

SCARRE, C. Monumentality. In: INSOLL, T. (Ed.). *The Oxford handbook of the archaeology of ritual & religion*. Oxford, 2011.

SCHEIDEL, W. A peculiar institution? – Greco-Roman monogamy in global context. *History of Family*, n. 14, p. 280-291, 2009.

SCHILLER, F. *Musen-Almanach* für das Jahr 1797. Tübingen, 1797.

SCHMANDT-BESSERAT, D. *Before writing.* Austin, 1992.

SCHMANDT-BESSERAT, D. The token system of the ancient near East: its role in counting, writing, the economy and cognition. In: MORLEY; RENFREW. *Archaeology of Measurement,* 2010.

SCHMIDT, K. Ritual centers and the Neolithisation of Upper Mesopotamia. *Neo-Lithics,* n. 2, p. 13-21, 2005.

SCHRENCK, F. *Die frühzeit des menschen* – Der weg zum Homo sapiens. Munique: Beck C.H., 2008.

SEAFORD, R. *Money and the early Greek mind* – Homer, philosophy, tragedy. Cambridge, 2004.

SEARCY, W.A.; BRENOWITZ, E.A. Sexual differences in species recognition of avian song. *Nature,* n. 332, p. 152-154, 1988.

SERVICE, E. *Origins of the state and civilization* – The process of cultural evolution. Nova Iorque, 1975.

SERVICE, E. *Primitive social organization.* Nova Iorque, 1962.

SEYFARTH, R. M.; CHENEY, D. L.; MARLER, P. Monkey responses to three different alarm calls: evidence of predator classification and semantic communication. *Science,* n. 210, p. 801-803, 1980.

SHAUGHNESSY, E. The beginnings of writing in China. In: WOODS, C. (Ed.). *Visible language.* – Inventions of writing in the Ancient Middle East and beyond. Chicago, 2015.

SHIPMAN, P. Scavenging or hunting in early hominids: theoretical framework and test. *American Anthropologist N. S.,* n. 88, p. 27-43, 1986.

SHUSTER, S.M. Sexual selection and mating systems. *PNAS,* n. 106, p. 10.009-10.016, 2009.

SIMMEL, G. *Soziologie* – Untersuchung *über* die Formen der Vergesellschaftung. Berlim, 1908.

SIMMEL, G. Soziologie der Mahlzeit, 1910. In: SIMMEL, G. *Aufsätze und abhandlungen 1909-1918*. Frankfurt, 2001.

SMITH, M. Ancient cities. In: HUTCHINSON (Ed.). *The encyclopedia of urban studies*. Londres, 2009.

SOMA, M.; GARAMSZEGI, L.Z. Rethinking birdsong evolution: meta-analysis of the relationship between song complexity and reproductive success. *Behavioral Ecology*, n. 22, p. 363-371, 2011.

SPENCER, C. On the tempo and mode of state formation: neo evolutionism reconsidered. *Journal of Anthropological Archaeology*, n. 9, p. 1-30, 1990.

SPENCER, H. On the origin and function of music. (1857). In: SPENCER, H. *Essays – Scientific, Political & Speculative*. vol. II, Londres, 1891.

SPERBER, D. An evolutionary perspective on testimony and argumentation. *Philosophical Topics*, n. 29, p. 401-413, 2001.

SPETH, J. Were our ancestors hunters or scavengers? In: Peregrine, P. (Ed.). *Archaeology* – Original readings in method and practice. Upper Saddle River: Pearson, 2002.

SPETH, J.D. When did humans learn to boil? *Paleoanthropology Jg.*, n. 13, p. 54-67, 2015.

SPRIGGS. M. The Hawaiian transformation of Ancestral Polynesian Society: conceptualizing chiefly states. In: GLEDHILL, J. (Ed.). *State and society*: the emergence and development of social hierarchy and political centralization. Londres, 1988.

STREHLOW, T. *Aranda phonetics and grammar*. Sidney, 1944.

STREHLOW, T.G.H. *Aranda phonetics and grammar*. Sidney: Australian National Research Council, 1944.

STRUHSAKER, T.T. Auditory communication among vervet monkeys (Cercopithecus aethiops). In: ALTMANN, S. (Ed.). *Social communication among primates*. Chicago, 1967.

STUMPF, C.*Die Anfänge der Musik*. Leipzig, 1911.

SUSSMAN, R.W. The myth of man the hunter / man the killer and the evolution of human morality. *Zygon*, n. 34, p. 453-471, 1999.

TANNER, N.; ZIHLMAN, A. Women in evolution – Part 1: innovation and selection in human origins. *Signs*, n. 1, p. 585-608, 1976.

TARLOW, S. Emotion in archaeology. *Current Anthropology*, n. 41, p. 713-746, 2000.

TEAFORD, M.F.; UNGAR, P.S. Diet and the evolution of the earliest human ancestors. *PNAS*, n. 25, p. 13.506-13.511, 2000.

TEODORSSON, S. Eastern literacy, Greek alphabet, and homer. *Mnemosyne*, n. 59, p. 161-187, 2006.

THURNWALD, R. *Die menschliche Gesellschaft in ihren ethnosoziologischen Grundlagen*. Vol. 5, Berlim, 1934.

TOLSTOI. *Die Kreutzersonate*. Berlim, 2011.

TOMASELLO, M. *Die Ursprünge der menschlichen Kommunikation*, Frankfurt, 2009.

TREHUB, S.; GHAZBAN, N.; CORBEIL, M. Musical affect regulation in infancy. *Annals of the New York Academy of Sciences*, p. 186-192, 2015.

TREHUB, S.E.; BECKER, J.; MORLEY, I. Cross-cultural perspectives on music and musicality. *Philosophical Transactions of the Royal Society B*, n. 370, p. 1-9, 2014.

TRINKAUS, E.; ZIMMERMAN, M. Trauma among the Shanidar Neanderthals. *American Journal of Physical Anthropology*, n. 57, p. 61-76, 1982.

TRIVERS, R.L. Parental investment and sexual selection. In: CAMPBELL, B. (Ed.). *Sexual selection and the descent of man, 1871-1971*. Chicago, 1972.

TSCHERNOV, E.; VALLA, F. Two new dogs, and other Natufian dogs, from the Southern Levant. *Journal of Archaeological Science*, n. 24, p. 65-95, 1997

TYLOR, E.B. *Primitive culture – Researches into the development of mythology, philosophy, religion, language, art and custom*. Nova Iorque, 1874.

UNGAR, P.S. Dental evidence for the reconstruction of diet in African early homo. *Current Anthropology*, n. 53, p. 318-329, 2012.

VALERI, V. Le fonctionnement du système des rangs à Hawaii. *L'homme*, n. 12, p. 29-66, 1969.

VALÉRY, P. Eupalinos oder der Architekt. In: VALÉRY, P. (Ed.). *Dialoge und theater*. Frankfurt, 1990.

VANHAEREN, M.; D'ERRICO, F. The body ornaments associated with the burial. In: ZILHÂO, J.; TRINKAUS, E. (Eds.). *Portrait of the artist as a child* –The gravettian human skeleton from the Abrigo do Lagar Velho and its archaeological context. Lisboa, 2002.

VEYNE, P. Ehe. In: ARIÈS, P. (Ed.). *Geschichte des privaten Lebens – Vom Römischen Imperium zum Byzantinischen Reich*. Frankfurt, 1989.

VILLENEUVE, S. A century of feasting studies. *Annual Review of Anthropology*, n. 4, p. 433-449, 2011.

VINCENT, A. Plant foods in savanna environments: a preliminary report of tubers eaten by the Hadza of northern Tanzania. *World Archaeology*, n. 17, p. 131-148, 1984.

VON REDEN, S. *Money in classical antiquity*. Cambridge, 2010.

WALLACE, R.A. The origin of electrum coinage. *American Journal of Archaeology*, n. 91, p. 385-397, 1987.

WALTHER, A. *Das altbabylonische Gerichtswesen*, Leipzig, 1917.

WARD, C.; LEAKEYB, M.G.; WALKERC, A. Morphology of Australopithecus anamensis from Kanapoi and Allia Bay, Kenia. *Journal of Human Evolution*, n. 41, p. 255-268, 2001.

WASHBURN, S. Tools and human evolution. *Scientific American*, n. 203, p. 62-75, 1960.

WASHBURN, S.; LANCASTER, C. The evolution of hunting. In: LEE, R.B.; DEVORE, I. (Eds.). *Man, the hunter*. Chicago, 1968.

WASHBURN, S.L. On Holloway's tools and teeth. *American Anthropologist*, n. 70, p. 97-101, 1968.

WATKINS, T. Building houses, framing concepts, constructing worlds. *Paléorient*, n. 30, 2004.

WEISS, E.; KISLEV, M.; HARTMANN, A. Autonomous cultivation before domestication. *Science*, n. 312, p. 1.608-1.610, 2006.

WESTBROOK, R. Cuneiform law codes and the origins of legislation. In: WESTBROOK. *Law from the Tigris to the Tiber*. Winona Lake, 2009.

WESTBROOK, R. Slave and master in ancient near eastern law. *Chicago-Kent Law Review*, n. 70, p. 1.631, 1995.

WESTBROOK, R. The character of ancient near eastern law. In: WESTBROOK, R. (Ed.). *A History of ancient near eastern law*. Leiden, 2003.

WHITE, R. Beyond art: toward an understanding of the origin of material representation in Europe. *Annual Review of Anthropology*, n. 21, p. 537-564, 1992.

WHITE, R. The Women of Brassempouy – A century of research and interpretation. *Journal of Archaeological Method and Theory*, n. 13, p. 251-304, 2006.

WHITE, T.D.; ASFAW, B.; BEYENE, Y.; HAILE-SELASSIE, Y.; LOVEJOY, O.; SUWA, G.; WOLDEGABRIEL, G. Ardipithecus ramidus and the paleobiology of early hominids. *Science*, n. 326, p. 64-86, 2009.

WOLPOFF, M.; SENUT, B.; PICKFORD, M.; HAWKS, J. Sahelanthropus or Sahelpithecus? *Nature*, n. 419, p. 581, 2002.

WOOD, B.; HARRISON, T. The evolutionary context of the first hominins. *Nature*, n. 470, p. 347-352, 2011.

WRAGHAM, R.D. *Catching fire. How cooking made us human*. Nova Iorque, 2011.

WRANGHAM. R.W.; JONES, J.H.; LADEN, G.; PILBEAM, D.; CONKLIN-BRITTAIN, N. The raw and the stolen: cooking and the ecology of human origins. *Current Anthropology*, n. 40, p. 567-594, 1999.

WRIGHT, H. Recent research on the origin of State. *Annual Review of Anthropology*, n. 6, p. 379-397, 1977.

WRIGHT, K. The social origins of cooking and dining in early villages of Western Asia. *Proceedings of the Prehistoric Society*, n. 66, p. 89-121, 2000.

WRIGHT, R. *The moral animal*: the new science of evolutionary psychology. Nova Iorque, 1994.

WYNN, T. Hafted spears and the archaeology of mind. *PNAS*, n. 106, p. 9.544, 2009.

XENÓFANES. *Oekonomikus oder Von der Haushaltungskunst*. Estugarda, 1866.

YOFFEE, N. *Myths of the archaic State*: evolution of the earliest cities, States, and civilizations. Cambridge, 2005.

ZAHAVI, M. Mate selection – A selection for handicap. *Journal of Theoretical Biology*, n. 53, p. 205-214, 1975.

ZEDELMAIER, H. *Der anfang der geschichte*: studien zur ursprungsdebatte im 18. – Jahrhundert. Hamburgo, 2003.

ZEDER, M. Domestication and early agriculture in the Mediterranean basin: origins, diffusion, and impact", *PNAS*, n. 105, 11.597-11.604, 2008.

ZEDER, M. Religion and the revolution. – The legacy of Jacques Cauvin. *Paléorient*, n. 37, p. 39-60, 2011.

ZHONG, C.; DE VOE, S. E. You are how you eat: fast food and impatience. Psychological *Science*, n. 21, p. 619-622, 2010.

Anexo

Cronologia

Há 3,6 milhões de anos: as pegadas de Laetoli.

Há 3 milhões de anos: a pedra de Makapansgat.

Há 1,8-1,5 milhões de anos: o *Homo erectus*.

Há 500.000-300.000 anos: o *Homo heidelbergensis*, provavelmente falante.

Há 400.000-300.000 anos: condições fisiológicas para o canto.

Há 400.000-300.000 anos: os primeiros locais onde se efetuaram fogueiras.

Há 300.000 anos: o aparecimento das primeiras lanças.

Há 300.000-190.000 anos: o primeiro ser humano anatomicamente moderno, o *Homo sapiens*.

Há 100.000 anos: produção de cor.

Há 80.000 anos: ossos e pedras ornamentados.

Há 50.000-40.000 anos: cerimônias fúnebres.

Há 45.000 anos: pintura rupestre.

Há 40.000 anos: a flauta em osso mais antiga.

Há 35.000 anos: pedras quentes para cozinhar.

Há 14.000 anos: a cerâmica e a residência em armazéns de base. O primeiro animal doméstico.

Há 14.000-11.000 anos: a agricultura.

Há 12.000 anos: santuários no exterior de aglomerados humanos.

Há 11.000 anos: a conservação de carne; o cultivo de cevada.

Há 9.500 anos: pedras de cálculo.

Há 9.000 anos: a produção de bebidas alcoólicas; a criação de plantas e de animais.

Há 8.300 anos: a Torre de Jericó.

Há 7.500 anos: as primeiras colônias citadinas.

Há 5.500 anos: o primeiro pão; cidades-estados; a escrita.

Há 4.000 anos: o direito escrito.

Há 3.000 anos: a primeira epopeia.

Há 2.700 anos: moedas cunhadas em ambas as faces.

Há 1.500 anos: o zero.

Conecte-se conosco:

 facebook.com/editoravozes

 @editoravozes

 @editora_vozes

 youtube.com/editoravozes

 +55 24 2233-9033

www.vozes.com.br

Conheça nossas lojas:

www.livrariavozes.com.br

Belo Horizonte – Brasília – Campinas – Cuiabá – Curitiba
Fortaleza – Juiz de Fora – Petrópolis – Recife – São Paulo

  Vozes de Bolso

EDITORA VOZES LTDA.
Rua Frei Luís, 100 – Centro – Cep 25689-900 – Petrópolis, RJ
Tel.: (24) 2233-9000 – E-mail: vendas@vozes.com.br